Sabine Wollnik (Hg.)
Zwischenwelten

Sabine Wollnik (Hg.)

Zwischenwelten

Psychoanalytische Filminterpretationen

Mit Beiträgen von Thomas Auchter, Isolde Böhme,
Johannes Döser, Rupert Martin, Angelika Voigt-Kempe,
Michael Warnach, Sabine Wollnik, Brigitte Ziob

Psychosozial-Verlag

Bibliografische Information der Deutschen Nationalbibliothek
Die Deutsche Nationalbibliothek verzeichnet diese Publikation in der Deutschen
Nationalbibliografie; detaillierte bibliografische Daten sind im Internet über
<http://dnb.d-nb.de> abrufbar.

2. Auflage 2014
© 2008 Psychosozial-Verlag
E-Mail: info@psychosozial-verlag.de
www.psychosozial-verlag.de
Alle Rechte vorbehalten. Kein Teil des Werkes darf in irgendeiner Form (durch
Fotografie, Mikrofilm oder andere Verfahren) ohne schriftliche Genehmigung des
Verlages reproduziert oder unter Verwendung elektronischer Systeme verarbeitet,
vervielfältigt oder verbreitet werden.
Umschlagabbildung: © Georg Heinzen
Printed in Germany
ISBN 978-3-89806-742-3

Inhalt

Einleitung 7
Sabine Wollnik

Vorwort 13
Christian Schmalz

Angst essen Seele auf 15
Thomas Auchter

Caché 23
Rupert Martin

Das Mädchen mit dem Perlenohrring 37
Angelika Voigt-Kempe

Das Piano 45
Angelika Voigt-Kempe

Die Geschichte von Marie und Julien 53
Angelika Voigt-Kempe

Dogville 61
Isolde Böhme

Drei Farben 73
Isolde Böhme

Eyes Wide Shut 107
Johannes Döser

Fight Club 133
Brigitte Ziob

Gegen die Wand 143
Michael Warnach

Good Bye, Lenin! 151
Rupert Martin

Children of a Lesser God 171
Thomas Auchter

In the Mood for Love 181
Brigitte Ziob

Intime Fremde 189
Sabine Wollnik

L.A. Crash 197
Brigitte Ziob

Schlechte Erziehung – La mala educación 207
Isolde Böhme

Lost in Translation 221
Rupert Martin

Match Point 235
Sabine Wollnik

Memento 247
Brigitte Ziob

Schultze gets the blues 257
Sabine Wollnik

Autorinnen und Autoren 267

Einleitung
Sabine Wollnik

Filme eignen sich wie vielleicht keine andere Kunstform zur psychoanalytischen Interpretation. Dies mag nicht zuletzt daran liegen, dass zwischen Filmen und den Äußerungen des menschlichen Seelenlebens Ähnlichkeiten bestehen. Fast alle Menschen führen innere Dialoge, gestalten sich Wünsche visuell wie kleine Filme aus. Erinnerungen werden größtenteils in Szenen erlebt. Musikstücke können uns durch den Tag begleiten wie eine Filmmusik im Hintergrund. Und nachts tauchen wir ein in unsere Träume, unser ganz privates Kopfkino. Dies ist vielfältig aufgenommen und thematisiert worden sowohl von Filmemachern, Filmtheoretikern als auch von Psychoanalytikern. Gabbard (2001) weist darauf hin, dass bereits im Jahr 1916 der Harvard Psychologe Hugo Münsterberg Filme psychologisch untersucht hat. Im Jahr 1931 wurde die amerikanische Filmindustrie »Traumfabrik« (Ehrenburg 1931) genannt, und diese Namensgebung weist auf den engen Zusammenhang zwischen Träumen und Filmen hin. Siegfried Kracauer beschrieb die filmische Gestaltung des Unbewussten als den »Versuch, die psychische Wirklichkeit in der Gegenständlichkeit der äußeren Welt zur Erscheinung zu bringen« (zit. n. Springer 1989, S. 75). Auch wenn der Autor diese Äußerungen zu amerikanischen Experimentalfilmen machte, so lassen sich diese Gedanken auf viele künstlerische Filmproduktionen, sogar das Hollywoodkino übertragen. Letzteres nimmt in seinen großen kommerziellen Erfolgen teilweise unbewusste Zeitströmungen auf und überführt diese in Bilder und Szenen, künstlerisch gestaltete »Tagträume«, für ein breites Publikum.

Psychoanalyse und Kinematografie sind etwa zur gleichen Zeit entstanden. Beide wurden Ende des 19. Jahrhunderts geschaffen. Aber trotz der zeitlichen Koinzidenz ihres Auftretens blieben sie lange Zeit auf Distanz voneinander. Grund dafür mag auf Seiten der Kinematografie die Tatsache einer anfänglichen Theoriescheu gewesen sein, auf Seiten der Psychoanalyse Freuds Distanziertheit gegenüber den neuen Medien. In den Jahren 1924/25 wurde Freud für die Mitarbeit an einer Hollywoodproduktion von Samuel Goldwyn die für die damalige Zeit ungeheure Summe von $ 100.000 geboten, trotzdem lehnte Freud ab. Von den frühen Psychoanalytikern wissen wir allerdings, z. B. aus einer Tagebucheintragung von Lou Andreas-Salomé, dass Filme ihr Interesse erregt haben: »Am Sonnabend (22. Februar) fiel das vorletzte Kolleg aus wegen der Lichtbildervorführungen über die neuesten römischen Ausgrabungen und Tausk, die Buben und ich frönten einem einigermaßen ähnlichen Genuss in der ›Urania‹. Wie denn das Kino überhaupt keine kleine Rolle für uns spielt ...« (zit. n. Ruhs A. 1989, S. 13).

1926 wurde dann doch ein Projekt zwischen Psychoanalyse und Film realisiert. W. Pabst drehte mithilfe zweier Berliner Psychoanalytiker, Hanns Sachs und Karl Abraham, den Film *Geheimnisse einer Seele*. Der Protagonist in diesem Film leidet unter einer Messerphobie und Impotenz. Durch die Interpretation seiner Träume wird er geheilt. Die typischen Mechanismen des Traumes wie Verschiebung, Verdichtung und symbolische Repräsentanz, wie Freud sie in seiner Traumdeutung darstellt, kommen exakt zur Abbildung.

Die Surrealisten, ganz wesentlich von der Psychoanalyse beeinflusst, verarbeiteten Ideen der Psychoanalyse in ihren Filmen.

In den 40er Jahren gab es eine ganze Reihe von Filmen in den USA, die die Psychoanalyse direkt zum Thema machten. Allerdings handelt es sich dabei meist um Filme, die wie Detektivfilme konstruiert sind, nur dass hier an die Stelle des Kriminalisten der Analytiker gesetzt wird. Dieser soll nun das zentrale Kindheitstrauma aufdecken, das dem irritierenden Verhalten eines der Protagonisten zugrunde liegt. Als Handlungshöhepunkt des Filmes kommt es zur Lösung und Katharsis. Dies ist natürlich eine Sichtweise, die bereits die damalige Psychoanalyse in grober Vereinfachung verzerrt darstellte. Etliche Filme Hitchcocks fallen in diese Kategorie. Wobei diese sich aber dadurch auszeichnen, dass in den Inszenierungen immer noch ein tieferes Thema transportiert wird, weshalb viele Analytiker Hitchcock sehr schätzen. Man muss außerdem wissen, dass Hitchcock an der äußeren Story nur sehr wenig interessiert war und diese nur als Vehikel benutzte, um hoch emotionale Themen zur Darstellung zu bringen, die häufig Angst in vielen Ausgestaltungen und die Beziehung zwischen den Geschlechtern beinhalten.

Einleitung

Psychoanalytisches Gedankengut ist vielfältig rezipiert worden von allen mit Filmen Beschäftigten, allerdings in unterschiedlichem Ausmaß in verschiedenen Ländern. Vor allem in Frankreich hat die Psychoanalyse in der Filmszene einen tiefen Niederschlag gefunden. Das Werk Lacans hatte hier einen großen Einfluss auf Filmschaffende und die theoretische Entwicklung des Filmes. Sogar populäre Medien beschäftigten sich mit der Psychoanalyse. 1969 erschien im Magazin *cinema* eine Serie, in der unter Mitwirkung bekannter französischer Analytiker wie André Green und J. Chasseguet-Smirgel untersucht wurde, »auf welche Weise im Film die Gestalt des Psychoanalytikers aufscheint und transformiert wird, und wie sich bestimmte Regisseure in ihren Filmen mit dem Phänomen der Übertragung auseinander setzen« (Springer 1989). Filmzeitungen haben in verschiedenen Ländern psychoanalytische Themen aufgenommen: in Frankreich *Cahiers du Cinema*, in Großbritannien *Screen*, in den USA *Camera obscura* und *Discours*. 1997 nahm das Herausgeberkomitee des *International Journal of Psychoanalysis* Filmbesprechungen in die Zeitschrift auf. Die Herausgeber akzeptierten damit Filme als eine ernst zu nehmende Kunstform neben der bildenden Kunst, Literatur, Musik und dem Drama.

Filme beschreiben sowohl allgemein menschliche Themen, sie nehmen aber auch aktuelle Probleme ihrer jeweiligen Entstehungszeit auf. Sie stellen diese szenisch in künstlerisch verdichteter Form dar, wecken beim Zuschauer Assoziationen und Gefühle.

Das Anliegen der Autoren ist es, den Zuschauern, unseren Lesern, einen neuen und erweiterten Blick auf den Film zu ermöglichen. Wir versuchen, eine narrativ erklärende Struktur zu finden für das Gesehene, Gehörte und Gefühlte. Dabei ist uns klar, dass wir mit unserem theoretischen Hintergrund jeweils nur eine bestimmte Schicht des Filmes erfassen können und andere unberücksichtigt bleiben müssen.

Filme, wie andere Kunstformen auch, haben viele Bedeutungen, wir stellen jeweils eine Interpretation vor.

Die Autoren, Ärzte und Psychologen von ihren Grundberufen her, haben alle eine psychoanalytische Ausbildung und arbeiten selbstständig in freier Praxis. Sie eint eine Liebe zum Kino. Um Filme miteinander sehen und besprechen zu können, haben sie sich in einer Gruppe zusammengeschlossen. Von Anfang an war es unser Anliegen, unsere Interpretationen vorzustellen und diese mit einem größeren Publikum zu diskutieren. Christian Schmalz, der Betreiber des Kölner Kinos »OFF Broadway«, hat uns in unseren Bemühungen großzügig unterstützt. Aus dieser Arbeit entstand das Buch. Seit einem Jahr findet die »Filmreihe« zusätzlich im Kino des Rheinischen Landesmuseums in Bonn statt.

Die so genannte angewandte Psychoanalyse, also die Anwendung der analytischen Methode auf die Interpretation eines Kunstwerkes, ist immer wieder Gegenstand von Kontroversen. Da die Psychoanalyse als klinische Behandlungsmethode entstanden ist, muss der Analytiker hier seine Vorgehensweise modifizieren: Es liegt kein Patient auf der Couch, der assoziieren könnte, Übertragung und Widerstandsphänomene, im Hier und Jetzt der analytischen Situation als Konzept entstanden, müssen zumindest anders gefasst werden. Freud legte 1907 das erste Werk einer psychoanalytischen Kunstinterpretation vor, in diesem Fall einer Literaturinterpretation. Mit seiner Analyse einer Kurzgeschichte von Jensen (*Gradiva*) versuchte er, die Psychoanalyse als Methode einem breiteren Publikum zu vermitteln. Technisch gesehen behandelt er den Protagonisten wie einen Patienten auf der Couch, analysiert z.B. seine Träume, ein Verfahren, das in dieser Form heute nicht mehr angewandt wird. Er weist verschiedene Abwehrmechanismen auf, die sich verfolgen lassen. Seitdem ist viel Zeit vergangen, und es hat immer wieder Versuche gegeben, die Methode dem Gegenstand, eben den besonderen Verhältnissen bei der Interpretation eines Kunstwerkes, anzupassen. Die Entwicklungen der Psychoanalyse spiegeln sich naturgemäß in den Interpretationen. Es gibt, wenn man die Geschichte der psychoanalytischen Filminterpretation im Speziellen bis heute verfolgt, unterschiedliche methodische Vorgehensweisen, von denen einige aus der Mode gekommen sind, teilweise, weil sie so sehr ins allgemeine Gedankengut eingegangen sind, dass sie Erhellendes zur Diskussion nicht mehr beizutragen haben. Gabbard (2001) führt sieben Methoden auf, nach denen Analytiker arbeiten. Die Beschreibung der kulturellen Mythologie: Fundamentale Konflikte oder Widersprüche, die in der Realität nicht gelöst werden können, finden ihre Darstellung im Film und dort eine magische Lösung im Sinne einer Wunscherfüllung oder zumindest eine Richtungsweisung. Weitere Methoden psychoanalytischer Filminterpretation beschreiben den Film als Ausdruck der seelischen Thematik des Regisseurs, oder der Film wird interpretiert als Darstellung universeller Entwicklungskrisen. Eine vierte Möglichkeit besteht darin, den Film wie einen Traum zu deuten. Eine fünfte Methode analysiert die Reaktion der Zuschauer, eine sechste rekonstruiert, wie bestimmte psychoanalytische Konstrukte wie z.B. Spaltung, Verdrängung, Verdichtung und Verschiebung vom Regisseur verwendet werden. Die Beschreibung der Motive eines Charakters in psychoanalytischer Sichtweise wird heutzutage weniger verwendet, wohl aber wird die Funktion eines Charakters untersucht in Bezug auf die Gesamtaussage eines

Filmes. Bei den meisten Filminterpretationen kommen verschiedene Methoden zur Anwendung. Die einzelnen Autoren in diesem Band äußern sich zu ihren Interpretationswegen.

Entscheidend für unsere Vorgehensweise ist die Übereinkunft, dass die Interpretation in sich stimmig sein muss, den inhaltlichen und formalen Aspekten des Filmes entsprechen muss und die psychoanalytischen Theorien aufnimmt. Dabei wird der Leser feststellen, dass entsprechend der heute praktizierten Psychoanalyse und der unterschiedlichen methodischen Möglichkeiten der psychoanalytischen Filminterpretation die Vorgehensweise der einzelnen Autoren differiert. Dies hat zum einen zu tun mit der unterschiedlichen theoretischen Ausrichtung der einzelnen Mitglieder der Filmgruppe, zum anderen auch mit dem untersuchten Gegenstand, eben dem Film. Wir haben also in bester analytischer Tradition die Methode jeweils angepasst.

Die Auswahl der Filme entspricht zum einen der jeweiligen Präferenz der Autoren. Wir haben uns andererseits darum bemüht, vorwiegend aktuelle Filme zu besprechen, die dem Leser noch in Erinnerung sein mögen oder meistens auf DVD zugänglich sind. Es ist ein Anliegen der Filmgruppe, zu untersuchen, inwieweit zeitgeschichtliche Probleme in Filmen aufgenommen werden und wenn dies geschieht, in welcher Form sie verarbeitet werden. Wenn wir ältere Filme besprochen haben, dann solche, die allgemeinmenschliche Probleme in für uns beeindruckender Weise darstellen.

Literatur

Ehrenburg, I. (1931): Die Traumfabrik. Chronik des Films. Berlin (Malik).
Freud, S. (1907): Der Wahn und die Träume in W. Jensens *Gradiva*. GW VII, S. 29–125.
Koch, G. (1989): Eine verliebte Ärztin spielt Traumdetektiv! In: Ruhs, A.; Riff, B. & Schlemmer, G. (Hg): Das Unbewusste Sehen. Wien (Löcker Verlag), S. 114-124.
Gabbard, Glen O. (2001): Psychoanalysis and Film. London/New York (Karnac).
Ruhs, A. (1989): Erweiterte Überlegungen zum Thema. In: Ruhs, A.; Riff, B. & Schlemmer G. (Hg): Das Unbewusste Sehen. Wien (Löcker Verlag), S. 11–15.
Springer, A. (1989): Die filmische Gestaltung des Unbewussten. In: Ruhs, A.; Riff, B. & Schlemmer G. (Hg): Das Unbewusste Sehen. Wien (Löcker Verlag), S. 74-99.
Sklarew, B. (1999): Freud and film: encounters in the weltgeist. JAPA 47, 1239–1247.

Vorwort
Christian Schmalz

»Unter allen existierenden Medien ist es allein das Kino, das in gewissem Sinne der Natur den Spiegel vorhält und damit die Reflexion von Ereignissen ermöglicht, die uns versteinern würden, träfen wir sie im wirklichen Leben an«.
Siegfried Kracauer

Liebe Filmfreunde,
im Herbst 2004, gerade kam der Film *Der Untergang* von Oliver Hirschbiegel in die Kinos und wurde vom Feuilleton als weiterer, großer Schritt zur Bewältigung der nationalsozialistischen Vergangenheit bezeichnet, wurde ich von Diplom-Psychologe Rupert Martin auf die Entwicklung einer Filmreihe angesprochen, die das Cineastische mit dem Psychologischen verbindet. Er traf bei mir auf offene Türen!
Der Zugang zu einem Film aus psychoanalytischer Sicht ist nämlich für einen Kinobetreiber, der sein Programm noch selbst zusammenstellt, ein wichtiges Werkzeug, um die Wirkung eines Films auf das Publikum einzuschätzen. Doch leider wird der Film wegen seiner hohen Popularität allzu oft pseudopsychologisch angegangen, und ich möchte mich da nicht ausnehmen. Um so faszinierender war die Vorstellung, Fachleute vor einem interessierten Publikum zu Wort kommen zu lassen, und die Möglichkeit zu haben, ein fundiertes Verständnis für das zu entwickeln, was ein Film in der Psyche des Betrachters auszulösen vermag.

Christian Schmalz

Das Grundkonzept des Projekts war klar: Zu Anfang eine persönliche Einleitung des Referenten, danach die gemeinsame Rezeption des Kinofilms, anschließend die psychoanalytische Betrachtung und schließlich eine offene Diskussion aller Beteiligten. Dazu kommt unsere Selbstverpflichtung, die Aura des Films durch authentische Reproduktion herzustellen, d. h. ihn mittels 35 Millimeter-Film und entsprechendem Projektor auf die Leinwand zu projizieren – auch wenn dies bedeutet, einen bestimmten Film nicht analysieren zu können, da keine Filmkopie verfügbar ist. Mehr Einschränkungen wurden nicht getroffen, und genau da liegt die Stärke der Filmpsychologischen Betrachtungen. Ein weites cineastisches Panorama von Stanley Kubrick (*Eyes Wide Shut*) bis Fatih Akin (*Gegen die Wand*), von David Fincher (*Fight Club*) bis Jacques Rivette (*Histoire de Marie et Julien*) wurde gezeigt und besprochen. Auch die Analysen spannen sowohl thematisch als auch methodisch einen weiten Bogen, der Raum lässt für weitergehende Interpretationen und eine persönliche, individuelle Auseinandersetzung des Zuschauers mit dem jeweiligen Film.

Wie bei allen Kulturbetrieben, die sich auch dem wirtschaftlichen Wettbewerb stellen müssen, ist der Anspruch eines Arthaus-Kinos an sein Programm inhaltlicher Natur, der Erfolg ergibt sich jedoch aus dem Zuspruch des Publikums. An diesem Punkt stand uns der Leiter des Filmressorts des Kölner Stadt-Anzeigers, Frank Olbert, mit einem ausführlichen Bericht über unsere Filmreihe zur Seite. Schon die erste Veranstaltung am 9. Januar 2005, in der Frau Diplom-Psychologin Brigitte Ziob den Film *In the mood for love* von Wong Kar Wai besprach, war in beiderlei Hinsicht geglückt.

Die Zusammensetzung des Publikums erstaunte uns allerdings: Zum größten Teil setzte es sich aus Psychologie-Interessierten, Best Agers und dem Stammpublikum des Kinos zusammen, wobei weite Schnittmengen vorhanden waren. Interessanter Weise waren aber nur sehr wenig Studenten, auch nicht der einschlägigen Hochschulen oder Fakultäten der Universität, vertreten. Dies ist angesichts der vielfältigen Einsichten, die gewonnen werden können, schwer verständlich und stellt eine Herausforderung an uns als die Veranstalter dar.

Davon einmal abgesehen, ist es für mich eine große Freude, dass durch diese kontinuierliche, einmal im Monat stattfindende Veranstaltung das Wertvolle und das Unterhaltsame, das Soziale und das Künstlerische an einem Ort zusammenkommen – im Kino.

Ich wünsche der Psychoanalytischen Arbeitsgemeinschaft Köln-Düsseldorf, mir und vor allem unserem Publikum, dass noch viele Filmpsychologischen Betrachtungen stattfinden, und dass das vorliegende Buch als sinnvolle Ergänzung dazu beiträgt!

Angst essen Seele auf

Deutschland, 1974, 93 Min.
Regie: Rainer Werner Fassbinder
Hauptdarsteller: Brigitte Mira, El Hedi Ben Salem, Barbara Valentin

Thomas Auchter

Der Film *Angst essen Seele auf* erzählt die ungewöhnliche Geschichte der unmöglichen Liebe zwischen der 60-jährigen deutschen Putzfrau Emmi Kurowski und dem 29 Jahre jüngeren marokkanischen Gastarbeiter El Hedi Ben Salem M'Barek Mohammed Mustafa. Die Utopie der möglichen Liebe zieht sich wie ein roter Faden durch Fassbinders (geboren 1945) Werk und Leben. Er bleibt sein (kurzes) Leben lang voll Sehnsucht auf der Suche nach der Liebe, die ihm seine eigene Mutter und sein eigener Vater – die sich trennten als er sechs Jahre alt war – wohl nie hinreichend zukommen ließen.[1] Fassbinder hatte seinen Freud gelesen und hielt bis zu seinem frühen Tod (1982) an seinem lebenslangen Traum fest, Freuds (1939a) *Mann Moses und die monotheistische Religion* zu verfilmen (Thomsen 1993, S. 24, S. 65).

Der Mensch ist von Natur aus ein Gewohnheitstier. Sicherheit ist ein archaisches seelisches Grundbedürfnis. »Ruhe ist die erste Bürgerpflicht«, »Keine Experimente«! Neben dieser *konservativen* Grundtendenz begründet der *Lebenstrieb* des Menschen aber auch einen ganz gegensätzlichen Impuls, nämlich den nach Bewegung und Entwicklung, nach Neuem und nach Freiheit.

Die Spannung zwischen der *Neu-gier* und der *Neu-angst* bestimmt wesentlich unser Herangehen an uns selbst und an unsere Mit-Welt. Die Tendenz zum Festhalten am *Gewohnten* steht in einem Dauerspannungsverhältnis zur Attraktion und Faszination des *Außergewöhnlichen*. Im Extrem

---

[1] 1976 verarbeitet Fassbinder die traumatischen defizitären Erfahrungen seiner Kindheit und Jugend in dem Film mit dem programmatischen Titel *Ich will doch nur, dass ihr mich liebt*!

führt das Konservieren der bestehenden Verhältnisse zum *Entwicklungsstillstand*. Vielleicht könnte man das mit dem Konzept des »Todestriebes« von Freud in Verbindung bringen? Eine Fixierung auf das andere Extrem führt zum fortgesetzten *Außenseitertum*. »Das kann keiner – ohne die anderen leben!«, meint dazu Emmis Kollegin Paula.

Der Drang zum Verharren im Bestehenden wird im Film immer wieder durch Bewegungslosigkeit, Starre und Starren der Darsteller und auch die langen, langsamen und gleich bleibenden Kameraeinstellungen zum Ausdruck gebracht.

Das Außergewöhnliche, das *Fremde* erweckt als das »Unheimliche«[2] einerseits *Irritation* und *Angst*. Andererseits ruft es aber auch *Neid* wach und erweckt *Faszination*. Bekämpfen lassen sich dadurch ausgelöste unangenehme Gefühle mit Entwertung, Verachtung und Aggression gegenüber »dem Anderen«. Beide Protagonisten der »unmöglichen Liebe« in diesem Film sind »Outcasts«, ausgestoßen von ihrer Umgebung und vor allem *einsam*.

Was den eigenen Vorstellungen oder Vorurteilen nicht entspricht, wird von den Gewöhnlichen als »unnatürlich« (Katharina) diffamiert. Das trägt zur Fremdenfeindlichkeit (Auchter 1993) und Ausgrenzung bei: »Diese dreckige alte Hure« (Katharina), oder es wird für »verrückt« erklärt: »Die Alte hat ne Macke« (Barbara), »Deine Mutter hat nicht mehr alle Tassen im Schrank« (Eugen). Emmis Arbeitskolleginnen bezeichnen die »Gastarbeiter« (wie sie euphemisierend genannt wurden), als »lauter dreckige Schweine«, »geizige ungewaschene Schweine«, »lauter Gesindel«.

Das Gewöhnliche und Vertraute verspricht Sicherheit. Für die Gewöhnlichen steht immer schon alles fest. Die Dinge sind wie sind, und ihre Sichtweise betrachten sie als die einzig richtige. »Man macht sich ein Bildnis. Das ist das Lieblose, der Verrat«, schreibt Max Frisch (1972, S. 64).

Alles, was dem Menschen unbekannt ist, was unvertraut, was ungewöhnlich ist, verunsichert ihn, bildet eine Gefahr für das Bestehende und macht ihm Angst. Das wird verstärkt in Zeiten gesellschaftlicher Umbrüche und Orientierungsverluste. Und die »Fremdenangst« kann Zorn, Wut und Hass auslösen. Wir hassen das, was wir »wenig kennen und verstehen« (Freud 1915b, S. 329).

---

2 Freud (1919h, S. 237) hat in seiner Arbeit über *Das Unheimliche* darauf verwiesen: »Unheimlich ist irgendwie eine Art von heimlich«. Im ›unheimlichen‹ Fremden begegnen uns unsere *verdrängten* eigenen Sehnsüchte, Ängste und Leidenschaften (vgl. von Freytag-Loringhoven 2006).

Der Wunsch, die Angst zu reduzieren, führt zu dem Bedürfnis, entweder den anderen *gleichzumachen*, die Differenz zu nivellieren, oder das störende Andere sonst wie zu entfernen (Ausgrenzung, Ausweisung, Abschiebung). Die Annullierung der Differenz wird notfalls mit Gewalt durchgesetzt: »Willst Du nicht mein Bruder sein, dann schlag ich Dir den Schädel ein«.

Alles, was »anders« ist, soll am Besten beseitigt werden. Auch das »andere« in mir selbst, das »*eigene fremde* Böse« (Auchter 1990). Das, was ich in meinen Idealvorstellungen, in meinem Narzissmus nicht an mir ertragen kann, nicht an mir wahr-nehmen will. Dessen seelische Entsorgung geschieht am Einfachsten durch *Projektion* auf den Anderen. Die biblische Formel vom Splitter im Auge des Anderen, den man sieht, aber den Balken im eigenen Auge, den man nicht wahrnimmt, bringt diese Dynamik auf den Punkt.

Bei dem im Film mehrfach angesprochenen Dreck handelt sich zumeist um den *eigenen* Müll und Unrat, der *projektiv* bei den »Fremden« untergebracht wird. Das wird zum Beispiel mit dem Kontrast zwischen der höflichen, zuvorkommenden, ritterlichen, achtungsvollen Haltung Salems (gegenüber »der Frau«) und dem ungepflegt-achtlos-schlampigen Verhalten von Eugen, Emmis Schwiegersohn, gegenüber Frau und Schwiegermutter herausgearbeitet. Eugen verkörpert all das, was gewöhnlich den Ausländern angedichtet wird (»die haben eben keine Kultur«). Oder in den Bemerkungen von Paula: »*Die* sind *geizig*, das ist alles« und zwei Sätze später: »Die leben hier auf *unsere Kosten*«.

Die Frage nach Sinn und Wert der eigenen Person: »Wer bin ich«, die Suche nach seiner *Identität* treibt den Menschen lebenslang um. Identität besteht immer aus zwei Aspekten: »Das bin ich« und »das bin ich nicht«, oder: »ich bin wie« und »ich bin nicht wie«. Identifizierung und Abgrenzung sind wesentliche Elemente der Identitätsbildung. Problematisch wird es, wenn die Abgrenzung mit einer Abwertung des Anderen einhergeht.

Der Versuch der Nivellierung des Außergewöhnlichen wird in der Namensgebung deutlich gemacht. Alle arabischen Ausländer – so auch Salem – werden als »Ali« abgestempelt. So wie dreißig Jahre zuvor (der Film entstand 1973) alle Juden in *Israel* beziehungsweise *Sarah* gleichgeschaltet wurden. Durch die Vernichtung der individuellen Identität wird ihnen als einziges Identitätsmerkmal das Anderssein (»Ausländer«) zugewiesen. Dabei wird vergessen, was der Autoaufkleber einst auf den Punkt brachte: »Wir sind alle Ausländer – fast überall«.

1973 zur Entstehungszeit des Filmes sind nicht einmal 30 Jahre seit dem Ende des Zweiten Weltkrieges und der Naziherrschaft vergangen. Fassbinder deutet im Film mehrfach die *Unbewältigtheit* dieser Vergangenheit und ihrer Auswirkung auf die Gegenwart an: den »alltäglichen Faschismus« und den Schoß, der noch fruchtbar ist, wie Bert Brecht in seiner ›Kriegsfibel‹ 1955 formuliert. Das ist leider heute – wieder ungefähr 30 Jahre später – immer noch aktuell!

Emmi erzählt, dass ihr Vater »in der Partei« war, »beim Hitler« und alle Ausländer gehasst habe. Schon damals im und nach dem Krieg hat Emmi die Grenzen zwischen dem Eigenen und dem Fremden überschritten, indem sie den polnischen »Fremdarbeiter« Franticek heiratet. Mit ihrer Beziehung zu Salem verstößt Emmi nun erneut gegen die »Reinheit des Volkes« und der Rasse. Und geht zu ihrem Hochzeitsessen ausgerechnet in Hitlers ehemaliges Lieblingslokal in München, das heute ein italienisches Restaurant ist!

Im zweiten Teil der Handlung *scheint* sich die aggressive Verhärtung der Umwelt gegenüber dem ungleichen Paar aufzuweichen. Die Gewöhnlichen *scheinen* in Bewegung zu geraten. Aber das ist ein Trugschluss, beziehungsweise die Veränderung ist rein oberflächlich. Der Lebensmittelhändler will schlicht seine Kundschaft nicht verlieren, die Nachbarin benötigt Emmis Keller und Salems Hilfe und Emmis Sohn Bruno braucht sie als Babysitterin. So entlarvt Fassbinder die deutsche (kleinbürgerliche) Umgebung als vor allem selbstsüchtig und rein ökonomisch motiviert: »Beim Geschäft, da muss der Abscheu zurückstehen«, sagt der Lebensmittelhändler.

Kann die Liebesgeschichte zwischen zwei Außergewöhnlichen, einer »unwürdigen Greisin« (im Sinne Bert Brechts *Kalendergeschichte* 1939) und einem viele Jahre jüngeren Ausländer gut gehen? Oder kann sie wie Emmis Eltern, stramme Parteimitglieder der Nazis, (schon ziemlich am Anfang des Filmes) bezüglich Emmis erstem Mann, einem polnischen »Zwangsarbeiter« – der euphemisierend und die Wahrheit verschleiernd »Fremdarbeiter« genannt wird – voraussagen: »kein gutes Ende nehmen«. Später bekräftigen das Katharina und Barbara: »Das kann ja gar nicht gut gehen. Das ist *unnatürlich*« ... »Klar geht's nicht gut«.

Emmi überschreitet durch ihren Eintritt in die »Gastarbeiter-Kneipe«, dieser Enklave des Fremden in der deutschen Umgebung, die klare Abgrenzung zwischen dem Eigenen und Fremden und erschüttert sie dadurch. In der Kneipe ist Emmi als Deutsche die fremde Minderheit. Sie wird als Außergewöhnliche von den dortigen »Gewöhnlichen« angestarrt. Diese Eingangsszene des Filmes ist ein großartiger Kunstgriff Fassbinders um die *Relativität* des »Eigenen« und des »Fremden« vor Augen zu führen.

Die Entfesselung des Eingesperrten, das Auftauen des eingefrorenen Gewöhnlichen wird am Körper, an der Sexualität, am Wiedererwachen des Begehrens deutlich gemacht. Wobei die im Film dargestellte Sexualität allerdings weniger der Lust als primär dem Überwinden traurigen Alleinseins zu dienen scheint.

Die (vorsichtige) *Entzügelung* des Körpers wird unter anderem durch das *Tanzen* symbolisiert. Im Tanz wird etwas Verstocktes, Verkrustetes aufgebrochen, und gerät Vereistes und Versteinertes in Bewegung. Emmi bricht nach langen Jahren aus dem traditionellen Rollenmuster der trauernden Witwe aus und kann ihrer schlummernden Sehnsucht nach Lebendigsein etwas mehr Raum gewähren: »Immer sagt man ›aber‹ im Leben. ›Aber‹ – und alles bleibt beim Alten. Quatsch. Sie kommen jetzt mit rauf«.

Im ersten Teil der Handlung werden Emmi und Salem als *Opfer* dargestellt. Ihre Verbindung verstärkt diesen Status zunächst noch. Sie werden Opfer zunehmender Feindseligkeiten ihrer Umgebungen. Der hoffnungsvolle *Aufstieg* zu Emmis Wohnung wird zum Spießrutenlaufen durch die sich das Maul zerreißenden Spießbürgerinnen: »Aber Glück ... was ist das schon? Es gibt doch immerhin noch so etwas wie *Anstand*« (Frau Münchmeier). Die Treppe wird zum Ort des *unaufhaltsamen Abstieges* der Emmi K.

Emmi kann ihre anfängliche Offenheit und Toleranz, Empathie und Sympathie für »das Fremde« offenbar solange aufrechterhalten, wie sie *gemeinsam* mit Salem *gegen* eine feindlich gesinnte Mitwelt aufsteht. »In diesem Film ... geht es ja nur darum, dass eine Liebe dadurch, dass sie so Belastungen ausgesetzt ist, möglicher wird«, meint Fassbinder selbst. Allerdings hat Emmis Balancieren zwischen dem Eigenen und dem Fremden gegen den Hass ihrer Umgebung *Grenzen*, an die sie stößt. Die ständigen Feindseligkeiten ihrer Mitmenschen zermürben sie: »Es macht mich kaputt!« *Hass und Angst essen Seele auf!*

Als nach dem gemeinsamen Urlaub der äußere Druck sich verringert, das zunächst *zusammenschweißende* äußere »Feindbild« zu bröckeln beginnt, fängt auch die Solidarität zwischen beiden an zu erodieren. Emmi beginnt damit, von Salem zu fordern, sich an die »deutschen Verhältnisse« zu *gewöhnen*, sie erwartet zunehmend *Anpassungsleistungen* von ihm. Symbolisiert wird das unter anderem in ihrer Verweigerung seines Nationalgerichts Cous-Cous. Emmis verändertes Verhalten fängt an, seine Identität zu bedrohen. Zunehmend wandelt sich Emmis Rolle vom *Opfer* zur *Täterin*. So meint sie zu ihren Arbeitskolleginnen: »Tja, *manchmal hat er seinen eigenen Kopf. Das macht die fremde Mentalität*«.

In derselben Szene verkehrt Emmi das herkömmliche Geschlechterklischee. Sie fordert ihre Kolleginnen auf, Salems Körper zu betrachten und sogar anzufassen. Emmi stellt also Salem so zur Schau, wie das »gewöhnlich« der männliche Blick mit dem weiblichen Körper tut. In derselben Geste wird das Vorurteil über die Geschlechterrolle in Frage gestellt und die Entwürdigung und Unterdrückung eines Geschlechts praktiziert. In seiner Vorführung als »Zuchtbulle« durch Emmi kulminiert das Opfer-Täterin-Verhältnis zwischen Salem und Emmi. Und Salem flieht aus dieser ihn entwürdigenden und kränkenden Position.

Sowohl durch sein Fremdgehen mit der Kneipenwirtin Barbara als auch durch sein Nichteingreifen in die Entwürdigung von Emmi durch seine Arbeitskollegen, wechselt die Opferposition erneut. Nun ist Emmi wieder das *Opfer* und Salem wird durch seine Unterlassung zum *Täter*.

In der nachfolgenden Szene in der Kneipe scheint ein *Neubeginn* möglich. Die Eingangssequenz des Films: dasselbe Musikstück, Salems Annäherung an Emmi, der gemeinsame Tanz, wird *wiederholt*. Ausdruck des Neubeginns sind auch Emmis Worte: »Du bist doch ein freier Mensch ... Nein, weißt du, wenn wir zusammen sind, dann ... müssen wir gut zueinander sein. Sonst ... sonst ist das ganze Leben nichts wert«.

Aus heutiger Sicht (2007) erscheint der Film wie eine Parabel auf die letzten 40 Jahre in Deutschland. Es gab um 1968 und in der Folgezeit eine kurze Phase des Aufbruchs aus der depressiven Erstarrung, der »Unfähigkeit zu trauern« (A. u. M. Mitscherlich 1967) nach der Nazizeit, mit Willi Brandts (1969) »Mehr Demokratie wagen«. Noch 1989 konnten die Deutschen für einen winzigen Moment die Fantasie entwickeln: »Wir sind das Volk«. Bis Helmut Kohl das unter der Illusion »blühender Landschaften« erstickte. Der lange Marsch durch die Institutionen hat die 68-er mürbe und müde gemacht. Was haben wir am Ende bekommen: die große Koalition, politischen Stillstand, Resignation und Depression und *wachsende Fremdenfeindlichkeit*.

Emmis letzte (verzweifelte?) Bemerkung gegen die mögliche Wiederholung von Salems Magengeschwür: »Nein. Nein, bestimmt nicht. *Wenn... ich mir Mühe gebe*«, bleibt eine offene Formulierung.

Die Ausgrenzenden bleiben fortwährend in ihren starren Klischees und gewohnten Verhaltensmustern, ihren Vor-Urteilen; ihrem »Falschen Selbst« befangen. Die Ausgegrenzten haben zumindest eine *Entwicklungschance*, *durch* eine *Beziehung* aus den tradierten Rollenklischees auszubrechen und dadurch mit ihrer Authentizität, ihrem »Wahren Selbst« in Berührung zu kommen. Emmi: »wenn wir zusammen sind, dann ... müssen wir gut sein zueinander ... Zusammen sind wir stark«. Fassbinder charakterisiert sein Werk in einem *Paradox* so: »Das ist ein Film über eine Liebe, die *eigentlich unmöglich* ist, aber eben *doch eine Möglichkeit*« (zit. n. Jung 2004, S. 13). Und an anderer Stelle meint er: Man sollte »die herrschenden Verhältnisse so durchschaubar darstellen, dass sie bewusst werden, und zeigen, dass sie überwunden werden können« (zit. n. Thomsen 1993, S. 185). Gisela von Freytag-Loringhoven (2006, S. 4) stellt dazu resümierend fest: »Relativierungen begeistern nicht unser Unbewusstes. Deshalb brauchen wir Filme«. Im Film kann – wie im Traum – Unvereinbares, Paradoxes nebeneinander stehenbleiben, das Unmögliche möglich werden.

Repräsentiert Fassbinders Film letztlich eine *pessimistische* Grundposition? Ist er nur eine Illustration zu Freuds (1930a, S. 434) Bemerkung: »die Absicht, dass der Mensch glücklich sei, ist im Plan der Schöpfung nicht enthalten«? Ich weiß es nicht! *Realistisch* bleibt die *Sehnsucht nach Lebendigwerden* und das ständige Ringen um eine *Befreiung* aus den Fixierungen und Begrenzungen durch Beziehung und Liebe. Oder, um noch einmal abschließend Max Frisch zu zitieren: »Die Liebe befreit [das Nächste, lange Bekannte] aus jeglichem Bildnis. Das ist das Erregende, das Abenteuerliche, das eigentlich Spannende, dass wir mit den Menschen, die wir lieben, nicht fertig werden: weil wir sie lieben; solange wir sie lieben« (Frisch 1972, S. 63).

Maria Heiming danke ich für ihre wertvollen Hinweise!

Literatur

Auchter, T. (1990): Das fremde eigene Böse. Zur Psychoanalyse von Fremdenangst und Fremdenhass. In: Universitas 45, 1125 – 1137.
Auchter, T. (1993): Die seelische Krankheit Fremdenfeindlichkeit. In: Streeck, U. (Hg.) (1993): Das Fremde in der Psychoanalyse. München (Pfeiffer), S. 225–234. Neuauflage, In: Streek, U. (Hg.) (2000): Das Fremde in der Psychoanalyse. Gießen (Psychosozial- Verlag), S. 225–234.
Frisch, M. (1972): Ausgewählte Prosa. Frankfurt (Suhrkamp).
Jung, M.-K. (2004): Zwischen Hass und Faszination. Die Gestaltung des Fremden in *Angst essen Seele auf* von Rainer Werner Fassbinder. http://kgg.german.or.kr/kr/kzg/kzgtxt/90-13.pdf
Mitscherlich, A. u. M. (1967): Die Unfähigkeit zu trauern. München (Piper).
Thomsen, C.B. (1993): Rainer Werner Fassbinder. Leben und Werk eines maßlosen Genies. Hamburg (Rogner u. Bernhard).
Töteberg, M. (1990): Fassbinders Filme. Frankfurt (Verlag der Autoren).
von Freytag-Loringhoven, G. (2006): *Angst essen Seele auf*. Rainer Werner Fassbinder. Unveröffentlichtes Manuskript.

Caché

Frankreich, Österreich, Italien, Deutschland 2005, 119 Min.
Regie: Michael Haneke
Hauptdarsteller: Juliette Binoche, Daniel Auteuil, Annie Giradot, Maurice Benichou, Daniel Duval, Nathalie Richard

Rupert Martin

Caché ist ein zutiefst verstörender Film, da er auch sein eigenes Anliegen konsequent »versteckt« (frz. caché = versteckt, untergetaucht, verdeckt). Während Caché es dem Zuschauer von Anfang an schwer macht, wird man bei den meisten Hollywood-Filmen in den Anfangsszenen auf schmissige Art und Weise in die Filmhandlung hineingezogen, etwa durch betörende Bilder und kurze, anregende Dialoge, in denen die Hauptfiguren des Filmes vorgestellt werden, meist unterstützt durch eine melodische Filmmusik – *Caché* kommt sogar ganz ohne Filmmusik aus. Im Gegensatz zu den meisten Mainstreamproduktionen muss sich der Zuschauer bei *Caché* sehr anstrengen, um in die Filmhandlung hinein zu kommen. Will er nicht verärgert über die Rätselhaftigkeit des Films das Kino verlassen, so bleibt dem Zuschauer auch gar nichts anderes übrig. Überhaupt versteht sich der Regisseur Michael Haneke nicht als ein Regisseur, der seinen Zuschauern leicht konsumerable Geschichten vorsetzt, sondern als einer, der sie fordert, ja in gewisser Weise sogar »quält«. Insofern das Besondere an *Caché* darin liegt, wie der Film mit dem Erleben der Zuschauer agiert, möchte ich dies in den Mittelpunkt meines Beitrages stellen.

Die erste Einstellung des Filmes ist eine Totale, auf der wenig mehr als die Frontansicht eines gutbürgerlichen Hauses in einem Pariser Wohnviertel zu sehen ist. Eine Frau verlässt das Haus, ein Junge mit Schulranzen durchquert das Bild. Ein Mann tritt aus dem Haus auf die Straße. Daran, dass die Straße jetzt dunkel ist, könnte man bemerken, dass es eine andere Einstellung ist. Wer nicht darauf vorbereitet ist, dem dürfte es eher nicht auffallen. Danach ist wieder die taghelle Ansicht auf das Haus zu sehen, ein Radfahrer fährt durch das Bild. Man hört straßentypische Geräusche und zwitschernde Vögel. Aus dem Off ist zu hören, wie sich eine Frau und ein Mann unterhalten – ohne dass gleich deutlich wäre, worum es in ihrer Unterhaltung geht und was dies mit der Frontansicht des Hauses zu tun hat. Mancher Zuschauer mag hierüber bereits einen leichten, unterschwelligen Ärger in sich verspürt haben. Erst das folgende »Zurückspulen« des Bildes macht klar, dass es sich um eine Videoaufnahme handelt, von der wir erfahren, dass sie zwei Stunden auf dem Video einnimmt. Endlich erfährt der Zuschauer den weiteren Hintergrund: In dem Haus auf dem Video wohnt das Paar, das sich darüber unterhält, von wem es das Video zugespielt bekommen haben könnte und aus welchem Grund. Damit erhält das Zuschauererleben, das darum ringt, in den Film hineinzufinden, zum ersten Mal einen festen Grund, was zunächst einmal erleichtert.

Ungewissheit facht die Fantasietätigkeit an – latente Bedrohung

Die Erleichterung ist allerdings nur vorübergehend, denn mit dem Video ist keinerlei explizite Botschaft verbunden – kein kompromittierender Inhalt, keine Erpressung, nichts dergleichen. Das Nicht-Wissen um den Absender des Videos und seine Absichten ist allerdings ein Zustand, der nicht aushaltbar ist. Weder für Anne und Georges, noch für den Zuschauer. Dies hängt zunächst einmal mit der Grundverfasstheit des Seelischen zusammen, das stets auf Gestaltschließung drängt, so wie es die Gestalt- und Ganzheitspsychologen am Beispiel der Gesetzmäßigkeiten der Wahrnehmung herausgearbeitet haben. Das Seelische ist darauf angelegt, zu integrieren, womit es konfrontiert wird – hat die Integration ein gewisses Maximum erreicht, so kommt es zur Gestaltbrechung. Diese Abläufe von Gestalt und Verwandlung basieren jedoch auf psychischen Strukturen, die keine »Lücken« in sich selbst entstehen lassen. Deshalb ist, wo immer die Realität Fragen offen lässt, die Fantasie am Zug. Die Fantasie ist bestrebt, diese Lücken mit einer »Geschichte« zu füllen. Nichts anderes geschieht, wenn man sich auf etwas einen Reim machen will. Daher bleibt sowohl Anne und Georges, als auch dem Zuschauer, gar keine andere Wahl, als das Rätsel des Videos lösen zu wollen. Andernfalls könnte die »Lücke« zu einem bedrohlichen »Loch« werden. Dies führt dazu, dass sich der eigentliche »Film« im Kopf abspielt – in dem von Anne und George, so wie in dem des Zuschauers.

Noch ein Wort zur psychoanalytischen Auffassung des Begriffs »Fantasie«: Im Gegensatz zum Alltagssprachgebrauch, der Fantasie als etwas Nicht-Reales ansieht, das keinerlei Verbindung zur Realität aufweist, stellt die Fantasie nach psychoanalytischer Auffassung einen Übergangsraum (Winnicott) zwischen Realität und Fiktion dar. Es handelt sich demnach bei einer Fantasie nicht um ein völlig neues Kunstprodukt des Geistes, sondern um eine »fantastische« Neuzusammensetzung von seelischem Material, das bereits vorhanden ist. Dieses Material besteht aus den Erfahrungs- und Erlebensmustern, die ein Mensch im Verlaufe seines Lebens, mehr oder weniger unbewusst, ausgebildet hat. Durch eben diese psychischen Muster sind die Fantasien determiniert. Insofern ist das Vergangene nicht wirklich vergangen, sondern Teil der Gegenwart, diese und die aus ihr erwachsende Zukunft beeinflussend.

Den Fantasien, was der Hintergrund des Videos sein könnte, sind nun Tür und Tor geöffnet. So überlegen Anne und Georges beispielsweise, ob der Absender ein »Fan« von Georges sein könnte, der eine Literatursendung im Fernsehen moderiert. Eine weitere Überlegung geht dahin, ob möglicherweise ein Freund des zwölfjährigen Sohnes Pierrot, dessen »Spießereltern« auf diese Weise zu entlarven sucht. Doch all diese Anhaltspunkte erweisen sich als wenig überzeugend. Dies führt dazu, dass die Stimmung zwischen den Eheleuten immer gereizter wird. Da weitere Videos folgen, denen dann auch noch Zeichnungen von Strichmännchen mit blutenden Gesichtern beiliegen, die zusätzlich auch per Postkarte am Arbeitsplatz von Anne, so wie in der Schule von Pierrot eintreffen, während außerdem ein anonymer Anrufer nach Georges verlangt, liegen die Nerven des Ehepaares bald blank. Es bildet sich ein Riss in der Fassade der scheinbaren Bilderbuch-Familie – er eine Art französischer Reich-Ranicki in den besten Jahren, sie erfolgreiche Lektorin, Pierrot feiert Erfolge im Schwimmsport – der sich im weiteren Verlauf immer mehr ausweiten sollte.

Sich mit Anne und Georges identifizierend, teilt der Zuschauer ihre latente Angst. Letzteres ist zugleich die Voraussetzung dafür, dass sich der Zuschauer mit Anne und Georges identifizieren kann. Das bedeutet aber auch, dass der Zuschauer, so er sich auf den Film einlässt, unbewusst immer mehr mit seinen eigenen Ängsten konfrontiert wird, die als Variationen dieser Grundangst anzusehen sind.

Anne und Georges reagieren auf die diffus bedrohliche Atmosphäre im Sinne klassischer weiblicher bzw. männlicher Rollenmuster: Georges fühlt sich als Mann und Familienoberhaupt in besonderer Weise herausgefordert und versucht, die Sache so rational wie möglich zu durchleuchten, unter

Ausblendung seiner Gefühle. Dabei wird er zunehmend einzelgängerischer in seinem Bemühen, der Bedrohung Herr zu werden. Neben den Telefonanrufen macht dies dem Zuschauer klar, dass der »Angriff« primär Georges gilt und weniger seiner Frau.

Anne hingegen möchte ihre Gefühle mit ihrem Mann und ihren Freunden teilen, ist gekränkt darüber, dass ihr Mann sie außen vorzuhalten sucht und begehrt dagegen auf. Das Bild, das die beiden auf diese Weise abgeben, ist alles andere als souverän – eben dies erleichtert es dem Zuschauer, sich in sie hineinzuversetzen: So fühlt man sich, wenn man mit einer diffusen Bedrohung konfrontiert wird, deren Ursache man nicht kennt. Einen solchen Zustand von »da-ist-was-im-Busch-aber-ich-weiß-nicht-was« kennt wohl jeder Mensch. Da Georges den Pol der Abwehr gegen die Beunruhigung am stärksten vertritt und der Zuschauer ahnt, dass Abwehr allein nicht ausreicht, sondern dass eine affektive Auseinandersetzung mit der Gefahr Not tut, gelten Anne die größeren Zuschauer-Sympathien.

Eskalation der Angst – Nicht-Fassbares als Kern des Bedrohlichen

Je länger der Ursprung des Bedrohlichen im Unklaren bleibt, desto größer scheint das latente Bedrohungsgefühl zu werden. Die stete Wiederholung des Nicht-Fassbaren in Gestalt immer weiterer Video- und Strichzeichnungssendungen lässt das Gefühl existenzieller Bedrohung eskalieren. Verschärfend hinzu kommt, dass die Polizei keine Veranlassung sieht, tätig zu werden. So droht die Familie auseinanderzubrechen: Anne und Georges werfen sich wechselseitig vor, dem anderen nicht zu vertrauen. Es gibt nur eine einzige Szene im gesamten Film, in der sie wirklich als Paar auftreten: Als sie sich gemeinsam über Pierrots Erfolg beim Schwimmen freuen. Pierrot selbst geht immer mehr auf Distanz zu beiden Elternteilen; der Zuschauer fantasiert mit Pierrot über einen Ehebruch durch Anne und Freund Pierre; als schließlich auch eine Videokassette beim Sender von Georges auftaucht, gibt ihm sein Chef durch die Blume zu verstehen, dass er für den Sender nicht mehr tragbar sei, so es ihm nicht gelänge, das Problem aus der Welt zu schaffen.

Was macht nun eigentlich das Bedrohliche aus? Offenbar ist es gerade die Tatsache, dass keinerlei explizite Botschaft mit den Videos und Strichzeichnungen verbunden ist. Denn das Nicht-Wissen um etwas, von dem affektiv verspürt wird, dass es eine elementare Bedeutung hat, macht Angst. Es handelt sich hier um eine Urangst des Menschen, die von Freuds philosophischen Gewährsleuten, den Existenzphilosophen überzeugend beschrieben wurde: So beschrieb Heidegger das »Geworfensein« des Menschen in seine Umwelt, die ihn zunächst einmal vorwiegend ängstigt und von der er vollständig abhängig ist. Kierkegaard betonte ebenfalls die ängstigende Abhängigkeit des Menschen von seiner Umwelt und zugleich seine Verpflichtung zur »Freiheit«, d. h. aus dieser Abhängigkeit das Beste zu machen. Das bedeutet zu versuchen, das Ganze zu verstehen – auch und gerade im affektiven Sinne, denn nur ein affektives Verstehen ist ein Verstehen i. e. S. Doch eine solche Art des Verstehens, die auch ein Hinterfragen des Eigenen beinhalten würde, ängstigt, könnte sie doch einen Verlust an Sicherheit mit sich bringen. So kann sich Georges diese »Freiheit« nicht nehmen. Vielmehr hat er Angst um den Zusammenhalt seiner Familie und um seinen Ruf, von dem auch das wirtschaftliche Wohlergehen der Familie abhängt bzw. das erreichte gesellschaftliche Ansehen. Er ist nicht »frei«, sich wirklich mit den von ihm vermuteten Hintergründen der Videos und Strichzeichnungen auseinanderzusetzen. Letzteres macht ihm zuviel Angst – doch die Kehrseite ist, dass er keine zufriedenstellende Antwort finden kann. Gäbe es eine zufriedenstellende Antwort, so wäre die Angst gebunden – so aber bleibt die Angst bestehen. Er gleicht so einem Mann, der seinen Schlüsselbund in der Dunkelheit verloren hat, aber nur im Lichtkegel der Straßenlaterne nach ihm sucht, da er nur dort sehen kann und ihn die Dunkelheit ängstigt.

Die Abweisung des Bedrohlichen führt noch tiefer hinein

Jene Dunkelheit, in der Georges des Rätsels Schlüssel nicht suchen möchte, hängt mit den Affekten und seiner Vergangenheit zusammen. Georges ahnt dies bereits. Ein Video, das sein Elternhaus zeigt, konfrontiert ihn ganz konkret damit. Darauf hin träumt er von seinem blutspuckenden Stiefbruder Majid als Kind – ist dies der Zusammenhang zu den »blutenden« Strichmännchen? Wenn er anschließend seine Mutter aufsucht, so entsteht nicht der Eindruck, dass er sich mit ihr über die Ereignisse seiner Kindheit auseinandersetzen möchte. Vielmehr erweckt er den Eindruck, als wolle er seine Mutter darüber aushorchen, wobei er ihr den wahren Grund seines

Interesses verheimlicht. Noch in derselben Nacht träumt er von seinem Stiefbruder Majid, sieht diesen blutüberströmt mit einem Beil auf sich zukommen, nachdem dieser einen Hahn geköpft hat, und wacht schweißgebadet auf. Über eine identifizierbare Straße auf einem Video folgt Georges dann der Spur zur heutigen Wohnung Majids. Auch das Gespräch mit Majid zeigt, dass es Georges nicht darum geht, sich mit ihm und damit auch mit seiner eigenen Geschichte auseinanderzusetzen. Vielmehr möchte Georges Majid und damit seine Vergangenheit zum Schweigen bringen. Daher droht er Majid.

Postwendend nach seinem Besuch bei Majid kann Georges diesen auf einem neuen Video betrachten und ist damit zugleich vor seiner Frau der Lüge überführt, hat er ihr doch das Gespräch mit Majid verheimlicht. Auf diese Weise wird deutlich, dass sich das Vergangene nicht abschütteln lässt. Ein Gefühl des Unheimlichen macht sich breit. Da Georges sich aber nach wie vor beharrlich einer affektiven Auseinandersetzung mit seiner Vergangenheit verweigert, nimmt das Geschehen unterschwellig kafkaeske Züge an. So werden die Video- und Strichzeichnungen zur »Anklage«, deren besondere Perfidie darin liegt, dass keine explizite Anklage erhoben wird. Ihr unbekannter Absender wird auf diese Weise zu einer übermächtigen Instanz, von der man annehmen muss, dass sie alles sieht. Von dieser Instanz fühlen sich Georges und mit ihm Anne in die Ecke gedrängt. Sie sollen sich, wie Georges sagt, stets unter Beobachtung wähnen. So gerät Georges in einen Teufelskreis: Da für ihn nicht sein kann, was nicht sein darf, nämlich das Lebendig-Werden der eigenen Vergangenheit, wird sein Erleben von immer mehr paranoischen Zügen durchzogen, wobei Letztere nicht durch die Realität korrigiert werden können, da die Realität eben nicht zur Gänze zugelassen wird – zumindest nicht, insofern die Vergangenheit von Georges betroffen ist.

Schuldhafte Verstrickung

Als scheinbar übermächtige Instanz wird der Urheber der Videos und der Strichzeichnungen immer mehr zum Feind. So kreisen seine Fantasien nicht mehr darum, was für ein Sinn wohl hinter den Videos und Strichzeichnungen steckt, sondern was diese scheinbar übermächtige Instanz, hinter der sich für ihn Majid verbirgt, gegen ihn in der Hand hat. So rückt immer mehr das Thema »Schuld« in den Mittelpunkt des Filmerlebens.

Da ist zum einen eine »Schuld« von Georges: Aufgrund von Intrigen des damals sechsjährigen Georges, sahen seine Eltern seinerzeit davon ab, Majid zu adoptieren. Georges hatte den ödipalen Konkurrenten aus dem Feld gestoßen, indem er ihn bezichtigte Blut zu spucken und indem er, der er Majid seinerzeit selbst dazu veranlasst hatte, den Hahn zu köpfen, dies dazu nutzte, um Majid bei seinen Eltern »anzuschwärzen«. Vorausgegangen war, dass Majds Eltern, vermutlich bei einer Demonstration von Algeriern im Jahr 1961 zusammen mit etwa 200 Landsleuten in Paris von der Polizei umgebracht wurden. Eine Dokumentation, die der Regisseur Michael Haneke im Jahr 2001 über jene Ereignisse auf Arte gesehen hatte, bildete für ihn einen der Anstöße zu *Caché*. Während sich Georges anschließend einer Kindheit in einem angenehmen Umfeld erfreuen konnte, wurde Majid ins Waisenhaus gebracht, wo er vorwiegend Hass vorfand. Während die Tragik von Majid darin besteht, dass sein Leben danach offenbar nicht mehr auf ein gutes Gleis zurück fand, besteht die Tragik von Georges darin, dass er gegenüber dem älteren und stärkeren Majid sich nicht anders zur Wehr setzen konnte, als auf die intrigante und schuldgenerierende Weise.

Neben dem Anstoß durch besagte Fernsehdokumentation, so der Regisseur Michael Haneke, habe er einen Film drehen wollen, in dem ein Erwachsener mit etwas konfrontiert werde, was er als Kind getan habe (Interview im Bonusmaterial zum Film). Kinder würden zumeist als per se unschuldige Wesen angesehen, was er für unzutreffend halte. Für Haneke komme es weniger darauf an, wessen ein Mensch sich »schuldig« gemacht habe, als wie er damit heute umgehe – inwieweit er sich damit seelisch auseinandersetze.

Georges versucht seine »Schuld« zu bagatellisieren und unter den Teppich zu kehren, die Auseinandersetzung mit seiner Vergangenheit so schnell wie möglich zu beenden. Schon aus diesem Grund ist ihm daran gelegen, Majid möglichst schnell als »Täter« und »Schuldigen« am »Terror« gegen seine Familie zu überführen. Man könnte sagen, er geht mit seiner eigenen Schuld nur »allzumenschlich« um, sieht »Schuld« primär »außen«.

Der Zuschauer spielt jedoch nicht mit bei Georges' Bestreben, Majid als alleinigen »Täter« dingfest zu machen. So tendiert der Zuschauer wie Anne dahin, Majid zu glauben, dass er nichts mit den Kassetten zu tun habe. Dieser Zweifel an der Position von Georges mag sich aus der Ahnung erklären, dass die Sache so einfach nicht ist. So legt auch Michael Haneke in einem Interview zum Film (Bonusmaterial auf der DVD) sehr viel Wert auf die Feststellung, dass die Wirklichkeit komplex und in sich widersprüchlich sei. Dies schließe auch nicht aus, dass Majid auch gelogen haben könnte, als er sagte, er habe nichts mit den Videos zu tun. Dass in der Wohnung von Anne und Georges fortwährend Fernsehnachrichten laufen, wenn nicht gerade eines der besagten Videos abgespielt wird, passt zu der sinngemäßen Feststellung von Haneke, wonach es ihm um die Wahrhaftigkeit und Authentizität von Ereignissen gehe. Schließlich sei die Dominanz der elektronischen Medien zu einer Art neuen Wirklichkeit geworden, deren »Wahrheit« vielfach nicht mehr hinterfragt werde, wodurch ihnen eine hohe manipulative Macht zufalle.

Die Wiederkehr des Verdrängten

Um Majid zu überführen, setzt Georges ihn massiv unter Druck, und als Pierrot vermeintlich entführt worden ist, hetzt er ihm die Polizei auf den Hals. Majid und sein Sohn werden eine Nacht arrestiert, aber dann wieder freigelassen, da ihnen nichts zu beweisen ist. In Folge dessen bringt sich Majid in einer schockierenden Szene im Beisein von Georges um, indem er sich die Kehle durchschneidet – was der Zuschauer emotional mit jener Szene verbindet, die Georges zuvor im Traum gepeinigt hat, als Majid dem Hahn den Kopf abgeschlagen hat und der Hahn noch eine Weile kopflos umher flatterte. So schockierend diese Szenen auch sind, erhalten sie ihre Wirkmächtigkeit doch von der Atmosphäre subtiler Gewalt und latenten Misstrauens, welche im Zuge der Ereignisse in jede Ritze des Lebens der Laurents zu dringen scheint.

Abgesehen von einem Befremden des Zuschauers über den demonstrativen Charakter des Suizids, wird dieser als Anklage gegen Georges erlebt – Georges hat demnach seinen »Angeklagten« in den Tod getrieben. Wie dem auch sei – jedenfalls hat Georges auf der Jagd nach dem Urheber der Videobotschaften ungewollt offenbart, dass auch er, obwohl »Literaturpapst« des französischen Fernsehens, schuldhaft verstrickt ist.

Man könnte den Suizid Majids verstehen als Ausdruck der Unauflösbarkeit des Konflikts zwischen Georges und Majid. Seitens Majid war die Unauflösbarkeit anscheinend dadurch genährt, dass er durch die Verstoßung vom Hof seiner Stiefeltern der Möglichkeit einer nicht-verpfuschten Entwicklung seines Lebens verlustig ging. Seitens Georges' wurde die Unauflöslichkeit dadurch befördert, dass Georges sich seiner persönlichen Verwicklung und den Gefühlen, die damit verbunden sind, nicht stellen konnte.

Die schuldhafte Verstrickung drückt sich in der Wiederkehr des Verdrängten aus. Das Verdrängte kehrt so lange wieder, bis es verstanden ist – was aber voraussetzt, dass man sich ihm affektiv stellen kann. Es lässt sich sowohl als etwas kulturell Verdrängtes auffassen, siehe das Massaker an den algerischen Demonstranten in Paris 1961, als auch als etwas individuell Verdrängtes, siehe die dunklen Seiten in der Biografie von Georges. Dessen Verdrängungsleistung wird allerdings auch von seiner Mutter unterstützt, die die Verstoßung von Majid ebenfalls »vergessen« haben will.

Nach Freud besteht das Seelische aus verschiedenen Schichtungen, wie bei einem »Wunderblock«, auf dessen Oberfläche immer wieder etwas eingeschrieben werden kann, um auf dieser Ebene schon bald wieder zerstört zu werden. Es sinkt dann nach unten ab, geht dort aber nicht verloren, sondern wird in umgewandelter Form konserviert. Es ist dies eine Metapher für den Vorgang der Verdrängung. Verdrängung heißt, dass etwas unbewusst »gemacht« wird, was schon einmal bewusst war. Dies ist ein »dynamischer« Vorgang, wobei die Dynamik auch in umgekehrter Richtung besteht: Was dem Unbewussten übereignet wird, drängt von sich aus danach, wieder bewusst zu werden, so wie ein Gewässer früher oder später »ausspuckt«, was in ihm versenkt wurde, z. B. die Seine, welche die getöteten Algerier nach 40 Jahren in die Arte-Sendung »spülte«, nachdem ihr Schicksal in ganz Frankreich und in allen Nachbarländern bis dahin verdrängt gehalten wurde. In diesem Zusammenhang sprach Freud vom »dynamischen Unbewussten«. Dazu passt auch ein Bild von Michael Haneke (Interview zum Film im Bonusmaterial auf der DVD): Das, was unter den Teppich gekehrt wird, führt dort über kurz oder lang zu Verwerfungen, sodass man auf dem Teppich keinen stabilen Stand mehr hat. Letzteres kennzeichnet die Situation der Laurents sehr treffend. Aufgrund der psychoanalytischen Forschung der letzten beiden Jahrzehnte wissen wir heute über Freuds Kenntnisstand hinaus, dass es neben dem »dynamischen Unbewussten«, außerdem noch ein so genanntes »emotionales Unbewusstes« gibt, das noch nie bewusst gewesen ist.

Obwohl Georges sich bei seinem Versuch, Majid zu entlarven, in eigener schuldhafter Verstrickung wieder fand, besteht seitens des Zuschauers kein Bedürfnis, Georges dies allzu sehr vorzuhalten. Spürt doch der Zuschauer, dass er selbst im Glashaus sitzt: Dies hängt damit zusammen, dass, wie Goethe einmal sagte, der Handelnde immer »gewissenlos« ist. Haneke kennt dieses Goethe-Zitat sicher, denn er spricht davon, dass jeder, der handelt, Gewissensprobleme bekommt (Interview zum Film im Bonusmaterial der

DVD). Gewissenlos ist der Handelnde insofern, als dass jede seelische Regung, die sich durchsetzen will, bereit sein muss, dies auf Kosten einer anderen zu tun, zugunsten derer sie sonst selbst unterdrückt werden kann. Freud hat dies als die ewige Dialektik von Eros und Thanatos beschrieben. Demnach ist das Verbindende (Eros) nicht ohne das Zerstörende (Thanatos) zu denken und umgekehrt. Zugegebenermaßen handelt es sich bei dem hier zugrunde liegenden Schuldkonzept um ein totalitäres: Differenzen zwischen verschiedenen Graden von Schuld spielen eine untergeordnete Rolle, entscheidend ist im christlich-abendländischen Sinne die Frage: Schuldig oder nicht-schuldig? Das totalitäre Schuldkonzept soll hier nicht gegenüber einem differenzierteren Schuldkonzept bevorzugt werden, allein das Unbewusste steht Ersterem näher, während Letzteres eher der Ratio nahe steht.

Projektion und Destruktion

Aus den Untersuchungen der berühmten Psychoanalytikerin Melanie Klein geht in vielfacher Weise hervor, dass destruktive Strebungen Grundbestandteil jeden Seelenlebens sind. Sie hat dabei die Freudsche Verdrängungstheorie durch einige wichtige Überlegungen erweitert: Der psychische Apparat erkennt seine destruktiven Strebungen als Problem, da damit seine eigenen Lebensgrundlagen angegriffen werden. Daher sucht er die Destruktion projektiv loszuwerden. Damit handelt sich der psychische Apparat allerdings ein neues Problem ein: Da die Destruktion nun »außen« ist, wird sie zum äußeren Verfolger für den Psychismus, wobei dieser äußere Verfolger selbstredend an allem »schuld« ist. Hieraus erklärt sich auch das Klima von latenter Bedrohung, welcher die »paranoide« Atmosphäre in der Familie Laurent schafft. In der kleinianischen Terminologie spricht man in diesem Zusammenhang von der »paranoid-schizoiden Position«, wobei man den Terminus »schizoid« im Zusammenhang mit dem Film ruhig auf die Affektabspaltung von Georges beziehen kann.

Die paranoid-schizoide Position wird überwunden durch die »depressive Position«. Mit »depressiv« ist hier allerdings kein klinisches Zustandsbild gemeint, sondern so etwas wie »Schuldfähigkeit«: In der Lage zu sein, die eigene Destruktivität zu erkennen und das Bestreben zu Integration und Wiedergutmachung. Auf diese Weise soll das Destruktive so mit konstruktiven Elementen legiert werden, dass sich die destruktive Wirkung nicht mehr entfalten kann. Georges gelingt es jedoch nicht, die »depressive Position« zu erreichen: Sichtlich geschockt von dem Suizid Majids ist er nicht bereit, sich auf das Gespräch mit dessen Sohn einzulassen, dass dieser ihm daher aufnötigt. Dabei sagt ihm Majids Sohn auf den Kopf zu, dass er sich nicht traut, da er zu viel zu verlieren hat, als Familienvater und angesehener Vertreter der kulturellen Führungsschicht – für Haneke der Schlüsselsatz des ganzen Films, liefert er doch eine Erklärung dafür, warum Georges zuviel Angst zu haben scheint, um bei sich selber zu schauen, sondern in der projektiven Logik fest verhaftet bleibt. So nimmt Georges am Schluss zwei Schlaftabletten und erweckt den Eindruck, als wolle er einen 100-jährigen Schlaf nehmen, um alles hinter sich zu lassen. Bei Anne hingegen ist die Bereitschaft, sich aus der projektiven Logik zu lösen, schon etwas größer.

Spätestens in Georges' Gespräch mit Majids Sohn bekommt das Prinzip des Spiegel-Vorhaltens bei Haneke auch etwas im weiteren Sinne »Pädagogisches« – analog zum demonstrativen Suizid von Majid und der hochmoralischen Position seines Sohnes, der Georges gegenüber vorgibt, »nur« sehen zu wollen, wie sich jemand fühlt, der einen anderen zur Strecke gebracht habe – und löst damit auch ein gewisses Unbehagen aus. Es scheint dies eine Pädagogik zu sein, die zu verschleiern sucht, dass sie bestimmte Erziehungsziele hat.

Doch nicht nur Georges bleibt der projektiven Logik letztlich verhaftet, sondern auch für den Zuschauer ist die Versuchung groß, ihr verhaftet zu bleiben. Denn der Film bringt das beschriebene paranoide Grundgefühl im Zuschauer zum Klingen. So dient die »Fachsimpelei« darüber, von wem denn nun die Videos stammen und was für eine »Lösung« die vielbeschworene, weil angeblich das Rätsel des Films auflösende letzte Einstellung bietet, letztlich der Abwehr der gleichen Erkenntnis wie bei Georges: Das, wovon man sich verfolgt fühlt, kommt in der Regel aus einem selbst. So aktiviert die Angst, die Georges vor der unbekannten, ihm übermächtig erscheinenden »äußeren« Instanz hat, die ihm mit den Videos zeigt, dass sie ihn ständig im Visier zu haben scheint, sein »schlechtes Gewissen«. All seine Aktionen, um Majid in der Folge dingfest zu machen, könnte man als den Versuch sehen, sein Gewissen zum Schweigen zu bringen. Das Gewissen aber ist als Bestandteil des Über-Ichs, Teil des psychischen Apparats, mithin etwas »Inneres«.

Selbst wenn Majids Sohn zusammen mit Pierrot für die Video- und Strichzeichnungssendungen verantwortlich sein sollte, wofür die letzte Einstellung gerne als »Beweis« genommen wird – letztlich sind es die eigenen Fantasien und Impulse, die, projektiv verarbeitet, zum »äußeren« Verfolger werden.

Man könnte auch sagen, dieser »äußere« Verfolger ist die externalisierte Angst vor dem eigenen Über-Ich. Wenn eine Botschaft oder eine Gefahr qua Video kommt, so ist sie bereits ein Stück von der eigenen Person weggerückt. Ein »äußerer« Verfolger erscheint weniger gefährlich als ein »innerer« Verfolger. Der Preis dafür besteht jedoch darin, dass der Verfolgung selbst auf diese Weise nicht beizukommen ist. Denn ein »äußerer« lässt sich im Gegensatz zu einem »inneren Verfolger« nicht beeinflussen, eben weil er »außen« ist.

Wer immer als Absender der Videos fungiert – er hat sich als Steigbügelhalter für das Unbewusste, bzw. für das ins Unbewusste Verdrängte betätigt. Dies erscheint wichtiger noch als die Frage, »wer« es war, welche in diesem Lichte betrachtet vernachlässigt werden kann. Es nimmt allerdings nicht wunder, wenn Pierrot zum Agenten des Verdrängten gemacht wird – aus der Perspektive seiner Eltern, so wie aus Zuschauerperspektive. Denn wie in dem Märchen von Andersen *Des Kaisers neue Kleider* eindrucksvoll dargestellt, müssen Kinder oft herhalten, um Wahrheiten auszusprechen, die Erwachsene nicht sehen wollen, da ihnen per se eine größere Nähe zum Unbewussten zugeschrieben wird.

Zurück zum Anfang – Verstörung als Methode

Wenn weiter oben davon die Rede war, die Videos und Strichzeichnungen hätten die Funktion eines »Steigbügelhalters für das Unbewusste«, so ist diese Darstellung eigentlich ein Euphemismus. Denn schließlich stellen Videos, Strichzeichnungen und Telefonanrufe einen sehr radikalen Eingriff in das Leben der Familie Laurent dar, der in seiner Wirkung kaum unterschätzt werden kann. Durch die Videos und Strichzeichnungen erhält die Familie einen Spiegel vorgehalten. Normalerweise ist das In-den-Spiegel-Schauen mit einer Frage verbunden. Jedermann kennt die Märchenfrage: »Spiegelein, Spiegelein an der Wand, wer ist die Schönste im Land?« Dass den Eheleuten nun der Spiegel vorgehalten wird, ohne dass sich damit eine Frage verbindet, schon gar nicht eine selbst gestellte, wirkt ungemein verunsichernd. Vor dem Hintergrund dessen, dass alle Alltagsvollzüge auf bestimmten Ordnungen fußen, stellt ein vorgehaltener Spiegel ohne explizite Frage eine ganz besonders radikale, jede Ordnung in Frage stellende Weise des Fragens dar: Alles, aber auch alles kann fragwürdig werden, sodass jede Verlässlichkeit und damit jeder Halt verloren zu gehen droht. Das Unbewusste kennt die Ordnungskategorien aus der Welt des Rationalen nicht. Es ist dies der Humus, auf dem die Paranoia gedeihen kann. So hat eine Untersuchung von Wolfram Heubach, die dem Grenzbereich zwischen »Alltag« und »Kunst« gegolten hat (»Die Ästhetisierung«) herausgestellt, dass die radikale künstlerische In-Frage-Stellung vermeintlich fester Grenzen, wie z. B. die zwischen »Alltag« und »Kunst«, in eine »Aktualneurose« führen kann und auf diese Weise erahnen lässt, wie unermesslich ängstigend sich die Auflösung von Grenzen bei schizophrenen Personen anfühlen muss.

Trotz allem »Wer war es?«

Da die Frage nach der Täterschaft, wie gesehen, von eminenter Bedeutung für die Seelenhygiene der Laurents und des Zuschauers ist, soll sie hier jedoch nicht ganz abgewiesen werden, sondern abschließend wenigstens der Versuch einer Antwort unternommen werden: Folgt man dem Gedanken von den Videos als nach außen projizierter Destruktion von Georges, in der der Kinozuschauer zugleich seine eigenen destruktiven Tendenzen projektiv unterbringen kann, so ist es das eigene Unbewusste, welches die Videos und Strichzeichnungen hervorgebracht hat. Insofern »war« es die seelische Wirklichkeit selbst, insofern sie immer wieder dafür sorgt, dass Verdrängtes in der Regel irgendwann wieder nach »oben« kommt.

Literatur

Andersen, H. C. (1975): Des Kaisers neue Kleider. Leipzig (insel taschenbuch).
Freud, S. (1999): Jenseits des Lustprinzips. Gesammelte Werke Bd. XIII. Frankfurt a. M. (Fischer Taschenbuch Verlag).
Freud, S. (1999): Notizen zum Wunderblock. Gesammelte Werke Bd. XIV. Frankfurt a. M. (Fischer Taschenbuch Verlag).
Heidegger, M. (1993): Sein und Zeit. Tübingen (Max Niemeyer).
Heubach, W. F. (1974): Die Ästhetisierung. Köln (Dissertationsschrift).
Kierkegaard, S. (1992): Der Begriff der Angst. Stuttgart (Reclam).
Klein, M. (2000): Gesammelte Schriften Bd. III. Stuttgart (fromann-holzboog).
von Goethe, J. W. (1998): Maximen und Reflexionen. In: Werke Bd. 6, Darmstadt (Wissenschaftliche Buchgesellschaft).
Winnicott, D. W. (1985): Von der Kinderheilkunde zur Psychoanalyse. Frankfurt a. M. (Fischer Taschenbuch Verlag).

Das Mädchen mit dem Perlenohrring

GB/Luxemburg 2003, 101 Min.
Regie: Peter Webber
Hauptdarsteller: Scarlett Johansson, Colin Firth

Angelika Voigt-Kempe

Ein Film wie ein Gemälde hieß es in einer Rezension. Dem möchte ich zustimmen. Damit geht es auch um das, was die Romanvorlage, der Regisseur oder der Betrachter in das Bild hineinlegen. Denn tatsächlich weiß man über den Künstler und die Entstehungsgeschichte des Bildes so gut wie gar nichts. Durch kunstvolle Kameraeinstellungen werden wir in die Welt des 17. Jahrhunderts ins Haus des Künstlers Vermeer hineingezogen, eine Welt, die wir uns heute aufgrund seiner Malerei vorstellen und rekonstruieren können. Erzählt wird die Geschichte des Mädchens Griet, die als Magd ins Haus des Künstlers kommt, weil ihre Eltern in finanzielle Not geraten sind. Die Romanvorlage wurde im Film in Bilder übersetzt, die zum Großteil für sich sprechen. Lange Dialoge stehen nicht im Mittelpunkt des Films.

Die Konzentration auf Licht und Schatten, Farbspektren von grau-blau bis hin zu gelb-bräunlichem Licht, eine neblig-rauchige Atmosphäre, lässt eine Welt von Enge und Stille entstehen, die nicht nur visuell vermittelt wird, sondern gleichsam sinnlich zu riechen, zu schmecken und zu ertasten ist. Man bekommt den Eindruck, wirklich dort zu sein im alten Delft des 17. Jahrhunderts. Die Meisterwerke Vermeers werden sozusagen in bewegte Bilder übersetzt, an denen wir als Zuschauer leibhaftig teilhaben können. Vor diesem Hintergrund entfaltet sich die Entwicklung des jungen Mädchens Griet zur sexuell reifen Frau. Ängstlich bangend kann man als Zuschauer mitverfolgen, ob diese Entwicklung gelingt oder ob das Mädchen in seiner Schutzlosigkeit unter die Räder kommt.

Der Film beginnt mit dem liebevollen Arrangement eines Gemüsestilllebens. Man könnte meinen, es wird hergerichtet, damit ein alter Meister es mit Pinsel und Farbe auf eine Leinwand überträgt. Der Raum im Hintergrund bleibt dunkel. In der stillen Konzentration, mit der sich das Mädchen dem farbigen Arrangieren der Zwiebelringe und Kohlscheiben widmet, vermittelt sich bereits das Programm des Films, das man vielleicht am ehesten als die Entfaltung von sinnlicher Hingabe bezeichnen könnte. Doch von der sinnlichen Hingabe des Mädchens an die Gemüseplatte bis hin zu der zärtlich-sexuellen Hingabe an ein männliches Wesen ist noch ein weiter Weg zurückzulegen.

Die sinnliche und behutsame Atmosphäre im Atelier des Künstlers steht im Kontrast zum alltäglichen, quirligen Leben herum: Dieses wird bestimmt von der eitlen und übellaunigen Ehefrau, die es schließlich vor Eifersucht fast zu zerreißen scheint, von der zänkisch bis bösartigen und rasch anwachsenden Kinderschar, allen voran der allgegenwärtigen, arglistigen Cornelia, deren eifersüchtigem Blick nichts zu entgehen scheint und dem strengen Regiment der skrupellos-verschlagenen und überaus geschäftstüchtigen Schwiegermutter. Darüber hinaus herrscht in den grauen oder verschneiten Gassen Enge, Kälte und Armut, ein triebhaft-rohes Treiben, wenn Fäkalien und Unrat einfach in den Rinnstein gekippt werden und eine strenge Trennung von Herr und Knecht den Alltag bestimmt. Der Kontrast von innen und außen, oben und unten, erweitert sich durch das als gegensätzlich dargestellte Frauenbild. Die eitle, aber bezaubernd schöne Frauengestalt kontrastiert zu der bodenständigen Magd, die für die Ernährung zuständig ist und mit Schmutz umzugehen weiß. Diese führt ihr Regiment bezeichnenderweise im Keller. Hier taucht eine Spaltung im klassischen Sinne auf, eine Spaltung der als zu bedrohlich erlebten Strömung sinnlich-aggressiv aufgeladener Triebansprüche.

Bei den holländischen Künstlern in dieser Zeit wetteifern Szenen aus dem häuslichen Alltag mit Landschaften und Stillleben. Anders als bei den Landschaftsbildern, Seestücken und religiösen Motiven dieser Zeit konzentriert sich der Film auf die Szenen des Interieurs und gleichzeitig auf die Ausleuchtung der Figuren in diesen Innenräumen. Als bemerkenswertes Kennzeichen gelten die Raumdarstellungen und das Raumgefühl, das in den Bildern Vermeers entsteht. Eine empfindsame Wiedergabe von Licht und Schatten, Zwischentönen der sich durchdringenden Farben, erschafft eine Atmosphäre, die sinnlich zu spüren ist. Es ist als könne man im Haus herumwandern, die Einrichtungsgegenstände berühren, die »Atlasseide der Gewänder ertasten«. Das Licht führt den Betrachter oft nahe an die gemalten Figuren in Vermeers Bildern heran, während die Möblierung wie in einer Barriere den direkten Blick zu verstellen scheint. Annäherung und Zurückweichen wird so dialektisch in Szene gesetzt. In seinen Bildern stehen häufig geheimnisvoll wirkende Frauen im Mittelpunkt, die auf den Betrachter verschlossen oder distanziert wirken, da sie in sich versunken mit etwas Wichtigem beschäftigt sind, etwa dem Lesen eines Briefes, dem Musizieren oder dem Anlegen einer Perlenkette. So wird der Betrachter zum ausgeschlossenen Dritten, da der direkte Blick verfehlt wird. Die Frauen scheinen z. B. in übertriebener Eitelkeit oder Selbstbezogenheit verfangen. Der Blick formiert sich zum zentralen Ausdruck einer ödipalen Beziehungskonstellation, des Schauens und des Gesehenwerdens. Das porträtartige Bild des Mädchens mit dem Perlenohrring fokussiert dagegen die direkte Beziehung.

Aufkommende Fragen nach den Beziehungen der Menschen zueinander lassen sich auch als ein Abbild der Beziehungen im eigenen unbewussten Raum eines Menschen beschreiben. Das Unbewusste wird in dieser Betrachtungsweise als Raum gesehen, der die Niederschläge der bedeutungsvollen Beziehungserfahrungen eines Menschen sammelt, verarbeitet und dauerhaft beherbergt. Wie in den Bildern Vermeers, der sich eben dieser Innenansicht der Räume widmet und dabei die Beziehungen der Menschen und ihrer Umgebung kunstvoll arrangiert und beleuchtet, so zeichnet auch der Film diese Beziehungen liebevoll und mit viel Aufmerksamkeit nach. Wenn Griet durch das Atelier streift und vorsichtig die Gegenstände anhebt, um eine Staubschicht zu entfernen, bildet der Untergrund sozusagen die Resonanz, vor dem der Staub erst als solcher wahrnehmbar wird. Und ihr ist durchaus bewusst, wenn sie die Fenster säubert, dass sich die Lichtverhältnisse im Raum und damit die Farben verändern. Ohne diese gegenseitige Bezogenheit und Beeinflussung ist Beziehung nicht denkbar.

Das Atelier des Meisters gleicht einem sakralen Raum, den niemand betreten darf. Wenn er malt, darf niemand zugegen sein. Spannend wird die Geschichte dadurch, dass Vermeer beginnt, Griet in die Geheimnisse des Raumes und seiner Arbeit einzuweihen und sie daran teilhaben zu lassen. Eher instinktiv erkennt und fördert Vermeer die künstlerische Sensibilität des Mädchens, das wahrscheinlich weder lesen noch schreiben kann. »Betrachte die Wolken«, fordert er sie auf und Griet entdeckt, dass sie gelb, blau und grau schimmern, obwohl unsere Augen sie als weiß wahrzunehmen gewohnt sind.

Vermeer weist Griet nicht nur in die Herstellung der Farben ein, er duldet sogar ihren Eingriff in seine Komposition und damit sein Beziehungsarrangement, wenn Griet einen Stuhl im Raum verrückt. »Die Frau wirkte so eingepfercht« erklärt Griet und bringt damit sicher auch ihren eigenen Wunsch nach einem Raum für sich und einer freieren inneren Entwicklung zum Ausdruck. Schließlich ist ihr Leben gekennzeichnet durch ein entbehrungsreiches und hartes Dasein im Haushalt, wo sie den ganzen Tag ackert, bis ihre Hände völlig zerschunden sind. Aber auch Vermeer erscheint eingepfercht, innerlich zutiefst abhängig und verstrickt als Gefangener seiner Selbst, äußerlich sichtbar durch die wirtschaftliche Anhängigkeit von Schwiegermutter und dem selbstsüchtigen Mäzen. Tatsächlich haben übrigens Röntgenbilder gezeigt, dass Vermeer auf diesem berühmten Bild einen Stuhl übermalt hat.

Im Atelier betont das seitlich einfallende, magisch wirkende Licht die schmucklose Dachkammer. Diese erscheint wie ein Ruhepol, als ein Raum der Kunst, der allem Trivialen enthoben ist. Die irritierende, fast entrückte Sinnlichkeit im Atelier des Meisters zieht Griet geradezu magisch an. Man kann vermuten, dass sie hier anknüpfen kann an die Atmosphäre in ihrem Elternhaus, insbesondere an die Liebe zu ihrem Vater, einem Kachelmaler im alten Delft. Wir erfahren zu Beginn des Films, dass sie ihm beim Malen zuschaute. Als sie ihre Eltern verlässt, gibt er ihr eine Fliese mit auf den Weg, die ein stilisiertes Paar abbildet. So hat sie das symbolische Elternpaar und damit die Urszene ihrer Existenz sozusagen im Gepäck, wenn sie sich aus dem Elternhaus auf den Weg in die Welt hinaus macht.

Wir verfolgen die Entwicklung einer zärtlich mit den Eltern verbundenen Tochter. Sie zeigt sich ängstlich-abhängig, schüchtern und ehrfürchtig ergeben, sicher anders als man heutige Jugendliche erlebt, die um ihre Entwicklung von Identität und Eigenständigkeit ringen. Sie kann sich durch die Liebe zu Vermeer aus dieser Rolle lösen und sich schließlich nicht nur geistig-emotional hingeben, sondern auch körperlich-sexuell. Jede kleine Geste, mit der er Griet in seine Arbeit einbezieht, wirkt wie eine Liebeserklärung, jeder Blick und jede scheinbar zufällige oder flüchtige Berührung drückt die knisternde erotische Spannung zwischen beiden aus, die in der sehnsüchtigen Abstinenz entsteht. Wenn die beiden gemeinsam voller Hingabe die Farben anmischen, materialisiert sich darin ein Vertrauensbeweis, der einem körperlich vollzogenen Ehebruch gleichkommt. Wenn sich Griet von Vermeer Ohrlöcher für die Perlen stechen lässt, liegt darin ein Liebesbeweis und wenn sie ihre Haube abnimmt und ihre rotblonden Haare schüttelt, gerät diese Geste zur Explosion ihres erwachenden sexuellen Begehrens. Das Stechen des Ohrlochs wird zur Ungeheuerlichkeit, nicht nur, weil es gegen jeden Standesunterschied und Anstand verstößt, sondern vor allem, weil es die symbolische Defloration durch Vermeer in Szene setzt, zu der sie ihren Verehrer Pieter in der nächsten Szene tatsächlich auffordert. Griet zieht es schließlich doch ganz leibhaftig zu dem Fleischersohn, von dem sie sicher annimmt, dass er einst der Mann in ihrem Leben sein wird. Sie scheint zu spüren, dass die Sehnsucht allein auf Dauer nicht satt macht.

Ermöglicht wird diese Entwicklung zur sexuell begehrenden Frau durch die sich langsam entwickelnde Liebesbeziehung zu Vermeer, einem väterlichen Objekt, das sich vor allem dadurch auszeichnet, dass es die Schranke zur inzestuösen Grenzüberschreitung nicht übertritt, sondern innerlich halten kann. Er zeigt sich vielmehr väterlich besorgt, wenn er feststellt, dass ihr Umhang viel zu dünn ist, wenn es draußen schneit. Im Gegensatz dazu steht die Figur des skrupellos und brutal auftretenden Patrons van Ruijven, einem Machtmenschen der extrem unangenehmen Sorte, der sich nimmt, was ihm gefällt. Vermeer stellt sich immer wieder väterlich schützend vor das junge Mädchen.

Der Film hält die Geschichte wiederholt an, indem er sich in den malerischen Momentaufnahmen verliert, wo Texturen und Oberflächen greifbar werden. In Griets sensiblem Mienenspiel wird ihr Kummer über ihre harte Arbeit und ihre romantische Leidenschaft vor allem durch die sparsamen Reaktionen lebendig. Durch die Butzenscheiben dringt gedämpftes Licht, das auf der Haube von Griet in cremigem Weiß schimmert. So wirkt der Film auch wie eine Studie, die sich mit den Verhältnissen und Details von Licht im Raum beschäftigt, das die Menschen und Dinge durchdringt, das diese reflektieren und von diesen reflektiert wird.

In Analogie hierzu kann man auch die analytische Situation als eine Situation beschreiben, die sich sozusagen dem Studium der inneren Lichtverhältnisse widmet, die entstehen, wenn zwei Menschen eine Beziehung miteinander eingehen. Die neuere klinische Theorie der Psychoanalyse geht davon aus, dass sich intersubjektive Prozesse in der Behandlung entwickeln und der Analytiker niemand ist, der mittels Deutungen dem Patienten erklärt, wie sein Seelisches beschaffen ist. Eine tiefe persönliche Beteiligung und unter Umständen auch emotionale Verstrickung des Analytikers wird schon lang nicht mehr als Hindernis, sondern als notwendige Voraussetzung betrachtet, damit ein fruchtbarer Prozess in Gang kommen kann. Der Analytiker ist nicht mehr Schiedsrichter oder unbeteiligter Beobachter der psychischen Struktur seines Gegenübers (Ogden 1995).

Der Film entwickelt sich in einer permanenten Bewegung des Hin- und Herschwingens zwischen einem kindlich-konzentriert wirkenden Blick auf die Menschen und Dinge, einem nach außen gerichteten Schauen, und einem in sich versunkenen Fühlen, gleichsam einem Blick nach Innen. Diese oszillierende Bewegung kann man auch als Kennzeichen der inneren Arbeitsweise des Analytikers (Zwiebel 2003) beschreiben, der sich der Erzählung seines Patienten widmet und abwechselnd dazu seinen Blick nach innen richtet, indem er seine eigene Reaktion in diesem Zusammenhang erfasst und reflektiert. Der Patient kann im Raum des Analytikers, der Couch, auf der er so häufig liegt, der gleichbleibenden, zuverlässigen Umgebung und den vertrauter werdenden Reaktionen des Analytikers einen inneren Raum für sich entwickeln. Analytiker sprechen nach der Theorie des englischen Analytikers Winnicott auch von einem »intermediären Raum« oder »Übergangsraum« (Winnicott 1971).

Der Raum in der Analyse, den Patienten nutzen, um ein verpasstes oder noch nicht gegangenes Stück Entwicklung nachzuholen oder mithilfe des Analytikers in Angriff zu nehmen, gleicht dem Raum, den Vermeer dem jungen Mädchen anbietet. Hier entwickelt sich die enge erotisch gefärbte Beziehung über die gemeinsame Liebe zu Farbe, Licht, Ästhetik und Malerei. Die Camera obscura fängt ein Modell dieser Wirklichkeit ein und dient als Kompositionshilfe der Lichtverhältnisse. Vermeer erklärt Griet, dass eine Abbildung entsteht, »ein Bild, das vom Licht erzeugt wird«. Der gemeinsame Blick, der sich entwickelt, wenn sie zusammen in die Camera obscura schauen oder die Farbe der Wolken beobachten, schafft eine innige Seelenverwandtschaft. Die erotische Lust am Schauen, Verbergen und Sich-Zeigen wird gleichsam eingeübt. Das ganz genaue Hinschauen, der liebevolle Blick auf den anderen, ermöglicht eine Form von Nähe, die erotischer und sinnlicher wirkt als manche Offensichtlichkeit einer sexuell freizügigen Szene im Film. Man spürt die innere Berührung von zwei Menschen. So sagt Griet, als sie das Bild von sich zum ersten Mal erblickt: »Ihr habt in mein Innerstes gesehen«.

Der Film endet mit einem ganz langsamen Rückwärtszoom vom schimmernden Ohrring des Mädchens und ihrem Gesicht, das umso eindrücklicher erscheint, da der Hintergrund dunkel ist. Umso deutlicher tritt die Innenwelt des Mädchens in ihrem Blick hervor, sodass gleichsam die verinnerlichten Beziehungen in ihrer Ambivalenz wahrnehmbar werden. Ihr Blick ist jetzt zugleich voller Schüchternheit und sehnsüchtigem Verlangen. Auf dem vollendeten Bild kann man all die Erfahrungen und Stimmungen erkennen, die Griet in ihr Innerstes aufgenommen hat: zärtliche Verführung und liebevolle Szenen, rohe Gewalt, Zank und Eifersucht, aber auch ihre eigene Eifersucht, als sie Vermeer zärtlich seine Frau liebkosen sieht oder von ihrer erneuten Schwangerschaft erfährt. Der Blick spiegelt darüber hinaus auch Trauer und Wehmut, als läge bereits der bevorstehende Abschied darin, der schließlich nichts Geringeres als den inneren Abschied von der eigenen Kindheit darstellt.

Die eifersüchtige Ehefrau Vermeers nimmt diese Schwingung im Raum durchaus wahr, wenn sie fassungslos und rasend vor Wut ausruft. »Es ist schamlos«, was dem unbefangenen Betrachter im Museum ganz sicher nicht in den Sinn käme. Sie scheint erfasst zu haben, was ihr in der Beziehung zu ihrem Mann an leidenschaftlicher Tiefe fehlt. Jetzt kann Vermeer Griet nicht mehr schützen, sie wird aus dem Haus geworfen, aber damit auch aus der ödipalen Verstrickung zwischen den Eltern entlassen. Sie kann ihr eigenes Leben beginnen, entlassen aus der Position der Dienerin. Wie zu Beginn des Films steht sie wieder allein auf dem Marktplatz, jedoch innerlich verändert.

Die Perlenohrringe als Geschenk bekommt sie ganz zum Schluss. Symbolisch durchaus ambivalent besetzt, könnte man die Perlen als weibliches Sexualsymbol, Zeichen von Geheimnis, Wollust und Begehren ansehen, aber auch als Zeichen von Reinheit und Keuschheit. In ihrer Hand glänzen sie wie ein Schatz, aber der Zuschauer weiß, dass sie diesen Schatz bereits in ihrem Inneren trägt: Die Liebesbeziehung zu Vermeer, der sie wie ein schützender Vater mit seinem erotisch-liebevoll gefärbten Blick ins eigene Leben entlassen hat.

Literatur

Ogden, T. H. (1995): Frühe Formen des Erlebens. Wien/New York (Springer).
Winnicott, D. W. (1971): Vom Spiel zur Kreativität. Stuttgart (Klett-Cotta).
Zwiebel, R. (2003): Psychische Grenzen und die innere Arbeitsweise des Analytikers. Psyche 12, 1131–1157.

Das Piano

Australien/Neuseeland 1993, 116 Min.
Regie: Jane Campion
Hauptdarsteller: Holly Hunter, Harvey Keitel, Sam Neill, Anna Paquin

Angelika Voigt-Kempe

Der Film erzählt die Geschichte der stummen Ada, die seit ihrem sechsten Lebensjahr kein Wort mehr gesprochen hat. Was war da wohl los und wie kann man so ein Geschehen psychoanalytisch verstehen? Immerhin basiert ihre Sprachlosigkeit, so erfahren wir am Anfang des Films, auf einem freiwilligen Entschluss des jungen Mädchens. Schließlich endet der Film damit, dass Ada ihre Stummheit aufgibt und neu sprechen lernt. Darin kommt, so meine These, eine Entwicklung zum Ausdruck, die man psychoanalytisch als Trennung von der symbiotischen Einheit hin zu einem dreidimensionalen Beziehungsmodus bezeichnen könnte. Ich möchte den Verlauf des Films und die ausdrucksgewaltigen Bilder dazu nutzen, eine mögliche Deutung dieses Geschehens zu geben.

Die Einstellungen des Films sind voller Symbolik und enthalten neben der Handlung, die die voranschreitende Geschichte trägt, immer wieder Hinweise auf die Gesamtentwicklung des Films. Die Ereignisse sind von mehrfacher Bedeutung. Wie in einem traumhaften Wirklichkeitsraum erscheint Adas Spiel auf dem Piano aus ihrem Inneren aufzusteigen, als Sinnbild ihrer wahrhaftigen Sprache. Das Instrument ist Ersatz für ihre Stimme und Ausdrucksmöglichkeit ihrer Innenwelt. Gleichzeitig erscheint es als Metapher für die Zivilisation, ein kompliziertes Instrument, das universell zu unseren Gefühlen spricht. Natur und Witterung werden ebenfalls zur erfahrbaren Seelenlandschaft für den Zuschauer. Tiefhängende graue Wolkenmassen türmen sich auf, ebenso Wellenkämme, die gewaltige Wassermassen an den einsamen Strand spülen. Im unwegsamen Dschungel von Neuseeland watet man bis weit über die Knöchel im schlammigen Sumpf, umgeben von sich rankenden Schlingpflanzen. Wir spüren Adas einsame Sehnsucht, versinnbildlicht in ihrer Musik, der Weite des Meeres und im Schlamm, in dem sie versinkt, dem verwirrenden Dickicht des Dschungels, einem wilden und ungezähmten Land, dem man offenbar nur mühsam entkommen kann. Wenn sie mit ihrem akkurat zurecht gemachtem Äußeren durch den Schlamm stapft, ist darin einerseits eine Realität des 19. Jahrhunderts in Neuseeland zu sehen, andererseits steht der Schlamm auch als Metapher für Adas Beharrlichkeit und Unnachgiebigkeit, die sich eben nicht abbringen lässt, da hin zu kommen, wo sie hin will.

Ada ist eine zerbrechlich erscheinende Frau, deren entrückt wirkende Blässe und distanzierte Steifheit ein unergründliches Geheimnis zu verbergen scheinen. Gleichzeitig wirkt sie streng und eigen, gleichsam ignorant darin, was die anderen von ihr denken. Sie strahlt eine innere Stärke und Entschlossenheit aus. Ihre äußere Kultiviertheit erscheint merkwürdig deplaziert in dieser urtümlichen Umgebung. Es heißt, ein unbeugsamer und kompromissloser Wille sei ihr zu Eigen. Wir erfahren, dass ihr Vater einmal gesagt habe, sie besitze eine »finstere Gabe«. Der Tag, an dem sie »sich in den Kopf setzte, nicht mehr zu atmen, wird ihr letzter sein«. Der Zuschauer spürt Adas starke innere Gefühlswelt und gleichzeitig deren Kontrolle nach außen hin. Auch in der Wahl ihrer Liebesobjekte erscheint sie kompromisslos und beharrlich.

Ada reist mit ihrer neunjährigen Tochter Flora von Schottland nach Neuseeland, um ihren Ehemann zu treffen, den Farmer Steward, mit dem sie ihr Vater verheiratet hat. Im puritanischen England wird ihre Ehe arrangiert, sie hat ihren Gatten noch nie gesehen. Die Frau im viktorianischen Zeitalter hatte kaum Rechte. Diese Zeit gilt als Synonym für Zensur, Prüderie und Unterdrückung von sexuellem Verlangen. Nach der Hochzeit wird ihr persönlicher Besitz Eigentum ihres Ehemannes. Das viktorianische Zeitalter mit dem aufstrebenden Bürgertum war auch eine Hochphase des Korsetts. Durch die enge Schnürung der Taille waren Taubheitsgefühle im Unterleib und Ohnmachten nichts Ungewöhnliches. Die Frauen sollten als fragile und hilflose Wesen dem gängigen Schönheitsideal entsprechen. In dieser Zeit wurde auch die aus Stahlschienen bestehende Krinoline unter den langen Röcken erfunden, eine Metapher für die Unterdrückung der Frauen, eine Vorrichtung, um ihre Bewegungsfreiheit zu behindern, die Frau in einen Käfig zu sperren und ihr jegliche Selbstständigkeit zu nehmen, wie Geschichts- und Kulturkritiker heute ausführen.

Ich denke, dass Ada gegen die Beschneidung ihres freien Willens und jegliche Form von Herabsetzung oder Einschränkung rebelliert. In eine als abhängig oder untergeordnet erlebte Position zu geraten, erscheint ihr unerträglich. Sie setzt mit aller Macht dagegen, was sie zur Verfügung hat: ihren Rückzug in ihre Innenwelt, ihre Stummheit, mit der sie den zwischenmenschlichen Bezug zerschneidet, ihre eindringlichen zurückweisenden Blicke, die signalisieren: komm mir nicht zu nahe! Dabei schließt sie sich jedoch in die von außen kommende Macht, in das von außen wahrgenommene Gefängnis selbst ein. Man kann vermuten, dass auch ihr Entschluss, nicht mehr zu sprechen, mit diesem Gefühl von kränkender Herabsetzung und demütigender Abhängigkeit in Verbindung steht. Sie weigert sich trotzig und unbeugsam, das passive Objekt eines anderen zu sein. Dabei hat sie gleichzeitig eine ungeheuere Macht, indem sie alles sagen könnte, wenn sie nur wollte, eine Illusion der Omnipotenz, die jegliche Abhängigkeit von einem lebendigen Gegenüber leugnet. Hierin sehe ich jedoch weniger das trotzige Aufbegehren eines kleinen Kindes, das »seinen Willen mal wieder nicht bekommt«, sondern die Notwendigkeit des Schutzes der eigenen Identität und Integrität der Persönlichkeit. Dies bedeutet auch einen Schutz vor dem Erleben des inneren Zerfalls, letztlich einem psychotischen Erlebensmodus. So wirkt Ada in ihrer Kleidung und ihrem strengen mimischen Ausdruck, als ob sie sich selbst zusammenhalten und ihrer inneren triebhaften Welt eine konturierte Form geben müsse. Um ihr inneres Beziehungsgleichgewicht, also ein Gefühl für die Erhaltung ihrer eigenen Kohärenz und Konstanz zu bewahren, muss Ada offenbar die äußere Realität ihrer Beziehungen extrem kontrollieren.

Heute gehen einige psychoanalytische Theorien davon aus, dass die frühesten Formen des Identitätsgefühls auf omnipotenten Fantasien beruhen, in denen die Trennung von Selbst und Objekt geleugnet wird. Seine innere Einheit und Kontinuität kann ein Mensch nur aufrechterhalten, wenn er diese auch in den Augen für ihn bedeutungsvoller Anderer zugesprochen bekommt. Die Kohärenz und Einheit des eigenen Selbst werden hier nicht als gegeben oder angeboren gedacht, sondern im Zusammenspiel von innen und außen dialektisch sich entwickelnd. Insofern erwächst die Individualität des Kindes aus dem Zusammenspiel von Säugling und Umwelt. Wenn dieses Zusammenspiel von Anfang an gestört ist oder im späteren Leben einen Bruch erfährt, kann ein Gefühl für die eigene Identität stark beeinträchtigt werden (vgl. Mahler/Pine/Bergmann 1975).

Doch zurück zu Ada. In der Beziehung zu ihrem Ehemann erleben wir, wie Ada sich dagegen wehrt, sich abhängig und rechtlos zu fühlen. Es entwickelt sich ein wortloser Machtkampf. Sie spricht nicht mit ihm und gibt ihm so unmittelbar zu verstehen: Von mir kriegst Du nichts! Der Ehemann nimmt die Bedeutung des Pianos für Ada nicht wahr, sondern tritt in eifersüchtige Konkurrenz zu dem Instrument. Er sieht in Ada nur ein Abbild des vorher geschickten Fotos und beschließt, das Piano am Strand zurückzulassen. Ein inszeniertes Hochzeitsfoto soll die Trauung ersetzen, das Hochzeitskleid ist nur aufgesetzt, direkt im Anschluss zerreißt sie den feinen Stoff. Ein Fotograf erklärt die beiden zu Eheleuten. So wird die Prozedur zum einen Ausdruck für die fehlende Tiefe der menschlichen Beziehung. Es kommt auch zu keiner Hochzeitsnacht, zu keiner Berührung zwischen den beiden. Ada verweigert sich jeglicher Hingabe. Später schließt Steward Ada von Eifersucht getrieben ins Haus ein, vernagelt die Fenster. Er versucht, sie zu vergewaltigen und ihren Körper zu zwingen, sich ihm hinzugeben, also in Besitz zu nehmen, was ihm seiner Vorstellung nach rechtmäßig gehört. Schließlich schlägt er ihr rasend vor Eifersucht und voller ohnmächtiger Wut mit einem Beil einen Finger ab, Sinnbild der Kastration und Rechtlosigkeit. Damit straft er sie für ihre Liebe zu Baines, zugleich für ihre Ausdruckskraft, die sich ihm nicht erschließt, die ihm zutiefst unverständlich bleibt. Diese Strafe wirkt barbarisch und grausam, gerade weil sie einen kalkulierten und zerstörerischen Akt auf Adas basalste Beziehung darstellt: die zu ihrem Piano. So verkörpert Steward die Rolle des pragmatischen Kolonialherren, der mit seinem Bestreben die Wildnis des Dschungels zu zähmen und nutzbar zu machen, die so genannte Zivilisation der primitiven Barbarei entgegensetzt. Er versucht, das Land, ihre Gefühle und ihre Sexualität unter Kontrolle zu bringen. Hierin könnte man versinnbildlicht auch die so genannte »gut gemeinte Erziehung« sehen, die Adas Eltern ihr haben angedeihen lassen, eine Kultiviertheit, die den eigenen unbeugsamen Willen des Kindes jedoch nicht brechen konnte.

Die Liebesbeziehung von Ada und Baines dagegen, die ebenfalls mit einer einseitigen Machthandlung beginnt, verwandelt sich in ein gegenseitiges Beziehungsgeschehen, einen Dialog der Körper. Baines ist ein zunächst verschlossen und eigenwillig wirkender Nachbar, dessen Maoritätowierungen bekunden, dass er zwischen der Welt weißer Siedler und dem ungezwungenen Dasein der Eingeborenen lebt. Später erscheint er als eine Persönlichkeit, die in der Lage ist, seine männlichen Eigenschaften mit sehr empfindsamen Seiten zu integrieren. Er hört Adas Stimme, ihr Spiel auf dem Piano und verliebt sich in ihre Person, ihr Wesen. Schnell spürt er, was der Konzertflügel für sie bedeutet. Hinterlistig bringt er ihn in seinen Besitz und schlägt ihr einen Handel vor: Sie kann sich das Piano zurückverdienen, wenn sie seine zärtlichen Annäherungen gestattet. So kann sie sich das Piano Taste um Taste zurückverdienen, wenn sie ihren Körper dafür verkauft. Ohnmächtig beugt sie sich ihrem Schicksal. Man spürt wie widerwärtig und angeekelt sie sich diesem erpresserischen Handel zunächst ausgesetzt fühlt. Baines merkt schließlich, dass er ihre Liebe so niemals erlangen wird. Er zieht sich immer verzweifelter zurück und übergibt ihr resigniert ihr Eigentum mit den Worten: »Die Übereinkunft macht dich zur Hure und mich unglücklich«. Diese Anerkennung ihrer Person und ihres eigenen freien Willens erscheint als Voraussetzung dafür, dass sich aus dem Handel eine tiefe Liebe entwickeln kann, die darauf verzichtet, den anderen kaufen oder zwingen zu wollen, sondern auf Gegenseitigkeit beruht.

Das Zusammenspiel mit ihrer Tochter verkörpert eindrücklich den Beziehungsmodus, auf den Ada regrediert ist: die Symbiose. Flora wirkt wie eine kleine Ada. Wir erfahren, dass sie ein uneheliches Kind von Adas Lehrer ist, der sie offenbar verlassen hat. Ada sagt: »er bekam Angst und hat nicht mehr zugehört«. Hierin liegt wohl der entscheidende Hinweis auf ihre schwere narzisstische Kränkung, die sie in ihrer Kindheit zum Verstummen gebracht haben mag. Man kann vermuten, dass Ada nicht spricht, weil sie eine große Verachtung für die empfundene Machtlosigkeit in ihrer Gesellschaft oder ihrer Familie empfindet, weil sie vielleicht erlebt, dass es egal ist, ob sie spricht oder nicht, da man ihr ohnehin nicht zuhört. An dieser Gesellschaft nicht teilzunehmen, stellt ihre Art der Rebellion dar. Sie regrediert auf einen primären narzisstischen Zustand (vgl. De Clerck 2006), gestützt von ihrem Piano und ihrer Tochter Flora.

Zu Beginn ist die Grenze zwischen Ada und Flora verwischt, denn es ist zunächst nicht klar, ob es sich bei dem Rollschuh laufenden Mädchen um Ada oder Flora handelt. Flora stellt für Ada nicht nur ein Sprachrohr in ihren Beziehungen zur Außenwelt dar, sie erscheint gleichsam als Schatten ihrer Mutter, was sich in der Übereinstimmung der beiden in Kleidung und Farbe manifestiert. Es gibt zum Teil synchronisierte gestische Bewegungen von Mutter und Tochter. Dies ändert sich jedoch, als Ada beginnt, Gefühle und sexuelle Empfindungen für Baines zu entwickeln. Die Tochter genießt jetzt nicht mehr die ungeteilte Aufmerksamkeit der Mutter. In einer Verfassung von kindlicher Kränkung und Enttäuschungswut löst sie daraufhin eine Kette von gewalttätigen Ereignissen aus. Die Tochter erlebt und führt uns als Zuschauer vor Augen, wie es ist, nicht mehr uneingeschränkt über den anderen verfügen zu können. Sie muss schmerzhaft realisieren, dass die Mutter plötzlich eigene, von ihr unabhängige Bewegungen unternimmt, einen Mann sexuell begehrt und sie als Tochter nicht mehr das Zentrum in Mutters Leben darstellt, eine narzisstische Kränkung, an der wir uns alle ein Leben lang abzuarbeiten haben. Um der kränkenden und schmerzhaften Erfahrung des

Daseins als ausgeschlossenem Dritten zu entgehen, bleibt oft nur die Illusion der eigenen Omnipotenz und Allmächtigkeit in Beziehungen als Ausweg, eine Illusion, die dem von der Mutter zutiefst abhängigen Säugling sein eigenes Dasein erträglich machen kann.

Im Film stehen die Ureinwohner Neuseelands, die Maori, für diese »primitive« noch unentwickelte Verfassung des menschlichen Seelenlebens. Wild, halbnackt, schamlos, kindlich unbefangen und primitiv leben sie in den Tag hinein, geben sich dabei ihren körperlichen Bedürfnissen und ihren Lebensregungen ungebremst hin. Schließlich gibt das »Spiel im Spiel« von den Siedlern aufgeführt, eine Märchenaufführung des grausamen und despotischen Königs Blaubart, nicht nur einen Ausblick auf den weiteren Handlungsverlauf indem das Beil spricht. Es wird auch deutlich, dass die teilnehmenden Maori den Konflikt auf der Bühne als Realität auffassen und damit nicht in der Lage sind, einen symbolischen Akt nachzuvollziehen. Ihr Seelenleben funktioniert nach dem Modus der »Symbolischen Gleichsetzung« (Segal 1990). Sie sind nicht in der Lage Subjekt und Objekt zu unterscheiden, wodurch die Welt als eine Verlängerung der eigenen Gedanken und Wünsche erscheint.

Ada kann sich langsam aus ihrem inneren Gefängnis und ihrer Einsamkeit hinaus bewegen und sich ihrer Leidenschaft überlassen, die bislang ausschließlich dem Piano gegolten hatte. Als sie jedoch von ihrem Ehemann freigegeben wird und mit Baines das Schiff besteigt, um in eine neue Zukunft aufzubrechen, ballen sich zutiefst dunkle und unheilvolle Wolken am Himmel zusammen. In einem suizidalen Akt bindet sie sich an ihr geliebtes Piano und fordert Baines auf, es ins Meer zu befördern. Ada sinkt verbunden mit ihrem Piano dem Meeresgrund zu, schwebt unter der Wasseroberfläche in der unentschiedenen Welt der Todesnähe. Nach einem Moment der Fassungslosigkeit und Leere verfolgen wir als Zuschauer ihren Entschluss der Rückkehr ins Leben. Was war passiert?

Ich denke, angesichts der bevorstehenden verbindlichen Liebesbeziehung zu Baines steht für Ada die Aufgabe ihrer Illusion der idealen Liebesbeziehung zur Disposition, deren frühestes Vorbild die innige Zweisamkeit der Mutter-Kind-Beziehung darstellt, wo im Idealfall ein wortloses Verstehen möglich ist. Über Baines kann Ada nicht grenzenlos verfügen, so wie über ihr Piano, was sie als bedrohlich erleben mag. Für Ada steht die Illusion der Exklusivität auf dem Spiel, die ideale Beziehung zu ihrem Piano, das an die Stelle einer libidinös besetzten menschlichen Beziehung getreten war. Sie bindet sich an ihr geliebtes Piano in der Hoffnung, im ozeanischen Eintauchen ins Meer, der Verbindung von Natur und Musik, die ungetrennte

Einheit erhalten zu können. Doch offenbar gibt es eine Kraft in ihr, die die Notwendigkeit von Trennung und Unterscheidung im letzten Moment anerkennen kann und ihr vergegenwärtigt, dass ein konsequenter Schritt, eine Zäsur unumgänglich sind. So kann sie sich dem stellen, was sie wirklich braucht, auch wenn es mit Schmerz, Risiko und Verzweiflung verbunden ist. Sie sagt: »Mein Wille hat sich für das Leben entschieden«.

Zu Beginn des Films verzichtet Ada auf die gesprochene Sprache und bedient sich der Musik als Kommunikationsmedium, einer Kommunikation mit ihrem idealen Liebesobjekt. Am Ende sehen wir sie in ihrer neuen Umgebung mit einer metallischen Prothese auf einem Klavier spielen. Das fehlende Fingerglied hat sie nicht von ihrer inneren Ausdrucksmöglichkeit getrennt. Sie lebt mit der Prothese weiter, obwohl das klopfende Geräusch den idealen Klang der Musik beschneidet. Ich denke, in diesem Verzicht auf etwas Ideales, gänzlich Rundes oder Vollkommenes liegt der entscheidende Entwicklungsschritt den Ada vollzogen hat. Sie kann jetzt anerkennen, dass sie das Leben mit begrenzenden Realitäten konfrontiert und ihren narzisstischen Rückzugsraum verlassen.

Sie lernt sprechen. Die gesprochene Sprache wird zum Ausdruck für die Fähigkeit zur inneren Trennung vom konkret anwesenden Objekt. Das einzelne Wort verweist oder bezeichnet das Ding, aber ist es eben gerade nicht, wie uns der Maler Magritte bereits so anschaulich vor Augen führte. Die sprachliche Symbolisierung stellt somit einen Verlust, nämlich den des konkretistischen Daseins in der Welt dar und erlaubt uns zugleich einen dreidimensionalen Bezug zur Welt herzustellen. Am Anfang des Films sehen wir Ada sich im kindlichen Spiel die Hände vor ihre Augen halten und alles durch die entstehenden Zwischenräume ihrer Finger betrachten. Gefangen in ihrer eigenen Welt riskiert sie einen Blick in die Außenwelt und bestimmt damit zugleich, was von der Realität sichtbar werden darf und was nicht. Im Laufe des Films entwickelt sich für sie ein Raum, in dem das Unberechenbare und Unverfügbare seinen Platz hat und lebendig werden darf.

Literatur

De Clerck, R. (2006): Primäre Objektliebe oder Primärer Narzissmus? Psyche 8, 685–706.
Mahler, M.S.; Pine, F. & Bergmann, A. (1975): Die psychische Geburt des Menschen. Symbiose und Individuation. Frankfurt (Fischer-Verlag).
Segal, H. (1990): Bemerkungen zur Symbolbildung. In: Melanie Klein Heute, Bd. I. Stuttgart (Verlag Internationale Psychoanalyse), S. 202–224.

Die Geschichte von Marie und Julien

Frankreich/Italien 2003, 150 Min.
Regie: Jaques Rivette
Hauptdarsteller: Emmanuelle Béart, Jerzy Radziwilowicz, Anne Brochet

Angelika Voigt-Kempe

Eine Liebesgeschichte? Was meinen Sie? Oder eine Geschichte vom Tod? Vielleicht auch nur ein Traum. Formal könnte man es annehmen, denn Julien wird zu Beginn des Filmes schlafend auf einer Parkbank gezeigt und auch zum Schluss sitzt er schlafend in seinem Sessel. Er weiß nicht, was passiert ist, wirkt wie aus einem Traum erwachend. Im Traum sah bekanntlich Sigmund Freud (Freud 1900a) den Königsweg zum Unbewussten und ich möchte Sie einladen, den Film wie einen Traum zu betrachten, wie eine Reise ins Unbewusste, wo gewissermaßen die dramatischen, aber auch ewig ungelösten Themen aller Menschen hin und her bewegt werden. Also Fragen wie ist das mit der Liebe und dem Tod? Was ist mit Erpressung, Schuld, Neid, Mord und Eifersucht und wie können Beziehungen gelingen?

Das Unbewusste ist für Psychoanalytiker dadurch gekennzeichnet, dass es zeitlos ist, losgelöst von Raum, Richtung und logischem Sinn (Freud 1915e). Es beherbergt unbewusste Wünsche und Fantasien, die verdrängt wurden oder niemals bewusst waren, jedenfalls für das erwachsene Bewusstsein unannehmbar sind. Ich denke, der Film zieht den Betrachter von Beginn an hinein in ein surreal anmutendes Mysterienspiel. Man hat schon bald den Eindruck, alles kann geschehen, nichts ist unmöglich in dieser Wirklichkeit, in der die Figuren geisterhaft wie aus einem zeitlosen Raum auftauchen, wie Überbringer rätselhafter Botschaften. Auch die eingeblendeten Schrifttafeln bleiben zunächst mysteriös, enthalten sie doch nur wie in einer Verdichtung die Vornamen der Protagonisten. Sie verschieben sich wie Elemente im Traum. Lange bevor der Zuschauer erfährt, dass Marie eine Tote ist, eine Selbstmörderin, umweht die Szenen und Begegnungen der Protagonisten etwas schauerlich Romantisches. Edgar Allen Poe lässt grüßen und Nevermore, der Name des Katers, scheint Programm. Julien erklärt, nimmermehr werde er sein altes Haus verlassen, um Turmuhren zu reparieren. Er wirkt, als habe er mit den Äußerlichkeiten des Lebens abgeschlossen, scheint in einer sich selbst genügenden Welt ruhend. Das laute Ticken der großen Uhrwerke macht paradoxerweise vor allem eines deutlich, nämlich dass die Zeit hier still steht.

Der Film beginnt mit einem Traum: Julien erwacht im Park. Marie und Julien treffen sich nach einem Jahr wieder, Marie war wie vom Erdboden verschwunden. Eine rätselhafte Begegnung. Fast beiläufig fällt ein Wort von zentraler Bedeutung: Erlösung. Daraufhin zückt sie ein Messer. Dann der Schnitt. Die Leinwand bleibt für einen Moment lang dunkel. Julien erwacht neben seinem Bierglas in einer Kneipe. Der Zuschauer wird gleichsam von Beginn an in eine Ebene unter der Erzählebene gezogen, hinein in eine Welt, wo Leidenschaften und Affekte, ja sogar Mordimpulse vorherrschend sind. Das verwinkelte, alte Haus, dem man die Zeit sozusagen ansieht, die da stillsteht, wird zum Schicksalsraum einer unbewussten Regieführung. Die Figuren bewegen sich mit einer schlafwandlerischen Sicherheit in einer Atmosphäre von Geheimnis und Abgründigkeit. Marie scheint mit einer zauberhaften Leichtigkeit zu schweben, wirkt dabei mädchenhaft unwirklich, oft auch innerlich abwesend und brüchig. Ihre klassische, zeitlose Schönheit steht im Gegensatz zu Julien, seiner beschützenden Kraft und erdverbundenen, männlichen Vitalität. Er erwacht aus seiner Lethargie, als Marie in sein Leben tritt. Mit klaren Worten fordert er sie auf, zu ihm zu ziehen, indem er sagt: »Ich brauche dich zum Leben. Ich will, dass du bei mir lebst«. Marie lässt sich nicht lang bitten, sie entgegnet: »Ich will nur das«. Unkomplizierter wurde wohl selten das Herz einer schönen Frau im französischen Film erobert, aber im Traum ist ja auch so manches im Handumdrehen möglich.

Der Zuschauer bekommt den Eindruck, dass Marie ihre eigene Persönlichkeit nicht kennt. Sie erkennt sich durch die Augen von Julien, der schließlich beginnt, sich für ihre Geschichte zu interessieren. Man spürt allmählich, dass etwas Vorherbestimmtes in dieser in sich geschlossenen Endlichkeit steckt, dass Marie wie von Geisterhand an ihrem unabwendbar erscheinenden Schicksal arbeitet. Es dringt kein Alltag in dieses stille Haus, in dem das schwere, ewige Ticken der Uhren den Ton angibt. Doch die Uhren zeigen nicht die gleiche Zeit, der Zuschauer spürt, dass hier gegenläufige Geschichten am Werk sind, die sich wechselseitig auslegen, offenbar einer unbewussten Logik folgend. Die hermetische Abgeschlossenheit des Systems steigert sich, denn Marie reklamiert ein eigenes Zimmer in diesem Haus, zu dem zunächst nur der Zuschauer Zugang hat. Sie richtet es mit aller Sorgfalt ein und bald spürt man, dass hier offenbar eine Rekonstruktion im Gange ist, der Zwang einer unbewussten Wiederholung. Man gewinnt auch den Eindruck, dass Julien einem unbekannten Plan folgt, wenn er Marie mit der gleichen instinktiven Sicherheit liebt, mit der er seine alten Kirchturmuhrwerke ins Lot bringt. Er scheint die Uhren nicht nur zu lieben und zu reparieren, sondern gleichsam zu heilen. So steht die Erlösung, von der bereits die Rede war, auch für Maries Wunsch nach Heilung, die sich zu Beginn des Films von Julien davon überzeugen lässt, dass es kein Uhrwerk gibt, was sich nicht reparieren ließe. Man brauche nur Geduld, fügt er hinzu. Die braucht man ja bei diesem Film auch, genau wie beim analytischen Handwerk, möchte ich hinzufügen.[1] Aber welche Heilung entfaltet sich hier im Film und Heilung wovon eigentlich?

Ich möchte die These aufstellen, dass es um eine Heilung von eben dieser zeitlosen, symbiotischen und auf ewig verbundenen Beziehungsform geht. Aber warum muss man davon geheilt werden, was soll daran schlecht sein? Wünschen wir uns nicht alle so enge Beziehungen?

Wenn das Leben beginnt, bilden Mutter und Kind eine Einheit (Mahler/Pine/Bergmann 1975), jeder ist ein Teil des anderen. Doch bald kommt unweigerlich eine Störung in dieses Selbstverständnis. Dann entsteht ein Riss oder eine klaffende Lücke, die die enge Verbundenheit trennt und dem Menschen Angst macht. Wenn die Angst zu groß ist oder nicht zu bewältigen ist, sollen Allmachtsfantasien oder fantastisch verzerrte Vorstellungen von der eigenen Person die Not beheben und die Vollkommenheit der frühen Kindheit wiederherstellen. Letztlich streben wir alle in unseren Beziehungen danach, die Lücke auszufüllen und das auszugleichen, was in der Kindheit missglückte. Doch wenn Ich und Du zeitlebens eins sind, Mein und Dein nicht unterscheidbar, ist überhaupt keine Beziehung möglich. Es gibt dann kein Gegenüber, dem man sich als Subjekt zuwenden könnte.

Doch zurück zu Marie und Julien: Ihre Beziehung soll genau wie die hinkenden alten Uhren synchronisiert werden. Sie sollen isochron laufen. Darin steckt vielleicht die tiefe Sehnsucht nach einer Beziehung, in der es möglich ist, sich wortlos miteinander verbunden zu fühlen, sich ganz mit einem anderen Menschen zu verbinden, ohne dass etwas Störendes dazwischentritt. Es

---

1 Der Film dauert 2,5 Stunden und ist damit bei weitem nicht der längste Film des Regisseurs. Er gilt als das Alterswerk des gerade 70-jährigen Jacques Rivette.

scheint ja auch nicht so, dass sich die beiden viel zu sagen hätten, stattdessen sprechen ihre Körper die gleiche Sprache. Die körperliche Liebe erscheint wie eine gewaltige erotische Erzählung, eine leidenschaftliche Zwiesprache, die die tiefe Kluft zwischen den beiden kurzfristig zu überbrücken vermag. Die eigene Geschichte kann hier in Zärtlichkeit und Vitalität eingebunden thematisiert werden: Ein armes beschützenswertes Mädchen unterwirft sich lustvoll einem erlösenden Mann. In der Sexualität des Paares kann auch Aggressives, Schmutziges und Schambesetztes in Sprache gefasst und in die Beziehung integriert werden.

So wie im Traum häufig die eigenen Selbstanteile, also verschiedene Facetten des Träumers, auf verschiedene Personen verteilt werden und sich miteinander wie Protagonisten ins Benehmen setzen, so agieren auch hier die weiteren Personen des Films miteinander und verdeutlichen die innere Welt von Marie und Julien. Sie legen sozusagen die Beziehung aus wie ein Traum im Traum (Morgenthaler 1986).

Die mysteriöse Querverbindung zu Madame X, der betrügerischen Stoffhändlerin, die nicht ins Haus kommen darf, die Schwester, die sich genau wie Marie das Leben nahm, und als manifester Geist aus der Unterwelt auftaucht, die Geschichte von Erpressung, Neid und Schuld beleuchten die verborgene Kehrseite dieses symbiotisch verbundenen Paares. Diese versichern sich zunächst gegenseitig, dass es keinen Grund zur Eifersucht gibt, dass niemand Drittes, nichts Trennendes die Beziehungsidylle stört. Die Exfrau aus Monturbon ist weg und kommt nicht wieder. Ihre Sachen packt Marie kurzerhand in Koffer und Kisten. Maries Exfreund ist tödlich verunglückt.

Doch Marie verwickelt sich schließlich immer tiefer in Juliens erpresserische Geschichte, sie wird selbst zur Erpresserin. Im Telefonat mit Madame X wird sie zur »anderen Person« und Julien sagt: »sie ist wie ich«. Einfacher kann man eine symbiotische Beziehung wohl kaum beschreiben. Madame X und ihre Schwester bilden eine weitere dyadische Einheit. Diese scheut weder Mittel noch Mühe, um in den Besitz des Briefes ihrer Schwester zu gelangen. Der Brief erhellt die Beziehung der beiden Schwestern zueinander. Er enthält eine Anklage der toten Adrienne an die noch Lebende der beiden. Sie sei ihre Mörderin. Schließlich endet der Brief mit folgender Drohung: Auch wenn ich tot bin, werde ich nicht verschwinden, dich verfolgen, bis in alle Ewigkeit, Deine Schwester Adrienne.

Madame X erklärt später, dass Adrienne besessen war vom Neid. Hier taucht eine ebenfalls ungetrennte und unabgegrenzte Beziehungsverwicklung auf, nämlich eine Anklage im Sinne von: Du bist Schuld an meinem

Elend und sollst ewig dafür büßen! Der Tod, so schrieb eine russische Lyrikerin, »ist nur für den Körper schrecklich, die Seele denkt ihn nicht«. Hier wird dieser Aspekt des Selbstmords betont, der innerlich eben nicht die Trennung repräsentiert, sondern eine auf ewig verbundene, nie mehr zu trennende Einheit mit dem Liebespartner fantasiert (Gerisch 2003). Erst als diese Schuldzuweisung ganz zum Schluss mit dem Brief symbolisch zurückgegeben werden kann, löst sich die Verklammerung auf. »Jetzt glaube ich zu sehen in einer Welt von Blinden«, sagt Madame X zu Julien, als er ihr den Brief übergibt, den sie gleich darauf verbrennt. In diesem Akt gelingt die Abgrenzung von der Schwester und damit die innere Trennung.

Der Zuschauer nimmt Teil an der Hoffnung des Paares, es möge doch so leicht mit der Liebe sein, zwei Menschen treffen sich, lieben sich leidenschaftlich und dieser Zustand bleibt. Das verführerische Begehren möge niemals enden. In die immer inniger werdende Beziehung zwischen Marie und Julien mischen sich jedoch zunehmend Disharmonien, man ahnt, dass etwas Schicksalhaftes bevorsteht, spürt, dass etwas Trennendes oder Zerstörerisches auftauchen könnte. Das Zimmer im Dachgeschoss wird hergerichtet und Marie sagt zu Julien: »Nun gehörst du mir und ich dir«. Julien entgegnet: »Ich liebe dich, ich will, dass du immer da bist, ich ertrage nicht, wenn du weggehst«. Doch langsam breitet sich ein Gefühl von statischem Eingefrorensein und zäher Langeweile aus. Das Paar fragt sich dann auch: Bleiben wir so? Essen, schlafen und in den Tag hineinleben? Man ahnt, dass Marie den Augenblick, in dem ihr Schattendasein endet, ebenso sehr herbeisehnt, wie sie ihn fürchtet. Was zur Zeitlosigkeit erhoben wird, erscheint jetzt vom psychischen Tod bedroht und man spürt, dass die Zeit erstarren soll, um die Erinnerung abzutöten. Im Dienste der Vermeidung von Angst vor der Unausweichlichkeit des Todes wird eine Zeitvorstellung im Sinne einer Unendlichkeitsfantasie ausgebildet. Diese Fantasie besteht aus der monotonen Zeit, in der nichts Eindrückliches geschieht. Ein Einfrieren der Zeit lässt die Wahrnehmung des Todes verblassen, aber auch die des Lebens.

So wie die Psychoanalyse die Idee verfolgt, dass Erinnerung heilt (Freud 1937d) und damit eine persönliche Zeitdimension zu installieren sucht, scheint auch Julien dieser Vorstellung nachzugehen. Denn erst als er beginnt, Nachforschungen über die Vergangenheit anzustellen, entfaltet sich die rätselhafte Geschichte. Wir erfahren, wie Marie bisher in einer unheilvollen Beziehung mit ihrem Exfreund verfangen war. Eine alte Freundin Maries erklärt: »Es war eine absurde Bindung. Sie stritten, um zu existieren«. Marie und er konnten offenbar nicht miteinander, aber auch nicht ohne den anderen, sie akzeptierten nicht, dass sie sich hassten. Von ihrem Vermieter erfährt Julien: »Es gab jeden Abend Streit und Geschrei«. Schließlich stieß er Marie die Treppe hinunter, sagte, sie solle verschwinden. Dann ist er gegangen. Marie erhängte sich, als er für 10 Tage verreiste. Er wurde für ihren Mörder gehalten. Hier taucht abermals eine unheilvolle, erpresserische Beziehungsverwicklung auf, in der Verlust, Hass und Schuld den Ton angeben. Das Liebesobjekt soll immer da sein. Abhängigkeit und Verlustangst werden als psychische Katastrophe erlebt. Schuldgefühle binden den anderen fest in einer vom Selbst fantasierten Dualunion.

Im Lichte dieser Zuspitzung kreisen die Fantasien von Marie und Julien weiterhin darum, wie es gelingen könnte, ihre innige Liebe zu retten und den Verlust, die Trennung, den Tod des anderen abzuwenden. Marie will sich wie vom Schicksal getrieben erneut erhängen, Julien will sich erhängen, um ewig bei ihr zu sein. Doch eine Wiederholung des Immergleichen, des Selbstmordes erbringt keine Lösung. Erst als Julien zum Küchenmesser greift und sich die Pulsadern öffnen will, passiert etwas Neues. Marie, die seinen Tod verhindern will, benutzt jetzt das geheime Zeichen, das ihr Adrienne verraten hatte. Dadurch wird sie unsichtbar. Julien verliert die Erinnerung an sie. Die Trennung der beiden ist damit Realität geworden. Das Phantasma der ungetrennten Einheit, verbunden mit dem Gefühl von Zeitlosigkeit, unbegrenzter Verfügbarkeit und Allmacht, bleibt wohl zeitlebens für jeden Menschen als sehnsuchtsvolles Ziel erhalten. Die innige Verbundenheit, wie man sie am Beginn des Lebens mit einem mütterlichen Objekt erlebt haben mag, bricht als katastrophische Veränderung auf. Die destruktive Kraft, die dieser Prozess notwendig beinhaltet, verdeutlicht der Schnitt in die Hand, das tropfende Blut.

Jetzt schläft Julien wie zu Beginn des Films im Sessel, nachdem er das Ticken der Uhr ausgestellt hat. Nur die verbundene Hand erinnert noch an Marie. Doch diese erwacht wie die schlafende Prinzessin im Märchen und wird lebendig. Marie weint und ihre Schnittwunde beginnt zu bluten. Die Tränen, die Maries Wunde heilen, besitzen offenbar die Zauberkraft der Liebe. Dass Marie und die Schwester der Madame X wirklich schon tot waren, bleibt fraglich. Das Unbewusste ist schließlich zeitlos und der Tod damit unbewusst nicht repräsentierbar. Denkbar ist es schlicht als Metapher für die tiefe Verletzung, die etwas in ihrem Inneren getötet hat, z. B. ein zu früher traumatischer Verlust, der wie eine Vernichtung erlebt wurde.

Am Schluss begegnen sie sich Marie und Julien als Fremde, zwei getrennte Subjekte. »Wie spät ist es«? fragt Julien. Und: »Wer sind Sie«? Eine Beziehung beginnt, die sich in Raum und Zeit versucht zu orientieren. Schließlich sagt Julien: »Sie sind überhaupt nicht mein Typ«. Marie antwortet: »Gib mir Zeit«. Zum ersten Mal ertönt Musik im Abspann: »Our day will come«. Ein hoffnungsvolles Ende, wie mir scheint. Womöglich verspricht der Film am Ende doch noch die Erlösung: und zwar in der Liebe, die in der Lage ist, den Tod zu ertragen.

Literatur

Freud, S. (1900a): Die Traumdeutung. G.W., Bd. II/III.
(1937d): Konstruktionen in der Analyse. G.W., Bd. XVI.
(1915e): Das Unbewusste. G.W., Bd. X.
Gerisch, B. (2003): Die suizidale Frau. Göttingen (Vandenhoeck & Ruprecht).
Mahler, M. S.; Pine, F. & Bergmann, A. (1975): Die psychische Geburt des Menschen. Symbiose und Individuation. Frankfurt am Main (Fischer Verlag).
Morgenthaler, F. (1986): Der Traum. Psychosozial-Verlag, Gießen, 2004. Neuauflage von 1986 (Psychosozial-Verlag).

Dogville

Dänemark, Schweden, Großbritannien, Frankreich,
Deutschland, Niederlande 2003, 178 Minuten.
Regie: Lars von Trier
Darsteller: Nicole Kidman u.a

Isolde Böhme

Lars von Triers Film *Dogville*, zeigt die Aufnahme einer verfolgten Fremden in das Dorf Dogville und ihre missglückende Integration. Nach einer anfänglich hoffnungsvollen Entwicklung kommt es zur zunehmenden Entrechtung, sozialen Ächtung und persönlichen Demütigung der jungen Frau, letztlich zum Zivilisationsbruch, der dann in einen Triumph der Gewalt mündet. Der Katastrophe entkommt keiner der Bewohner des Ortes, nur der Hund Moses.

Psychoanalyse und Kino sind zur selben Zeit entstanden, an der Jahrhundertwende vom 19. zum 20. Jahrhundert, das dann mit dem Nationalsozialismus und der Shoah zum Jahrhundert des Zivilisationsbruchs werden sollte. Das 21. Jahrhundert, das noch recht jung ist, in dem dieser Film gedreht ist, 2003, zeigt sich allerorten mit Verfolgung, Flucht und Vertreibung von Menschen und in Europa mit massiven Schwierigkeiten, die Fremden, die Asylsuchenden zu integrieren.

Traum und hysterisches Symptom sind laut Freud gleicher Struktur: eine Kompromissbildung zwischen unbewussten Triebimpulsen und deren Abwehr. Eine Analysestunde lässt sich wie ein Traum betrachten, ein analytischer Prozess als eine Folge von Träumen, an denen beide Protagonisten des Prozesses beteiligt sind. Bilder und Szenen eines Films wecken im Zuschauer eigene innere Bilder, Erinnerungen. Eigenes vorbewusstes und unbewusstes Erleben des Kinozuschauers gestaltet den Film zum je eigenen Traum, der den gezeigten Film deutet, gleichzeitig von ihm neue Bedeutung erfährt.

Die analytische Methode beruht auf der Grundregel der freien Assoziation und ihrem Gegenstück der frei schwebenden Aufmerksamkeit. Aus der Fülle des Materials, aus der Fülle der Einfälle werden Stücke ausgewählt und in einen neuen Zusammenhang gestellt. So entstehen neue Bedeutungen, sie werden im weiteren Verlauf wiederum Teil des Materials und Ausgangspunkt neuer Deutungen. Anders als in der Begegnung mit einem Werk der Bildenden Kunst oder auch einem literarischen Text nimmt uns der Film wie die analytische Stunde in die je eigene Zeit hinein. Die Symbolisierung, der symbolische Modus geschieht in der Zeit. Zeit und Raum werden gestaltet. In einem affektiven Kontext tauchen Figuren auf, Figuren im Spiel, die dann in einer Erzählung den affektiven Kontext veranschaulichen. In der sich bildenden inneren, erzählten Zeit, der des Films wie der einer Analysestunde, ist im Hier und Jetzt Vergangenheit und Zukunft enthalten. Phänomene gewinnen für den Schauenden und Hörenden nachträglich Bedeutung und zwar in einem prinzipiell nicht endenden Prozess.

»Dies ist die traurige Geschichte von Dogville«. Ein Erzähler beginnt und begleitet im weiteren die Bilderfolge des Films, ein Erzähler, der ein Theaterstück kommentiert, das gefilmt worden ist, ein Theaterstück in einer sehr reduzierten, fast minimalistischen Inszenierung. Häuser und Straßen und Plätze, der Obstgarten, sogar die Stachelbeersträucher und die Hundehütte sind mit Kreide markiert, wie auch die Namen in großen Lettern: Elm Street, Glunen Street, Canyon Road, The Old Ladies Bench, Ma Ginger's Shop, Dog und die Bewohner der Häuser.

Kino lebt aus Bildern, zieht den Zuschauer in den Traum hinein, in eine Welt des Schauens – Theater lebt aus Vorstellungen, die entstehen, ist dem sprachlichen Denken näher, auch dem geschriebenen Text. Die abstrakte Inszenierung, die anstelle von illusionären Kulissen Schriftzeichen aus Kreide verwendet, verstärkt die innere Spannung zwischen vorsprachlicher imaginärer und an Sprache gebundener Welt, zwischen Kino und Theater. Hier zur Identifikation verführendes Spiel, da erzwungene Distanzierung von der Bühne, so ließe sich die Arbeitsweise des Regisseurs beschreiben. Der Zuschauer wird hineingezogen in ganz unmittelbaren Kontakt mit den Schauspielern, die in Porträtaufnahmen ihre Gespräche führen, und kann, ja muss dann wieder das Geschehen auf der Bühne aus der Vogelperspektive betrachten.

Aus dieser formalen Gestaltung entsteht Wirklichkeit, kann sich die Dynamik zwischen Dogville und einer Fremden entfalten, der schönen Grace, die es als Verfolgte in das amerikanische Städtchen verschlagen hat. Der ironische Ton, den der Erzähler anschlägt, unterstreicht die Bewegung vom Sich-Verwickeln ins Spiel zum Sich-Herausziehen in eine exzentrische reflektierende Position – ganz ähnlich der inneren Bewegung des Analytikers hinter der Couch, der sich in das affektive Geschehen hineinbegeben muss, um es anschließend zu deuten, sich selbst und dem Analysanden. Das Thema der Fremden, die nach Dogville kommt, findet Gestalt in Figuren der Verfremdung, wie sie Bert Brecht ins Theater eingeführt hat, in ein Theater, das die Welt mitgestalten, ja revolutionär verändern wollte. Übrigens soll laut von Trier auch die Parabel, die Fabel des Films, auf eine Brechtballade (von Trier 2003, S. 206f.) zurückgehen. Die oszillierende Bewegung verfremdet das Medium des Films.

Der einheitliche Bühnenraum für den ganzen Verlauf des Films, auf der die ganze Stadt Dogville samt ihrer Bewohner repräsentiert ist, schafft eine große Dichte zwischen den handelnden Personen. Sie befinden sich in einer totalen, man könnte auch sagen: einer globalisierten Situation: Alle bekommen alles von allen mit, alle wissen alles von allen, es sei denn, sie wollen es nicht wissen.

Dogville ist eine kleine Gemeinde in den Rocky Mountains, offenbar in den 30er Jahren des letzten Jahrhunderts. Die Bürger werden uns alle vorgestellt. In der ironischen Gebrochenheit erfahren wir, sie seien brave und ehrliche Leute und erleben Enge, Starre, Borniertheit. Toms Vater hört Radiomusik und lässt Tom das Radio schnell abschalten, wenn Nachrichten gesendet werden, die Welt politischer Gedanken ist weit weg, das Bedürfnis nach demokratischem Mitwirken fehlt, der Gang zu den Wahlen sei zu teuer geworden. Martha ist in einer puritanischen Religiosität gefangen – nicht einmal die Orgel darf klingen – Ma Ginger, die Ladeninhaberin, die unentwegt den Boden bei den Stachelbeersträuchern harkt und hackt, in protestantischer Ethik von Selbstkasteiung und Selbstgerechtigkeit. Die erotische Anziehung zwischen Tom und Liz bleibt hinter stacheligen und ein wenig kränkenden Bemerkungen verborgen, Tom zieht es vor, sich seine Erfolge durch die Beschämung seines ziemlich beschränkten alten Jugendfreundes Bill zu verschaffen, statt sich aktiv um Liz zu bemühen. Der Blinde McKay ist zu eitel, um seine Behinderung anzuerkennen. Das Enge, Starre scheint Angst zu binden, die direkt von Chuck formuliert wird: »Das sind schlimme Zeiten, bald werden Menschen kommen, die noch weniger haben als wir«. Aus der Angst wird bei ihm rasch kaum verhohlene Aggressivität. Moses, der Hund, muss – so meint er – hungrig bleiben und Wache halten. Später wird bei Chuck deutlich, wie groß der Hass auf Dogville und auf sich selbst ist. Er spricht von Dogvilles Täuschungsmanöver Grace gegenüber: »Diese Stadt ist verkommen, durch und durch. Es würde mir nichts fehlen, wenn Mutter Erde sie verschlänge«.

Tom, in eigenem Selbstverständnis Schriftsteller und Psychologe, möchte diese enge Welt verändern, möchte sie bereichern durch eine innere Welt, einen Fantasieraum. In seinen Erkundungen der menschlichen Seele, die er pathetisch mit harter Bergmannsarbeit vergleicht, möchte er dahin gelangen, wo es glitzert. Silber suchen, soll wohl heißen, seine Ideen, seine Ideale glänzen und glitzern lassen, dabei auch selber glänzen.

Von Trier als Toms Kollege hat sich in seinem Interview zu *Dogville* mit seiner Bühnengestaltung auf die Theaterarbeit der Royal Shakespeare Company der 70er Jahre bezogen, damit auf Shakespeare als den Erfinder des Menschlichen in der europäischen Kulturgeschichte der Neuzeit, auf eine Tradition, die das menschliche Seelenleben zur Anschauung brachte: wie Menschen denken und empfinden, wie sie lieben und hassen. Er ergänzt das durch Musik der Tradition, barocke Instrumentalmusik, die die meisten Szenen untermalt. Dogvilles still gelegte Silbermine deutet auf großes Theater, das Vorstellungen erwecken, Räume öffnen kann für innere Bilder und stellt sich damit den dauernd verfügbaren Plakaten von massenmedialer Welt und Hollywood-Kino entgegen, setzt sich auch in einen Gegensatz zu der dargestellten engen, am Konkreten klebenden Welt. Und tatsächlich ermöglicht die reduzierte Inszenierung – im Übrigen ähnlich dem strengen Rahmen der analytischen Situation – eine besondere Intensität, das Theater der Seele in Szene zu setzen, fühlbar und erlebbar zu machen.

Von Trier hat zum 100. Geburtstag des Films sein Dogma-Manifest verfasst zur Erneuerung des Kinos, ironisch mit einem Keuschheitsgelübde versehen, das Selbstbeschränkung durch ein strenges Regelwerk gelobte. *Dogville*, kein Dogmafilm mehr, setzt sich erneut mit den Chancen der Beschränkung auseinander, der Beschränkung anstelle der alles möglich machenden Technik. Ich zitiere aus dem Dogma-Manifest: »Heute tobt ein Sturm der Technik, der die Kosmetik zur Gottheit erklärt. Mithilfe der neuen Techniken kann jedermann zu jeder Zeit auch das letzte Fünkchen Wahrheit ersticken – in der tödlichen Umarmung mit der Sensation«. (Hallberg 2001, S. 12) Die strenge Form schafft Raum für eine neue Spielart der Wirklichkeit.

Tom erschafft Grace als sein Geschenk für Dogville. Der Erzähler spricht von seinem hehren Drang, die Bürger Dogvilles im Fach Annehmen zu erziehen. Toms abstrakte Gedanken, die nicht so gut durchdacht, darüber hinaus vorwurfsvoll sind, erreichen die Bürger nicht. Das Geschenk, das er machen will, soll die Wahrheit glänzen, leuchten lassen, illustrieren. In einer schönen Szene erträumt Tom sich – liegend – ein solches Geschenk, und dann taucht tatsächlich Grace auf: Sie ist aus dem Stoff, aus dem die Träume sind, und gleichzeitig real, eine schöne junge Frau. Grace, das heißt Anmut, Gnade, Grazie. Grace verkörpert alles, was die Dichter den Grazien zugeschrieben haben: äußere und innere Anmut, geistige Lebendigkeit und sinnlichen Reiz, und Wahrhaftigkeit.

Um angenommen zu werden, ist Graces Arbeit nötig – körperliche Arbeit, vor allem aber seelische Arbeit mit einem Blick der Liebe auf die Stadt und ihre Bewohner: »Ich sehe eine bezaubernde kleine Stadt inmitten erhabener Berge«. Sie sieht einen Ort, wo Menschen Hoffnungen haben und Träume unter den schwierigsten Bedingungen. Tatsächlich gewinnt Grace Sympathie, gewinnt Freunde für sich. Höhepunkt dieses erquicklichen Prozesses von Geben und Nehmen ist das große Fest am vierten Juli, am Independence Day, dem Tag der Unabhängigkeitserklärung. Zwar hat die Polizei schon die erste Suchmeldung von Grace am Missionshaus angeschlagen, aber der amerikanische Traum einer neuen Welt wird gefeiert: All men are born equal. Alle Menschen sind gleich geboren. Der blinde McKay entdeckt Graces liebevollen Blick für die Welt, Graces Lächeln, das er nicht sehen kann und doch kennt, und sagt:

> »Du hast aus Dogville einen Ort gemacht, an dem sich wunderbar leben lässt. Dein Lächeln habe ich noch nie gesehen, aber ich wette, dass ich es beschreiben kann, denn es enthält jede Farbe, die vom strahlenden Prisma der Welt gebrochen wird. Wir sind stolz darauf, dass du bei uns bist«.

Und noch deutlicher: »Wir danken dir dafür, dass du uns zeigst, wer du bist!«

Zur politischen Idee der Verwirklichung der Menschenrechte gehört das Wissen vom eigenen Leben wie dem des Anderen, das man nur mit dem Blick nach innen sehen kann, und dazu gehört auch die romantische Liebe.

Erfunden wird das Paar Grace und Tom. Im Verlauf des Films ist Tom der, der für Grace ein Drehbuch schreibt und gleichzeitig mit dieser eigenwilligen jungen Frau in Interaktion tritt. Aus dem männlichen Regisseur hinter der Kamera und der schönen Frau vor der Kamera des Hollywoodfilms ist ein Paar geworden, das gleichzeitig auf der Bühne des Films sich zusammen zeigt. Die Paarbeziehung der Hensons ist die konventionelle Ehe als ökonomische Gemeinschaft, die von Chuck und Vera enttäuscht und voller Hass. Tom und Grace können von ihrer Liebe sprechen. Grace zeigt sich, wie sie ist, und gerade deshalb bleibt sie für Tom ein Geheimnis, weil sie mit ihrer inneren Welt zu immer neuen Verwandlungen fähig ist, nicht ein für alle Mal durchschaubar wie Liz.

Alle diese Phänomene, die politische Idee der Menschenrechte, die Vorstellung des eigenen Lebens und dem der Anderen, die romantische Liebe und Sexualität sind Ergebnisse der Fähigkeit zur Symbolisierung. Sie verlangen und konstituieren Getrenntheit und gegenseitige Anerkennung. Dieser symbolische Modus, den Grace nach Dogville bringt, lässt sich in einer inneren und einer äußeren Bewegung beobachten. Die innere findet ihre Form in den sieben Kitschfigürchen, die Grace vor ihrer Ankunft als geschmacklos empfunden hätte und die jetzt zu Symbolen ihrer Liebesbeziehung zu dem kleinen Städtchen werden, die äußere zeigt sich in Graces Mut, nicht nur sich zu zeigen, sondern auch den Anderen etwas von ihrer Wahrheit zuzumuten. Grace gelingt es, Beziehung und geteilte Bedeutung herzustellen. Wesentlich erscheint dabei ihre offenbare Überzeugung, dass die Anderen, selbst wenn sie sich abweisend verhalten, Hoffnungen haben und Träume, an Entwicklung, an Wahrhaftigkeit interessiert sind. Sie kann freundschaftlich reagieren, als Liz ihr gegenüber kaum verschlüsselt von ihrer Rivalität spricht. Sie versucht Chucks abweisende Haltung zu verstehen, bringt sie mit den enttäuschten Hoffnungen zusammen, die ihn nach Dogville gebracht haben. »Sie ertragen nicht, an das erinnert zu werden, was zu finden Sie hergekommen sind«. Es gelingt ihr, Dinge beim Namen zu nennen – als dies das erste Mal ganz offen und direkt geschieht, sie nämlich Jack McKay mit seiner Blindheit konfrontiert, spricht der Erzähler von einer fragwürdigen Provokation. McKay ist tatsächlich getroffen, aber er nimmt diese Deutung an. Grace verlässt mit ihm den Raum der Vorstellung, das Fenster zur sinnlich erfahrbaren Wirklichkeit wird geöffnet.

Im weiteren Verlauf des Films geraten jedoch alle Beteiligten in den Sog der Gewalt, die von außen zu kommen scheint, aber zunehmend von innen wirksam wird. Kleine Plakate stoßen etwas an, was offenbar in allen bereitliegt, nämlich Zerstörungskraft zu entfalten. Dieser Sog ist gleichbedeutend mit dem Verlorengehen des symbolischen Modus. Gewalt zerstört die seelischen Bewegungen. Zunächst ist es Chuck, der Graces Vertrauen missbraucht, ihr damit droht, sie zu verraten und sie schließlich vergewaltigt. Alle scheinen das mitzubekommen, keiner schreitet ein. Der Raum, in dem Recht und Wahrhaftigkeit gilt, ist zerstört. Dabei erscheint die Seite der Ausbeutung, der Vorteilnahme eher als Folge denn als Ursache der zunehmenden Gewalt. Besonders deutlich ist das bei dem Kind Jason, Chucks und Veras Sohn, der gewalttätig ist, indem er Gewalt einfordert, aber auch bei Veras zerstörerischem Hass und Neid, mit denen sie die anderen Frauen ansteckt. Ihr zynischer Satz »Ich glaube an Erziehung« erscheint als Gipfel von Verlogenheit und Heuchelei. Für Grace ist es, als würde mit den Kitschfigürchen menschliches Gewebe zerstört, menschliches Seelengewebe. Grace verliert zeitweise ihren inneren Raum, ihre Möglichkeit frei zu denken und zu sprechen. Der Erzähler spricht von dem »tranceartigen Zustand, der Tiere überfällt, wenn sie in Lebensgefahr sind«.

Da, wo Grace noch einmal zu sprechen versucht, in der Versammlung die Bürger mit der Wahrheit konfrontiert, wird sie nicht gehört. Es kommt zur Verhärtung der Fronten, zu einer massiven Abwehrbewegung, zur Projektion der Aggression statt zur ersehnten Versöhnung. Schuld- und Schamgefühle sind zu überwältigend, müssen geleugnet werden. Wahrheit verliert ihren Wert, ihre Bedeutung, wenn der Rahmen, der Raum gegenseitiger Anerkennung verloren gegangen ist.

Täter und Opfer sind so verstrickt, dass auch die Flucht, die Grace nach Toms Plan unternimmt, nicht gelingt. Grace wird angekettet, der Erzähler spricht ironisch-beschönigend von einem Fluchtverhinderungsmechanismus und bringt aber gerade in der seelenlosen Wortbildung den Seelenmord zum Ausdruck. Grace wird mit einem eisernen Joch beschlagen wie ein Stück Vieh und Toms Vater formuliert die dringlich notwendige Abwehr: »Wir tun das nicht gern, aber wir haben keine Wahl«.

An die Stelle des amerikanischen Traums von der Verwirklichung der Menschenrechte tritt ein Albtraum von Aggression: Ausgrenzung, Entrechtung, Demütigung. Grace geht die juristische Anerkennung verloren, ihr Lohn wird gekürzt, die soziale Anerkennung, sie darf die üblichen Gepflogenheiten nicht mehr teilen, sie wird vergewaltigt, verliert damit die Achtung als Mitmensch mit eigenen Bedürfnissen. Den Bürgern ausgeliefert, die das Gefühl der Bedrohtheit in gewalttätiges Machtgebaren verwandeln, verfällt Grace in eine Verfassung, in der sie sich nicht mehr bewahren kann.

In dieser Situation scheitert auch die Liebesbeziehung. Je bedrängter die Situation, desto mehr dringt Tom auf sexuelle Befriedigung, aber Grace entzieht sich. Sie sucht die Fantasie, die Sehnsucht als Ort des Begehrens zu bewahren. Sie wird aber bedeutungslos, wertlos angesichts der seelenlosen Sexualakte mit den übrigen Männern des Dorfes. Das hehre Ideal von der Liebe in Freiheit wird zur hohlen Phrase, ebenso Toms Rückzug aus der Beziehung in den Elfenbeinturm edlen Dichterlebens. Die Auflösung der Grenzen zwischen Selbst und Objekt, die die projektive Identifizierung des Bösen in die Fremde ermöglicht, wird bereits deutlich, als er den von ihm begangenen Diebstahls, dessen er auch verdächtigt wird, auf Grace schiebt und sich scheinheilig rechtfertigt: »Ich muss für dich denken«. Immer noch sucht Grace den eigenen liebevollen und aufrichtigen Blick, sagt: »Ich vertraue dir, aber vielleicht traust du dir ja selbst nicht. Vielleicht hat dich jemand in Versuchung geführt, es wie die anderen zu machen, und du hast Angst davor, so menschlich zu sein«. Tom ist wütend, weiß, dass die Vorwürfe der Bürger wie die Deutungen Graces zutreffen. Die Situation spitzt sich zu und die Geschichte findet ein katastrophisches Ende mit dem Auftauchen der Gangster, die Tom zu Hilfe ruft, um sich Grace vom Halse zu schaffen.

Die Wendung ist dann für den Zuschauer unerwartet und schockierend: Aus dem sorgsam gebildeten Filmkunstwerk, in dem wir große Schauspielkunst bewundern, vor allem die von Nicole Kidman in einer unglaublich differenzierten Darstellung dieses Seelendramas, aber auch die aller anderen Protagonisten, in dem wir die tragische Entwicklung mitfühlen und in uns aufnehmen, wird ein Action Film, in dem mit Maschinengewehren geballert, gemordet und gebrandschatzt wird. Identifiziert mit Grace und ihrem Schicksal, innerlich sicher ganz auf der Seite des verkannten Guten und Wahren, müssen wir jetzt ertragen, dass eine andere Wahrheit regiert. Grace rächt sich an Dogville. Sie nimmt – wenn auch erst nach einiger Überlegung – das Angebot ihres Vaters, des Gangsterbosses an, die Macht mit ihm zu teilen. Die archaische Macht ist in der Vervielfachung der Vaterfigur in der Bande deutlich gemacht. Die Macht zu teilen, bedeutet, die Differenz zwischen Vater und Tochter aufzuheben. Infantile Omnipotenz triumphiert, Vater und Tochter bilden ein Inzestpaar. In der Schöpfungsgeschichte heißt es von Gott, dem Allmächtigen: Und Gott sah, dass es gut war. Graces Wunsch ist, dass es gut sei »in der bezaubernden kleinen Stadt, inmitten erhabener Berge, wo Menschen Hoffnungen haben und Träume unter den schwierigsten Bedingungen«. Grace erlebt, dass Dogville nicht gut ist und zusammen mit ihrem Vater entscheidet sie selbstherrlich, dass Dogville nicht gut genug war, und dass diese kleine Welt vom Erdboden verschwinden soll. Die Arroganz, von der die Rede ist, ist die omnipotente Macht ohne Verantwortung. Grace gibt dem Vater nach, nachdem er ihr die Allmacht der Verantwortungsübernahme als ihre Form, als die andere Medaille der Arroganz gedeutet hat. Eine dritte Position ist offenbar unmöglich.

Für das Rätsel der eskalierenden Gewalt, für das Deckrätsel der katastrophischen Entgleisung findet sich im Material noch eine tiefere Schicht. Grace erzählt Tom, sie habe keine Mutter, und ihren Vater hätten ihr die Gangster genommen. Tatsächlich fehlt eine haltende Mutterfigur im Stück, Tom ist wie Grace mutterlos, Vera erleben wir in ihrer Liebe zu den sieben Kindern als heuchlerisch, Frau Hensen ist konventionell und ihren Kindern nicht zugewandt, lediglich die schwarze Olivia bringt zumindest anfangs Wärme in die Gruppe, ihr Kind ist allerdings schwer behindert und sie selbst hat eine entwertete Position. Möglicherweise hat sie sich um das mutterlose Kind Tom gekümmert, jedenfalls ist sie eine Frau, die von Toms Vaters Gnaden in Dogville leben darf.

Vor allem aber gibt es kein liebendes, kein kreatives Paar. Die Paarbeziehung der Hensens erscheint leer und konventionell, sie sind nur im Familienbetrieb auf einander bezogen, Ben geht zur Prostituierten Laura und von Vera und Chuck erfahren wir, dass sie einander hassen. In der Gruppe gibt es keine väterliche Instanz. Als dann die Polizei als Repräsentantin des Staates auftaucht, als Gesetzeshüter, entsteht in Dogville anstelle von Sicherheit ein Gefühl von Bedrohung.

Als Grace nach Dogville kommt, ist sie auf mütterliche Fürsorge angewiesen und zeigt ihre Bedürftigkeit offen. Da ein triangulierendes Objekt fehlt, gerät sie in eine ganz offenbar kaum erträgliche Situation der Abhängigkeit. Sie muss die Kitschfigürchen schön gucken, kann sich nicht in eine getrennte Position zu den Bürgern begeben. Sie übernimmt die Verantwortung für eine gelingende Beziehung ganz alleine, liefert sich der Gruppe aus. So gibt es etwa bei der Frage nach 14 Tagen, ob sie bleiben kann, kein staatliches Regelwerk, keine verbindlichen Spielregeln wie etwa einen Mehrheitsentscheid, sondern sie muss jede einzelne Beziehung halten. Das Auftauchen eines Dritten, des Gesetzeshüters bringt auch für sie nicht etwa Sicherheit, sondern Lebensgefahr, lässt den Mutter-Kind-Dialog, den sie mit Dogville führt, entgleisen. Dabei ist sie als bedürftiges Kind in der Mutterrolle für die Gemeinde.

Dogville erweist sich zunehmend als eine tote Mutter. Die tote Mutter im Konzept André Greens ist eine Mutter, die gefangen im eigenen Kummer, nicht auf die emotionalen Nöte des Kindes antworten kann. Das bringt mit sich, dass die Mutter das Kind für ihre eigene seelische Stabilität braucht und damit die Aggression – die primäre Destruktivität im Sinne Winnicotts – des Kindes nicht erträgt, die zur Separation, zum Leben eines individuellen Lebens notwendig ist. Grace versucht immer wieder, diese tote Mutter doch noch für sich einzunehmen, ihr doch noch ein Lächeln abzugewinnen, verstrickt sich so in eine Kollusion von Opfer und Tätern, aus der sie sich schließlich nur noch gewaltsam befreien kann. Bevor Dogville mit Maschinengewehren und Brandstiftung überwältigt wird, überwältigen die Gangster Grace innerlich, nämlich als Hass auf die Elternfiguren, die nicht gut genug waren. Die Szene der Zerstörung Dogvilles erscheint als eine archaische gewalttätige Urszene. Der Versuch der Individuation ist damit gescheitert wie auch die Liebesgeschichte mit Tom. Das Fenster zur sinnlichen Wirklichkeit der gemeinsamen Sexualität ist nicht geöffnet worden. Sie identifiziert sich mit dem mörderischen Vater, mit der Gangsterbande und bringt Tom eigenhändig um.

Die Differenzierung des Selbst vom Anderen liegt der Individuation zugrunde, der Entwicklung der sexuellen Identität, der Rechtsstaatlichkeit wie der Demokratie. Die gegenseitige Anerkennung garantiert die trianguläre Struktur. Das Dritte ist dann etwa die Sprache oder das schützende Gesetz, der geteilte Sinn, die gemeinsame Sexualität. Die Situation zwischen dem Fremden und dem Eigenen ist dagegen die vom Heimlich-Heimeligem und Unheimlichem, das Fremde ist kein Anderes, das Fremde ist die verborgene Seite unserer Identität. Fremdes zu integrieren, heißt immer Unbewusst-Triebhaftes in uns selbst anzuerkennen und damit in seiner Destruktivität zu begrenzen. Dieses Unbewusste ist uns überkommen als Ungelöstes der Erwachsenen, die uns Kindern ihre ihnen selbst rätselhaften Botschaften zumuteten, die wir entziffern müssen, als Unerlöstes unserer Kultur. Der Abspann zeigt Fotos aus den USA der 30er Jahre voller Armut, Bedürftigkeit und Gewalt.

So möchte ich Dogville betrachten als eine Chiffre bedrohter Identität, der von uns als Einzelnen wie der unserer Kultur. Denn das Verlangen nach Identität stellt immer wieder den Anspruch, das Fremde, das Unbewusste zu integrieren. Im Erschrecken am Ende des Films erleben wir diese Zerbrechlichkeit und Verletzlichkeit an uns selbst. Mit einem Hinweis auf eine Bedeutungsschicht, die in den kulturellen Raum reicht, möchte ich schließen: Der Erzähler vermittelt immer wieder sein Nachdenken über die Bedeutung der Namen. Er bemerkt, dass die Hauptstraße Elm Street heißt in einem Städtchen, in dem Ulmen nicht wachsen, weist auf den exotischen Namen Glunen Street hin. Die Frage nach der Bedeutung und verlorenem Sinn der Namen klingt nach, wenn Vera ihre Kinder vorstellt, die alle Namen aus dem klassischen Altertum tragen.

Der Hund heißt Moses, er überlebt die Katastrophe. Auf der Bühne sind nur noch die zu Boden gestreckten Figuren und das Kreidezeichen der Hundehütte zu sehen, und zum ersten Mal leibhaftig bellt Moses aus Leibeskräften den Film zu Ende. Tom sagt gleich zu Beginn, Moses sei misstrauisch gegenüber Fremden. Die historische Gestalt des Moses steht am Anfang jüdisch-christlicher Kultur. Wir verbinden ihn mit dem mosaischen

Gesetz, mit der Religion, der die Schrift heilig ist, und die an den einen unsichtbaren Gott glaubt. Moses führte das Volk Israel in die neue Heimat, ins Land Kanaan. Die monotheistische Religion scheidet in der mosaischen Unterscheidung das Volk, das an den einen Gott glaubt, von den Fremden, die Gläubigen von den Heiden, und damit auch die Wahrheit von der Unwahrheit. Das Unheimliche findet sich auch in den Wurzeln unserer kulturellen Identität: Der Zivilisationsbruch entstammt der verborgenen Seite eines jahrtausendelangen Ringens um Humanität.

Literatur

Assmann, J. (1997): Moses, der Ägypter. Frankfurt am Main (Fischer TB).
Green, A. (1983, 2004): Die tote Mutter. In: Green, André: Die tote Mutter. Gießen (Psychosozial-Verlag), S. 233 – 265.
Hallberg, J. & Wewerka, A. (2001): Dogma 95. Zwischen Kontrolle und Chaos. Berlin (Alexander Verlag).
Honneth, A. (1992): Kampf um Anerkennung. Frankfurt am Main 1994 (stw 1129).
Reiche, R. (2001): Mutterseelenallein. Kunst, Form und Psychoanalyse. Frankfurt am Main/Basel (Stroemfeld Nexus).
von Trier, L. (2003): Interviews edited by Jan Lumholdt. Mississippi (University Press).
Waldenfels, B. (2006): Grundmotive einer Phänomenologie des Fremden. Frankfurt am Main (Suhrkamp).
Winnicott, D. W. (1971, 1979): Objektverwendung und Identifizierung. In: Ders.: Vom Spiel zur Kreativität. Stuttgart (Klett Cotta), S. 101 – 110.

Drei Farben

Polen, Schweiz, Frankreich 1993 und 1994
Regie: Krzysztof Kieslowski
Hauptdarsteller: Juliette Binoche, Zbigniew Zamachowski und July Delpy,
Irène Jacob und Jean-Louis Trintignant

Isolde Böhme

Der Dialog zwischen Psychoanalyse und Film, die ja zur gleichen Zeit entstanden sind, hat früh begonnen mit dem Hinweis auf die Verwandtschaft von Filmtechnik und seelischer Funktion. Freud hat das Kino abgelehnt, sich auch nicht auf das Kino bezogen, aber er schreibt etwa in der *Traumdeutung* vom seelischen Apparat, »dass wir uns das Instrument, welches den Seelenleistungen dient, vorstellen wie etwa ein zusammengesetztes Mikroskop, einen fotografischen Apparat u. dgl.« (Freud GW 1900, S. 541). Eine eindrucksvolle Ergänzung findet sich 1913 bei Andreas-Salomé. Sie spricht vom »Aschenbrödel der ästhetischen Kunstbetrachtung«, zu dessen

> »Ehrenrettung ... auch ein paar psychologische Erwägungen (gehören) ... Die eine betrifft den Umstand, dass allein die Filmtechnik eine Raschheit der Bildfolge ermöglicht, die annähernd unserm eigenen Vorstellungsvermögen entspricht und auch gewissermassen dessen Sprunghaftigkeit imitiert. ... Die zweite Erwägung betrifft den Umstand, dass ... die Fülle des Verschiedenartigen einen ganz eigentümlich mit Formen, mit Bildern und Eindrücken der Sinne beschenkt. ... Beides aber lässt bedenken, ob nicht diese Rücksicht auf unsere seelische Konstitution die Zukunft des Filmtheaters bedeuten könnte – den kleinen goldnen Pantoffel für das Aschenbrödel der Kunst« (zit. n. Baudry 1975, S. 1049f.).

Für Freud ist die Kunst einerseits ein Erkenntnismodell für psychische Prozesse. Gleichzeitig ist er fasziniert davon, wie die Anwendung der analytischen Erfahrungen und Erkenntnisse ihn das Archaische im scheinbar Neuen entdecken lassen und damit die Wahrheit der Psychoanalyse bestätigen. Sarah Kofman bringt das Spezifische – und Problematische – von Freuds Umgang mit literarischen Texten auf den Punkt:

> »Die Freud'sche ›Fiktion‹ ist nur eine ›fromme Lüge‹, ein Köder, um den Wahrheitskarpfen leichter zu fangen: die Wahrheit des literarischen Texts, welche die der Psychoanalyse bestätigen muss. Die Gewalt besteht darin, dass aus der dichterischen Schönheit eine bloß sekundäre ›Wirkung‹ gemacht wird, dazu bestimmt, zu verschwinden, im Prozess der analytischen Wahrheit ›aufgehoben‹ zu werden« (Kofman 1985, S. 10).

Andreas-Salomé scheint dagegen eher eine Wechselwirkung zwischen der Psychoanalyse und dem Kino im Auge gehabt zu haben. Schneider folgt Zizek und spricht davon, den Filmregisseur »als impliziten Analytiker im Medium des Films (Visu-Psychoanalytiker)« (zit. n. Schneider 2005, S. 70) aufzufassen. Bei dieser Form der Auseinandersetzung mit zeitgenössischer (Film-)Kunst geht es letztlich um die Fortentwicklung der Psychoanalyse in der Auseinandersetzung mit anderen Modi, sich den Fragen des menschlichen Lebens zu stellen. Der amerikanische Kunstphilosoph Danto spricht davon, dass »sich die Geschichte der Kunst auf zwei Ebenen (vollziehe): als eine Folge von Objekten und als eine Folge von Theorien, die diesen Objekten ihre Daseinsberechtigung verleihen« (Danto 1994, S. 335). Psychoanalyse steuert zu dieser Geschichte theoretische Konzepte bei, nimmt aber auch die Rolle eines »Objektes« ein, das in Filmen reflektiert wird.

Roland Barthes hat vom Kino als der »Couch der Armen« gesprochen. Dabei bleibt in der Formulierung offen, ob der Zuschauer in diesem Setting sich als Analytiker im Sessel oder als Analysand auf der Couch findet. Zwiebel hat die Formulierung getroffen, »einen Film statt nach dem Paradigma ›Traum des Regisseurs‹ vielmehr als ›Traum des Analytikers, realisiert vom Regisseur‹ zu verstehen« (zit. n. Schneider 2005, S. 69). Versteht man den Film als Traum des Regisseurs, birgt dies die Gefahr, das Neue, das jedes Kunstwerk in die Welt bringt, gegenüber dem bereits Gewussten und Bekannten zu vernachlässigen, immer wieder den gleichen »Wahrheitskarpfen« zu fangen. Ist er Traum des Analytikers, gilt es der Gefahr zu wehren, immer wieder sich selbst anstelle des Kunstwerks zu finden. Zwiebel hat in einem Vortrag zur Frühjahrstagung der DPV 2006 in Mainz vorgeschlagen, die Filmträume auf dem Hintergrund einer Reihe von Filmen oder des Lebenswerkes eines Regisseurs zu träumen. Es geht ihm wohl dabei um eine uns aus der klinischen Arbeit wohl vertraute oszillierende Bewegung zwischen träumerischem und diskursivem Denken.

Wohl in einer ähnlichen Intention hat Schneider vorgeschlagen, einen Film als »Quasi-Person aufzufassen ... In dieser Perspektive erscheint der Film als quasi-personales Gegenüber, dem ich bei der Aufführung im Kino ein erstes Mal begegne und das dabei in mir eine ganze Reihe von emotional-kognitiven Reaktionen auslöst« (Schneider 2005, S. 71). Die Formulierung nimmt Erfahrungen aus der analytischen Situation auf und impliziert eine analytische Haltung, nämlich die des Respekts vor dem Neuen, dem Anderen, dem noch nicht Verstandenen. Seine Arbeitsweise trägt dem Rechnung, dass der Psychoanalytiker, der sich in der fremden Welt bewegen, über Phänomene der äußeren Welt sprechen will, nicht allein auf seine Erfahrungen mit der inneren Welt vertrauen kann, sondern etwas über das Draußen wissen muss: »Um ein Verstehen zu entwickeln, muss ich mich mit dieser verdichteten ersten Begegnung beschäftigen, indem ich weiter darüber nachdenke, zum Film lese, ihn insbesondere anhand einer Kopie (Video, DVD) mehrfach wieder anschaue«. Es gibt für ihn offenbar einen Dialog mit dem Film und einen diesen beeinflussenden, der mit anderen geführt wird, die an diesem Film interessiert sind.

Ich möchte das psychoanalytische Lesen von Filmen mit Borges' Widmung an den Leser in Verbindung bringen, mit der er seinen Textband *Im Labyrinth* eröffnet:

»Wenn die Seiten dieses Buches den einen oder anderen glücklichen Vers gewähren, so möge mir der Leser die Unhöflichkeit verzeihen, dass ich ihn mir als erster angemaßt habe. Unsere Nichtigkeiten unterscheiden sich kaum; es ist ein bedeutungsloser und zufälliger Umstand, dass du der Leser dieser Übungen bist und ich ihr Verfasser« (Borges 2003, S. 9).

Die knappe Formulierung benennt zwei der m. E. entscheidenden Voraussetzungen, um als Analytikerin über Kunst – hier über Filme – zu sprechen. Das Gespräch unter formal Gleichen. Der Leser scheint dem Autor lediglich einen halben Schritt hinterher zu sein in der Aneignung des Texts. Im Zentrum bleibt jedoch die Frage nach dem glücklichen Vers, nach dem gültigen Kunstwerk.

Laplanche hat für die Entstehung des Unbewussten beim Kind das Konzept der rätselhaften Botschaft entwickelt. Das Kind ist den sexuellen Botschaften der Erwachsenen ausgesetzt, die ihnen wesentlich unbewusst sind, die es aufgrund seiner Unreife nicht versteht, die es sich aber zu deuten versucht, die es sich deuten muss in einem lebenslangen Prozess.

Filme lassen sich nun mit Cowie als öffentliche Fantasien betrachten (cf. Hölzer 2005, S. 51), die den Betrachter in Kontakt mit seiner eigenen vorbewussten Fantasiewelt bringen können, mit Zwiebel könnte man sagen, die jeden Zuschauer seinen eigenen Traum träumen lassen. Die unbewusste Sinnstruktur eines Films könnte man demgemäß als rätselhafte Botschaften bezeichnen, die der Regisseur – und die anderen, die an der Entstehung des Films beteiligt sind, – sich und uns deuten. Wir können diese Deutung aufnehmen und ihr eine neue Bedeutungsschicht hinzufügen, da immer ein Rest an Unverstandenem bleibt. Das geschieht über Identifizierungsprozesse, über Identifizierungen mit der Produktion des Films, mit dem Auge der Kamera, in einer zweiten Schicht auch etwa mit vorgestellten Personen.

Beim Erleben der »Fülle des Verschiedenartigen« des Films, den »Formen, Bildern und Eindrücken der Sinne«, sind wir wieder in der Lage des Kindes, das rätselhaften Botschaften der Erwachsenen ausgesetzt ist. Der Film, den wir träumen, ist vom Regisseur realisiert. Zur Beschreibung der Arbeit des Zuschauers scheint mir ein perspektivisches Modell angemessen: Die Deutung der rätselhaften Botschaft eines Einzelnen, die letztlich den Kern seiner Persönlichkeit ausmacht, schafft einen spezifischen Denkstil, der mit der ungeheuren Vielfalt eines Films oder auch einer Anzahl von Filmen in Interaktion tritt. Dabei entsteht ein oszillierender Prozess zwischen dem Material und dem eigenen Denkstil, der potenziell immer weiter getrieben werden kann. Die Aufgaben von Borges' Verfasser und Leser eines Texts ähneln sich. Der »glückliche Vers«, von dem Borges spricht, also das gültige Kunstwerk, zeichnet sich durch eine besondere Verdichtungsleistung aus, die dem Autor geglückt ist, die mit einer Spannung zwischen dem Dinghaften des Films, also den Formeigentümlichkeiten und den Bedeutungen zu tun haben. Form ist sedimentierter Inhalt. Der Autor (oder die Film-Crew) öffnet sich dem Anspruch öffentlicher Fantasien, die noch nicht geträumt sind, und transformiert sie in einen Film. Der Analytiker fügt dieser Transformation eine neue hinzu, indem er sich dem Kunstwerk in seinem So-Geworden-Sein öffnet. Ob er sich einen glücklichen Vers auf das Kunstwerk macht, wird davon abhängen, inwieweit es gelingt, den geglückten Transformationsprozess zu erfassen, aufzunehmen und in eine andere Sprache zu bringen.

Blau, *Weiß*, *Rot*, die Drei-Farben-Trilogie hat der 1941 geborene polnische Regisseur Krzysztof Kieslowski 1993 und 1994 gedreht. Kieslowski hat in den 60er Jahren an der Filmhochschule in Lodz studiert, über viele Jahre Dokumentarfilme gemacht. 1988 hat er mit dem Dekalog, einer Reihe von 10 kurzen Filmen über die 10 Gebote, seinen ersten Spielfilm vorgestellt. Sein

1991 – bereits in Paris – gedrehter Film *Die zwei Leben der Veronika* webt zwei Geschichten von kranken Künstlerinnen, einer polnischen Weronika und einer französischen Veronique ineinander. Weronika stirbt, Veronique überlebt. Die Trilogie *Drei Farben* präsentiert sich in den Farben der Trikolore in Blau, Weiß und Rot, die Kieslowski mit den Idealen der Französischen Revolution, der Freiheit, der Gleichheit, der Brüderlichkeit identifiziert. Nach dieser Arbeit hat er sich aus der Filmarbeit ins persönliche Leben nach Masuren zurückgezogen und ist 1996 an einem Myokardinfarkt verstorben. Bereits mit den Titeln verbindet sich ein Anspruch: In den ersten Jahren nach der Wende 1989 beschäftigt sich der polnische Regisseur mit den Losungsworten der Revolution von 1789. Er wendet sich einer Utopie zu, die das politische und kulturelle Leben in den dazwischen liegenden zweihundert Jahre tief geprägt hat, so das Verständnis von Kunst, Wissenschaft und Religion, wie auch der privaten Lebenswelt. Die Ideale der Revolution beeinflussten staatliche Organisationsformen und Nationalstaatenbildung, ferner die Kunst der Romantik und der nachfolgenden Moderne, die Philosophie des deutschen Idealismus, die von Hegel und erst recht die von Marx. Im »real existierenden Sozialismus« als einer vorgeblichen Realisierung dieser Ideale hat Kieslowski den größten Teil seines Lebens verbracht. Die Utopie ist auch in private Lebensformen tief eingedrungen, wirkte mit der Vorstellung der romantischen Liebe auf das Verhältnis der Geschlechter. Indem Kieslowski die Farben zu Filmtiteln macht, kündigt er eine Auseinandersetzung damit an, was diese Werte in der Umwälzung 200 Jahre später bedeuten, in einem Europa der Jahrtausendwende, dass gekennzeichnet ist durch den Verlust von ideellen Bezugssystemen. Es erscheint daher verlockend zu untersuchen, wie ein polnischer Autor nach dem Zusammenbruch des real existierenden Sozialismus Formen, Bilder, Töne und Sprache findet, die erlebten Veränderungen zur Sprache zu bringen.

Ich gehe bei dieser Untersuchung davon aus, dass die drei Filme eng auf einander bezogen sind – zusammengehörig wie die drei Farben der Trikolore. Sie sind rasch hintereinander entstanden, innerhalb von neun Monaten der Öffentlichkeit präsentiert, in nur zweieinhalb Jahren von der Konzeption an produziert. Sie zeigen auch vielfältige formale und inhaltliche Verbindungen.

Reiche hat seinen Vorschlag, ein Kunstwerk in seiner unbewussten Sinnstruktur zu erfassen, auf eine bestechend einfache Formel gebracht: »Wie ist das Kunstwerk gemacht? Was mache ich mit dem Kunstwerk?« Die hohe Komplexität von Filmen, die vielen Personen, die an seiner Entstehung beteiligt sind, lässt die Frage, wie der Film gemacht sei, von einer ganzen Reihe von Perspektiven betrachten, etwa: Wie ist das Drehbuch konzipiert, was machen die Schauspieler daraus, wie sind die Szenen gefilmt, wie sind sie geschnitten, wie ist der Film musikalisch gestaltet. Zbigniew Preisner, der Komponist der Musik zu den drei Filmen, hat sich zu seiner Zusammenarbeit mit Kieslowski geäußert: »Mich persönlich inspiriert ein Drehbuch oder ein Text mehr als ein fertiger Film ... In allen Drehbüchern von Krzysztof ist die Musik in gewisser Weise schon angelegt. Die Drehbücher besitzen ihre eigene Musik« (zit. n. Wollermann 2002, S. 1). Die musikalische Gestaltung des Drehbuchs lässt sich als die zeitliche Struktur in formaler und inhaltlicher Hinsicht verstehen. Bei meinen Bemühungen, der nachzugehen, habe ich viel einer musikwissenschaftlichen Arbeit zu danken, der sehr sorgfältigen Arbeit von Tobias Wollermann, der die Musik und ihre Einbindung in die drei Filme dargestellt hat.

Ich möchte jeden der Filme für sich analysieren und dem Regisseur bei den Verknüpfungen und seinem Resümee am Ende folgen, auf diese Weise eine Deutung der Gesamtgestalt versuchen.

Zum Film *Blau*:

Zu Beginn verfolgen wir eine lange Autofahrt über Tag und Nacht. Gefilmt wird zunächst durch die rollenden Räder. Blaues Staniolpapier fliegt davon. Ein kleines Mädchen schaut uns ernst an, schweigend, mit seinen Augen erblicken wir ein bewegtes Panorama, sind begleitet von Autofahrgeräuschen im »Kino« einer Autobahnlandschaft. Als das Auto hält – das kleine Mädchen verschwindet rasch in den Büschen – tropft Flüssigkeit auch aus dem Auto. Im Nebel taucht neben der Autobahn ein Jugendlicher auf, der mit einem Geschicklichkeitsspiel beschäftigt ist. Mit ihm werden wir Zeugen des Aufpralls des Autos. Nachdem sich das Auto um einen Baum gewickelt hat, wird es still, totenstill, die Leinwand wird schwarz. Das kurze Vorspiel endet mit einem Filmriss, einer Generalpause, einem Bruch.

Dann erst beginnt das Drama, die Entwicklungsgeschichte der Protagonistin – Julie – die den Unfall überlebt hat, während Mann und Kind gestorben sind. Wir begegnen Julie zuerst im Krankenhaus. Auf ihrer riesenhaft vergrößerten Iris bildet sich der Arzt ab, der die Botschaft vom Tode Patrices und Annas überbringt. Das Reduzierte dieser Filmszene ist ein eindrückliches Bild des fast vollständigen Rückzugs Julies, die sich in ihr Kissen vergräbt. Mit der Linse der Kamera sind wir auf den optischen Wahrnehmungsprozess konzentriert, erleben, dass Julie die Welt optisch und akustisch wahrnimmt, aber nicht begreifen, nicht fühlen kann, was ihr zugestoßen ist. Julies Auge wird am Ende des Films noch einmal in Großaufnahme gezeigt, nach der sexuellen Hingabe an Olivier. Es erblickt die wichtigsten Personen des Films, denen sie begegnet ist: den Zeugen des Unfalls Antoine, der gerade in seinem Zimmer aufwacht, die Mutter in ihrer Ängstlichkeit, sich nicht mehr in der Welt zurechtzufinden, Lucilles trauriges nachdenkliches Gesicht neben einer Stripszene im Nachtlokal, die hochschwangere Sandrine im Kreißsaal. Im darauf folgenden letzten Bild – hinter einer Glasscheibe geschützt – lächelt Julie und weint. Der Chor singt zum griechischen Text des Paulusbriefs an die Korinther:

> »Wenn ich mit Menschen- und mit Engelszungen redete, ... Hätte aber die Liebe nicht ... So wär' ich nur ein tönend Erz. Und wenn ich Prophetengaben hätte, ... Und durchschaute alle Geheimnisse ... Und besäße alle Erkenntnis ... Und wenn ich allen Glauben hätte, ... Sodass ich Berge versetzte ... Hätte aber die Liebe nicht ... So wäre ich nichts. Die Liebe ist langmütig. Die Liebe ist gütig. Alles erträgt sie ... Alles erhofft sie ... Die Liebe hört niemals auf ... Prophetengaben verschwinden ... Sprachengaben hören auf ... Erkenntnis vergeht. Für jetzt bleiben ... Glaube, Hoffnung, Liebe ... Diese drei. Am höchsten aber steht ... die Liebe« (1. Kor. 13, zit. n. Wollermann 2002, S. 68f.).

Julie macht eine traumatische Erfahrung. Der psychoanalytische Begriff des Traumas hat in der Geschichte der Psychoanalyse zwei Gesichter. Das Trauma – so Freud – bricht in den psychischen Raum ein und verändert damit Wahrnehmung und Affekt, ist Ursache der Neurose. Zugleich ist in Freuds Denken das Trauma konstitutiv für die Entstehung von Subjektivität überhaupt. Es ist der Mangel, das Nichtverstehen, der Verlust, in denen Denken und Kreativität gründen.

Kieslowski spannt einen weiten Bogen, von der Katastrophe zum religiös überhöhten erotischen und musikalischen Fest, Höhepunkt der affektiven und musikalischen Entwicklung dieses Films. Zbigniew Preisner berichtet: »Ich schrieb diese Musik vor den Dreharbeiten, denn sie bestimmt die Atmosphäre des Films. Noch bevor die erste Einstellung gedreht wurde, wussten wir, wo jedes einzelne Stück plaziert würde« (zit. n. Wollermann 2002, S. 67). Komponieren, Tonfolgen machen erscheint als kreatives Prinzip. Auf diesem Hintergrund zeigt Kieslowski das Schauen als Kern des Filmschaffens und der Filmerfahrung in der Rahmung der Handlung durch die beiden geöffneten Augen. Während Julie in der ersten derartigen Szene dem äußeren Geschehen passiv ausgeliefert ist, verfügt sie am Ende über eine Welt innerer Bilder. Es geht um die Konstitution von Subjektivität: Sich entwickeln heißt, eine Liebesgeschichte entwickeln, innere Objekte und Objektbeziehungen. Sich als Subjekt erschaffen verbindet sich mit dem Wahrnehmen der Anderen als getrennter – ganzer – Objekte.

»Mein Mann und meine Tochter sind tot. Ich habe kein Haus mehr. Ich war glücklich. Sie haben mich geliebt und ich sie. Jetzt habe ich verstanden, dass ich nur noch eines tun will: nichts. Keine Erinnerungen, keine Freunde, keine Liebe, das alles sind nur Fallen!« Diese Haltung formuliert Julie in der Mitte des Films ihrer Mutter gegenüber, spricht aus, was bisher stumm ihre Einstellung zur Welt bestimmt hat. Diese Haltung verliert atmosphärisch zunehmend an Bedeutung. Das geschieht durch die Musik, die den Wandlungsprozess auf der inhaltlichen wie der formalen Ebene immer neu vorantreibt.

Julie ist Musikerin, Komponistin, wird von Musik ergriffen, berührt. Im Verlauf des Films erreicht der Straßenmusiker Julie in Momenten der Muße, zuerst im Café beim Ritual von Eis und Kaffee, dann in der Szene, in der sie in der Sonne döst. Die Leinwand wird weiß, lässt freundliche Weiten assoziieren. Dann hievt eine uralte Frau eine Flasche in den Glascontainer. Das dritte Mal hört sie dem Flötisten zusammen mit Olivier zu, und während sie diesen im Dialog abweist, sind die beiden beim Hören der Melodie ein Paar, das mit der Erinnerung an Patrice beschäftigt, davon berührt ist. Tatsächlich ist diese Melodie der sehr ähnlich, die Julie noch im alten Haus in Patrices Notentext studiert, auf ihrem Flügel gespielt, abrupt mit dem Knall des Klavierdeckels beendet hat. Diese Musik Patrices begleitet dann die erste sexuelle Szene mit Olivier, ein wenig später erklingt sie gedämpft, sehr sanft als das Wiegenlied im Treppenhaus. Das Chaos der Sexualität und das Chaos der Aggression sind abgespalten, wie sie selbst ausgeschlossen aus ihrer Wohnung im Treppenhaus hockt, aber von einer musikalischen Decke umhüllt. Ein entscheidender Wendepunkt des Films ist erreicht, als Julie erstmals diese Melodie mit einer zweiten zusammenbringt, die sich verschränken: als sie zu komponieren beginnt.

Die zweite Melodie ist die Trauermusik, die ein Blechbläserensemble bei der Beerdigung von Patrice und Anna gespielt hat, die Julie am Fernsehschirm verfolgt hat. Insgesamt fünf Mal überfällt sie diese Melodie im Verlauf des Films, damit verknüpft, dass die Leinwand für einen Augenblick schwarz wird. Diese schwarze Leinwand führt in ihrer formalen wie der Ausdrucksgestalt zum Moment der Katastrophe zurück, und damit in die Welt von

Schmerz und Trauer über den Verlust. Es sind Momente, in denen nichts sichtbar ist, die aber affektiv sehen machen. Die Musik formt sich vor der Sprache, sie überwältigt, sie versteht und lässt Neues entstehen.

Das erste Mal überfällt Julie die Musik noch im Krankenhaus. Man hat den Eindruck, dass sie sich damit der Zudringlichkeit der Journalistin entzieht, dass sie über die Irritation in schmerzliche Untiefen gerät. Bei der Begegnung mit Antoine ist das Kettchen mit dem Kreuz, das er ihr wiedergibt, Anlass für die Wiedergabe der Musik. In der anschließenden Schwimmbadszene überfällt sie das Thema noch einmal und verbindet sich hier mit einem zweiten, dem von Patrice. In einer späteren Szene im Schwimmbad sieht Lucille Julie weinen. Julie sagt »Es ist nur Wasser«, aber die Tonfolge der Trauer fällt in sie ein. Ein letztes Mal überwältigt sie die schmerzliche Melodie, als Olivier die mehrjährige Liebesbeziehung von Patrice mit Sandrine bestätigt. Aber inzwischen kann sie die Überwältigung ertragen, sich gedanklich mit der Vergangenheit auseinander setzen, sagen: »Ich will sie kennenlernen«.

Da ist bereits ein neues in die Zukunft gerichtetes Thema da. Olivier hat ihr auf dem Flügel vorgespielt und – offenbar nicht ganz zufrieden mit dem, was entstanden ist – verweist sie auf den Text in einem Buch, wie wir später erfahren den aus dem Korintherbrief: »Wenn ich mit Menschen- und mit Engelszungen redete und hätte der Liebe nicht, so wäre ich ein tönend Erz oder eine klingende Schelle« (1. Kor. 13, 1). Julie zeigt die Bibelstelle, und in einer ganz vertrauten Nähe zwischen den beiden summt Olivier die neue Melodie. Der Text bleibt unausgesprochen, Julie fragt nach Sandrine und macht sich auf den Weg, sie kennen zu lernen. Als sie sich wenig später von der Mutter abwendet, umhüllt sie das neue Thema wie eine Lebensmelodie. Jetzt entwickelt sich vor unseren Augen und Ohren die Musik zwischen Julie und Olivier. Patrices Notenschrift wird entziffert, die Instrumentierung ermöglicht die Wiedergabe, die Deutung der Gabe des Toten. Julie hatte ihre Notenkorrekturen in blauer Farbe geschrieben. Jetzt geht es um Klangfarben, die Musik, die zwischen den Noten ist. Mit den Stimmen der Musiker, wird mit Menschen- und Engelszungen geredet und die Liebe hat das melancholische Begehren, nichts zu begehren, endgültig überwunden. Die Komposition erklingt leidenschaftlich zu der angedeuteten Liebesszene des Paares. In seiner Bildsprache ist Kieslowski vorsichtig, er deutet an, deutet hin auf eine symbolisierte und symbolisierende Welt. Die sich einander hingebenden Liebenden zeigt er hinter einer beschlagenen Scheibe, verschwimmend auch die Erinnerungsbilder von den Hauptgestalten des Films, die wir durch eigene ergänzen mögen. Dagegen erlaubt er sich bei der Musik – zur Vereinigung

Europas – ein in keiner Weise ironisch gebrochenes Pathos in überschwänglichem New Age Stil. Die Schlusseinstellung zeigt Julie durch eine Glasscheibe, in einer Ferne, die so nahe kommt: Julie lächelt und weint.

Betrachtet man den Film von der musikalischen Struktur des Drehbuchs her, folgt die erzählte Geschichte dem Duktus einer Dokumentation, einer linearen Zeitstruktur, überlagert von zyklischer Zeit, der der Fiktion. Der Prolog zeigt sich ja als Reise, in der Struktur Aufbrechen, Durchqueren des Raumes und Ankommen. Das Ankommen ist dann der Unfall, das Trauma, das Julie in eine unerträgliche innere Situation von Verzweiflung und Starre wirft, ich möchte sagen: in eine unbewusste Verfassung, den Lauf der Zeit unterbrechen zu wollen und auf Dauer – identifiziert mit den Toten – in der versteinerten, toten Verfassung zu bleiben.

Das Trauma zerstört Sinn und verlangt damit nach neuer Sinngebung: Der Klavierdeckel fällt und beendet die begonnene Tonfolge. Etwas Ähnliches geschieht in den zwei Szenen, in denen die Chöre aus dem Konzert gesungen werden und in der ersten Version von den mahlenden Geräuschen des Müllautos übertönt, in der zweiten Version nach Szenenschnitt von den piepsenden Mäusen begleitet werden. Die Geräusche und ihre Abwesenheit sind genauso durchkomponiert wie die auftauchenden und einfallenden Melodien. Die charakteristischen Geräusche, die der Autobahnfahrt, die zersplitternde Glasscheibe im Krankenhaus, der Lärm im Treppenhaus bei der Gewaltszene, die piepsenden Mäuse wie in einigen Sequenzen die Stille machen Musik und zerstören sie zugleich, sie zerstören den metaphorischen Raum und stellen zugleich dessen Zerstörung dar. Tief beeindruckend ist etwa die Totenstille nach dem Aufprall des Autos.

Das musikalische Modell, nach der die Szenenfolge strukturiert ist, ist das von Themen mit Variationen. So sehen wir viermal Julie ins Wasser des blauen Hallenbads springen. Ihre Bewegungen, ihr Zur-Ruhe-Kommen, Tauchen, Auftauchen, Aussteigen und in der letzten Szene die Totenstille, als sie unter Wasser ist, erzählen uns leibhaftig von ihrer seelischen Verfassung. Zyklische Zeit ist anders als die mechanisch gemessene Zeit in den Lebensrhythmen begründet, im Körper. Sich im Wasser zu bewegen, scheint ein Versuch, sich der eigenen – zu allererst körperlichen – Existenz zu versichern.

Julie lässt sich von der Flötenmelodie des Straßenmusikers anrühren. Unmittelbar folgt der Kopfsprung ins Wasser, die kräftigen Bewegungen brechen die zarte innere Bewegung ab, lassen zugleich die in ihr steckende Kraft ahnen, die ihr wieder zur Verfügung stehen wird. Die zweite Schwimmbadszene schließt an die Begegnung mit Antoine an, dem Zeugen des Unfalls, der ihr ein Kettchen und die letzten Worte Patrices bringt, Verbindung zu ihrem Mann, zur Vergangenheit, zum Verlust. Im Schwimmbad überfällt sie die Trauermusik. Die Musik kommentiert, was geschieht und geschehen muss: Trauerarbeit, Verlorenes erinnern und es sich damit wieder aneignen. In der dritten Schwimmbadszene weint Julie. Sie ist den ängstigenden Konflikt mit der Mäusefamilie angegangen. Julie fürchtet sich vor Mäusen, hat sich immer vor Mäusen gefürchtet, will umziehen. Jetzt hat sie den Kater in die Wohnung gelassen, an die Stelle von Vermeidung ist gezielte Aggression getreten. Und gleichzeitig kann sie erstmals Hilfe – die von Lucille – wirklich annehmen. Als Lucille geht, stürmt eine Horde Kinder ins Schwimmbad – die Welt füllt sich mit neuem Leben. Die vierte Schwimmbadszene markiert den Höhepunkt des inneren Konflikts. Julie ist der hochschwangeren Sandrine begegnet, der langjährigen Liebschaft ihres Mannes und muss nun dessen Untreue verschmerzen, muss verschmerzen, dass Sandrine ein Kind von Patrice zur Welt bringen wird. Die Desillusionierung ermöglicht aber auch die Entidealisierung des verlorenen Objekts, es ist jetzt doppelt verloren. Sie kann sich abwenden, sich innerlich trennen.

In zwei ähnlichen Szenen begegnet sie dem Makler. Zuerst vermittelt er ihr genau die Wohnung, die sie gerade braucht. Sie kann sofort einziehen, die blaue Leuchte aus Glas aufhängen. Als sie wegen der Mäuse eine neue Wohnung, »noch so eine« braucht, mutet der Makler ihr zu zu warten. Die Versagung des Wunsches weckt Julies Vertrauen in ihre eigenen Kräfte, in ihre Kreativität. Statt den Konflikt und mit ihm die Realität zu vermeiden, geht sie die Situation an, akzeptiert den Triebgrund von Wirklichkeit, Geburt, Generativität und Tod, den Lauf der Zeit, der Lebenszeit, der sich nicht umkehren lässt.

Wieder in zwei Szenen besucht sie die Mutter. Beide Male trifft sie die demente Mutter in ihrem Zimmer im Altenheim vor dem Fernsehapparat an, gefangen in einer Welt, in der sie dauernd in eine Sehwelt eintaucht, ohne etwas zu erkennen, ohne, dass ein Bild in sie hineingine, so wenig wie das der Tochter, die sie beharrlich mit ihrer Schwester verwechselt. Das Fernsehen steht für das unentwegt präsente Visuelle. Untermalt von gefälligem Gedudel steht es in entschiedenem Gegensatz zu dem als Komposition von Bildern und Tönen gestalteten Film. Zu sehen ist ein alter Mann beim Bungeespringen und ein Seiltänzer mit der Balancierstange, es geht offenbar um Rückversicherungen gegen tödliche Abstürze. Der Film dagegen, der mit einer tödlichen Katastrophe begonnen hat, erhebt den Anspruch, Sehen im Sinne von Erkennen zu ermöglichen, einen Raum der Reflexion zu öffnen, in dem es eine Differenz zwischen dargestelltem Gegenstand und Bild gibt, einen eigenen Blick auf die Welt. Beim zweiten Besuch wendet sich Julie ab von der fernsehenden Mutter, wendet sich damit auch ab von der toten, sie quälenden Vergangenheit und wendet sich der Zukunft, ihrem eigenen Leben zu.

Das Variationsprinzip findet sich auch in einem berührenden Modus, wie Szenen sich aneinanderfügen. Wenn Julie zur Mutter sagt: »Jetzt habe ich verstanden, dass ich nur noch eines tun will: nichts. Keine Erinnerungen, keine Freunde, keine Liebe ...« spricht sie genau über das, was die Mutter tut. Beide suchen Erlebensformen, wo »nichts« repräsentiert wird. Dabei überlässt sich die Mutter der Bilderflut des Fernsehapparats, Julie ihrem Körper: der hilflosen Geste, den Kindersarg auf dem Fernsehschirm zu berühren, der oral-aggressiven Vernichtung des blauen Lutschers, dem Schrammen der Haut, dem Schwimmen, der Sexszene ohne Bilder. Assoziativ in den Kontext eingefügt ist auch die Szene im Stripteaselokal, in dem es doch um Voyeurismus geht, wo Julie an der Leinwand hängen bleibt, auf der in einer Fernsehsendung Bilder ihres verstorbenen Mannes gezeigt werden. In ähnlicher Weise legt das Kettchen mit dem Kreuz, das ihr Antoine bringt, die Spur zu dem, das Sandrine trägt. Das Verdoppeln taucht im Witz auf, den Patrice unmittelbar vor dem Unfall erzählt hat. Er pflegte die Pointe zweimal zu erzählen. So kann Antoine Julie etwas zutiefst Persönliches zurückbringen, das sie berührt: Sie lacht.

Die Bedeutungsschichten, die die musikalische Konzeption des Drehbuchs anspricht, ist die Welt frühen seelischen Erlebens. In scheinbar Zufälligem, sorgsam Beobachtetem verdichtet sich immer wieder der affektive Prozess des Filmes. So hüpft nach dem Aufprall des Autos ein Wasserball verloren über das unwirtliche Feld, einen Ort der Leere, kündet von ganz anderen Plänen, die nun zunichte geworden sind. Ritualisiertes wie »Kaffee und Eis wie immer« wird filmisch verdichtet in den Intérieurstudien im Café, etwa der in Ausschnitten gezeigten Tasse, dem Zuckerwürfel, der sich mit Kaffee vollsaugt, dem Löffel, der rhythmisch in einem Glas klappert. Eine besondere Form der Verdichtung, der Symbolisierung geht über die Farbe Blau und ganz besonders über das blaue Mobile. Der schmerzhaften Erinnerung an ihr Kind zu entgehen, hat Julie das »blaue Zimmer« ausräumen lassen. Nichts Blaues soll übrig bleiben. Doch der Film spielt mit blauen Lichteffekten, und es gibt vielfältige blaue Objekte: Ganz zu Anfang flattert das glitzernde blaue Einwickelpapier aus dem Autofenster. Julie ist in dunkles Blau gekleidet. Blau ist die Mappe mit den persönlichen Dingen Patrices. Blau sind Julies Korrekturen in den Noten. Blau, eine kühle Farbe, ist die Farbe der Sehnsucht, blau ist die Blume der Romantik und die blue note des

Blues. Die Leuchte aus blauem Glas bleibt übrig. In steter spielerischer Bewegung, in immer neuer Gestalt, kann das leuchtend blaue Ding Julie ans Herz rühren, und wird für sie zum festen Punkt, der sie in die neue Wohnung und auf ihrer inneren Reise begleiten wird.

Es erscheint als ein Symbol für die Rhythmisierung, das Spiel mit wechselnden Themen, die variiert werden, Melodien, die ihre Klangfarbe, Szenen, die ihre Atmosphäre verändern, sich mit anderen verschränken, sodass Neues und damit lineare Zeit entsteht. Es geht um eine mütterliche Welt, die hält und entlässt – nicht umsonst vollzieht sich die erzählte Zeit des Films im Verlauf einer Schwangerschaft.

Die Entwicklung des Films eilt auf einen Zielpunkt hin. Kieslowski spricht von der dramaturgischen Funktion der Musik: »Sie sollte die Handlung vorantreiben, Emotionen wecken, wie eine Filmfigur und sie sollte den Film krönen und beenden« (zit. n. Wollermann 2002, S. 69). Dies geschieht mit dem Chor zum Text des Apostel Paulus, der von der Liebe spricht, damit die Frage nach den Beziehungen der handelnden Personen stellt.

Der Film zeigt die Bewegung von Julie aus ihrem fast vollständigen Rückzug aus der Welt in eine Liebesbeziehung hinein. Die Musik verkündet die Botschaft des Neuen Testaments im griechischen Urtext. Im sexuellen Akt mit Olivier tauchen in Julie die wichtigsten Personen des Films auf, denen sie begegnet ist. Eine innere, von Affekten getragene, eine symbolische Welt ist entstanden. Was erreicht ist, ist die Verinnerlichung der Objektbeziehungen. Die leibhaftige Entwicklung der Beziehungen dagegen bleibt skizzenhaft. Wir wissen einfach, dass Olivier Julie liebt, schon lange geliebt hat. Er zeigt sich auf einer Beziehungsebene zunächst als Teil der beschriebenen mütterlichen Welt. Mit seiner unverwandten Liebe und Zuneigung ist er ganz auf Julie eingerichtet, die mehr oder weniger diktatorisch ihre Wünsche, die von körperlicher Nähe und die von Abgrenzung an ihn richtet, die er erfüllt. Sein eigenes Begehren geht zunächst ganz darin auf, Julie ihr Begehren finden zu lassen. Ganz deutlich wird das, als er Julie die Position zugesteht, ihn zum Objekt der Zuschauer zu machen: Es ist nicht eine Frau, die der Regisseur sich für uns entkleiden lässt, sondern eine schöne Schauspielerin fordert einen Mann dazu auf. Er ist es aber auch, der am Ende sich darum bemüht, Ebenbürtigkeit herzustellen und damit eine neue Beziehung. Damit, dass er am Ende des Films den Separationsschritt wagt, Getrenntheit herstellt, übernimmt er zugleich eine väterliche Rolle. Es sind die Melodien Patrices, in dessen Namen der Vater mitklingt, die gemeinsames Hören, Sich-Ergänzen und schließlich Getrenntheit und Vereinigung möglich machen.

Auch die anderen Figuren des Films sind deutlich als Teil der inneren Welt Julies, als symbolische Verdichtungen von Erfahrung zu beschreiben, jedoch nur skizziert als Personen, die unabhängig von ihr existieren und mit ihr in Beziehung treten. Die Mutter ist in ihrer eigenen Welt versunken, spiegelt Julie ihren Rückzug vor der Welt. Der Makler scheint ganz der jeweiligen Entwicklung Julies, ihren basalen Bedürfnissen angepasst. Die Kopistin ist die Bewahrerin der Schrift, die Journalistin pure Zudringlichkeit. Antoine ist Zeuge des Unfalls, schon sein Geschicklichkeitsspiel weist auf die Rolle des Schicksals und des Zufalls hin. Er bringt ihr die letzten Worte des Toten, die Pointe eines Witzes. Witze bestechen durch ihre Unmittelbarkeit, mit der zum zweiten Mal erzählten Pointe erhält Julie etwas Cahrakteristisches, eine unverwechselbare Eigenheit ihres Mannes zurück. Mit Lucille taucht die Welt kindlich-sexuellen Spiels auf, Dringliches, Beschämendes, aber auch Verspieltes: Das blaue Mobile kommt in Verbindung mit kindlichen Wünschen. Die Begegnungen mit Sandrine bleiben als Beziehungsgeschichte zweier Frauen, die den gleichen Mann geliebt haben, ganz dunkel. Sandrine ist in der inneren Welt Julies die Trägerin des neuen Patrice, des Neuen, der Zukunft, von etwas, über das sie keine Verfügung hat. Lediglich die Haushälterin lässt früh etwas von eigenem Schmerz fühlen, aber auch sie sagt auf Julies Frage, warum sie weine: »Vielleicht, weil Sie nicht weinen«.

Die Liebe, die am Ende pathetisch besungen wird, ist die Liebe zum Leben, zum unverwechselbaren Leben des Einzelnen, zu der die Versöhnung mit dem Leid, mit dem Schmerz der Getrenntheit vom primären Objekt gehört.

Die Katastrophe, die Julie überwindet, ist die eines unerträglichen Verlusts. Die erlebte Geschichte des Todes der kleinen Tochter namens Anna des Ehemanns namens Patrice, mit dem sie sich in liebevoller oder konflikthafter Weise verbunden gefühlt hat, sind nicht ausgearbeitet. Das Skizzenhafte deutet das Traumatische als Einbruch, als schieren Verlust. Zum Trauma gehört, dass das gute Primärobjekt innerlich verloren geht, unzugänglich wie im Film die demente Mutter. Zugang zur Welt geschieht durch erneuten Einbruch der Realität, der Mäusefamilie in der Speisekammer, der Schwangerschaft Sandrines. Berührend im doppelten Sinn ist Julies Streicheln des Kindersargs auf dem Bildschirm bei der vom Fernsehen aus verfolgten Trauerfeier. Die Erinnerungen, die Julie erträgt und die ihr möglich machen, innerlich lebendig zu werden, sind zunächst ganz konkrete Dinge, das blaue Mobile der kleinen Anna und der Witz, die letzten Worte Patrices.

Blau handelt von der Freiheit, vom Hoffen, Glauben und Lieben des Einzelnen, hier der Julie, die nach einem unerträglichen Verlust sich als ein Subjekt konstituiert, das wünscht und begehrt, sich kreativ gestaltet und gleichzeitig sich seine Welt erschafft. Dieses Subjekt ist wie das Freud'sche Ich allererst ein körperliches. Es ist auch die Konstitution des schöpferischen Subjekts, die des Filmemachers Kieslowski, der mit diesem Film zur Wende seine Trikolore der künstlerischen Freiheit schwenkt, und – einen Schritt hinterher: die von uns als Kinozuschauer. Das Pathos der Musik kündet von einem Schöpfungsprozess. Die Musik kündet von der Freiheit der vielen Einzelnen, das je eigene endliche Leben zu leben. Die Sinfonie Patrices soll gleichzeitig von 12 Sinfonieorchestern in Europa gespielt werden: ein einziges Mal.

Blau ist der Film der Julie, der Juliette Binoche, die durch traumatische Erfahrungen gelähmt in Bewegung kommt, in eine musikalische und gefühlshafte Bewegung, in die sie die Zuschauer mitnimmt. Diese Bewegung wird möglich in einer hinreichend verlässlichen, zugewandten, wenig irritierenden realen Welt, die das repräsentiert, was Winnicott eine »good enough mother« nennt. So spiegelt Juliette Binoche in der Schlusseinstellung die Berührtheit der Zuschauer: Sie weint und lächelt zugleich.

Zum Film *Weiß*

Der Film beginnt mit dem Bild eines Koffers, der mit dem Transportband am Flughafen vorwärts bewegt wird. Dazu erklingen kurze Phrasen einer später immer wieder auftauchenden melancholischen Melodie. Erst nachträglich erfahren wir, dass in diesem Koffer die Hauptfigur des Films – Karol – versteckt ist. Während *Blau* mit einer Autoreise begann, die doch Selbstbewegung, autonome Bewegung assoziieren lässt, beginnt dieser Film mit dem Bewegt-Werden, Geschoben-Werden.

Dann setzt der erzählende Film ein mit einer Szene im Gerichtssaal. Im Pariser Palace de la Justice wird eine Ehescheidung verhandelt. Die Szene erscheint voller Widersprüche: Man möchte sagen: Hier wird keine Ehe geschieden, sondern eine schöne junge Frau, eine selbstbewusste Französin mit dem Namen Dominique, führt dem Hohen Gericht, älteren Männern, ihren impotenten Mann, Karol, einen Polen vor, der sich vor dem französischen Gericht nur schwer vertreten kann. Scheidungsgrund: Die Ehe wurde nie vollzogen. Sie liebt ihn nicht mehr. Er bittet um mehr Zeit, kann aber nichts ausrichten gegen die Routine des Gerichts. Die junge Frau sagt auch und zwar auf Französisch, sie wolle ihre Ehe retten, aber die vorgebrachten Fakten bestimmen das Urteil der Richter. Karol fühlt sich wegen seiner unzureichenden Französischkenntnisse benachteiligt und ruft in den Saal: »Aber wo, wo ist denn da die Gleichheit?« Die Ungleichheit ist durch den Machtunterschied bestimmt.

Zu einem Fenster schaut Julie herein, stellt die Verknüpfung zu *Blau* her. Ging es dort um die Konstitution des Subjekts, einer Frau, scheint sich dieser Film einem Paar zuzuwenden. Gleichheit braucht den Vergleich, braucht mindestens zwei.

Das Ideal der Gleichheit der französischen Revolution meint nicht zuletzt die Gleichheit vor dem Gesetz und maßgeblich die von Mann und Frau. Aber was wird in diesem Gerichtssaal eigentlich verhandelt? Beide Partner wollen ihre Ehe retten und doch wird sie geschieden. Karol gibt sich Fantasien hin, hat Dominique, die im weißen Hochzeitskleid durch die Kirche eilt, vor Augen, – und als der Richter eine Frage an Dominique stellt, hat offenbar auch sie geträumt: die gemeinsame Erinnerung. Ging es in *Blau* wesentlich um die Komposition des Films, das Erschaffen einer zeitlichen Struktur, bringt Kieslowski hier die Bedeutung von gemeinsamen Träumen, Fantasien, Erinnerungen für den Film ins Spiel. Die Hochzeitsfantasie taucht ganz zu Ende des Films noch einmal auf, sie wird diesmal mit einem Kuss beschlossen – und jetzt ist es umgekehrt: Zunächst träumt Dominique diese Szene und erst anschließend erscheint Karol auf der Leinwand, der die Erinnerung mit ihr teilt. Es geht offenbar um gemeinsame Träume und Erinnerungen, um Gleichklang. Und Gleichklang besteht nicht mehr, so befindet das richterliche Urteil.

Das Ende des Films ist wieder mit dem Paar befasst. Karol steht im Gefängnishof und schaut sehnsüchtig hinauf zum vergitterten Fenster, hinter dem sich die Geliebte zeigt. Karol hat feuchte Augen, ein liebender Vagant und Minnesänger, der Tränen um sich und seine unerreichbare, von bösen Mächten gefangen gehaltene Geliebte weint. Mit seinem Blick besitzt er Dominique, kann mit dem Zoom seines Fernglases auch die Gitterstäbe und den Maschendraht zum Verschwinden bringen. Sie bedeutet ihm pantomimisch, dass sie ihn heiraten wird, wenn sie frei kommt. Wir wissen, er hat sie aus enttäuschter Liebe, aus Rache in dieses Gefängnis gebracht. Mit der Linse seines optischen Geräts hält er sie fest, und dennoch gelingt ihr es – ohne einen eigenen Bewegungsspielraum zu haben, – seinen Blick einzufangen, ihn zu bannen. Die Polarität der Geschlechter zeigt sich als extreme Differenz von Macht und Ohnmacht, aber die Gefühle scheinen ironischerweise jetzt im Gleichklang zu sein.

Von der Ohnmacht des Eingesperrtseins im Familienkoffer zur Macht des Blicks, der den liebevollen Augenkontakt ermöglicht, entwickelt Kieslowski Karols Welt und entfaltet zugleich sein Handwerk des Darstellens und Zeigens. Zwei sexuelle Szenen mit Dominique finden sich einerseits fast unmittelbar nach der Eingangsszene und unmittelbar vor der Schlussszene. Erstere illustriert das Scheidungsurteil, Karol reagiert impotent. Dominique wirft ihn aus ihrem Laden, den sie selbst anzündet, droht ihm, ihn der Polizei als Brandstifter anzuzeigen. Die zweite dokumentiert die radikale Veränderung der Macht- und Potenzverhältnisse. Dominiques Orgasmus in höchsten Tönen ist nur wenige Stunden später von ihrer Verhaftung gefolgt, da ihr der Mord an ihrem Ehemann zur Last gelegt wird.

Diese Veränderung, Karols Entwicklung, wird musikalisch begleitet. Ging es in *Blau* um die Einfälle, geht es hier fast ausschließlich um ein Wechselspiel von zwei musikalischen Bewegungen, einer melancholischen Melodie und einem Tango. Wollermann, hat ihnen die melancholische und die komische Seite Karols zugeordnet. Ich verstehe sie eher als die zwei inneren Bewegungen Karols im Konflikt. Sie kommentieren seine Motive, stellen Zusammenhänge in der Szenenfolge her, die die musikalische Gestalt einer Suite zeigt.

In die Filmhandlung einbezogen ist Musik in zwei Szenen. Karol – er ist im Übrigen Friseur – bläst auf dem Kamm ein polnisches Soldatenlied aus den 30er Jahren. Das erste Mal, als er es in einer desolaten Verfassung in der Pariser U-Bahn spielt, um sich ein paar Francs zu verdienen, wird er mit dieser sentimentalen Erinnerung von einem Anderen, Mikolaj, als Gleicher, als Landsmann erkannt, findet so den Weg nach Polen. Das zweite Mal wird das Lied als gemeinsame Erinnerung inszeniert. Karol und Mikolaj sind jetzt dabei, ihrer neuen Existenz in Polen ein angemessenes Äußeres zu geben. Die beiden mieten Räume für ihre Importfirma. Ganz Warschau liegt ihnen zu Füßen.

Der Text des Liedes wird nicht gesungen. Mir erscheint er jedoch bedeutsam zu sein. Auch der Text aus dem Korintherbrief in *Blau* wird im griechischen Urtext gesungen, also nachträglich erst verstanden. Der Liedtext heißt in der Übersetzung:

> »Heute ist unser letzter Sonntag. / Heute verlassen wir einander / Heute trennen wir uns von einander / Für alle Ewigkeit. / Für Dich wird es noch viele solcher Sonntage geben, / Und wer weiß, was aus mir wird? / Das ist unser letzter Sonntag, / Und alle Träume, die ich träumte, / Das so ersehnte Glück – / Vorbei. / Das ist unser letzter Sonntag, / Also verweigere ihn mir nicht. / Sieh mich zärtlich an, / Ein letztes Mal« (zit. n. Wollermann 2002, S. 91).

Von einem Klischee der Polarität, der Ungleichheit der Geschlechter ist die Rede, dem bedrohten Mann, der in die feindliche Welt hinaus muss, der Frau, die in ihrer Sonntagswelt zu Hause bleiben kann. Die melancholische Melodie scheint mir die Sehnsucht nach dieser weiblichen Welt, nach dem Sonntag der Ruhe, nach dem Glück der Passivität zu repräsentieren, während der Tango für Karols ja durchaus erfolgreiche Bewegung in die feindliche Welt steht.

Die Wendung von Passivität in Aktivität ist eine Wendung von Innen nach Außen. Sie gelingt im Spiel, im Spielfilm, zu dem erst nachträglich die Musik komponiert wurde. Die melancholische Melodie taucht motivisch zunächst in der Eingangsszene auf. Als ganze Melodie gehört sie zur Gerichtsszene mit der Erinnerung an die Hochzeit. Ihre slawische Herkunft verrät sie mit der Zigeuner-Molltonleiter. Bei der ersten sexuellen Szene endet sie abrupt, als Karol impotent reagiert. Man könnte fragen, ob sie abrupt endet, weil er impotent wird oder ob er impotent reagiert eben wegen dieser Musik, verstanden als Überhandnehmen der passiven Wünsche, der überwältigenden Sehnsucht. Zu letzterer Hypothese könnte passen, dass die Impotenz erst mit der Hochzeit, sozusagen, »als es ernst wurde« auftrat. So begleitet diese Melodie auch die Szene, in der Karol Mikolaj das Fenster von Dominiques Wohnung zeigt, er dort einen anderen Mann durch das Fenster entdeckt. Sie gehört zu einer Kippfigur von Eingeschlossensein und Ausgeschlossenwerden, Kind in der Dyade oder im Mutterleib oder aber Dritter gegenüber einem Paar zu sein.

Den Tango hören wir dann zum ersten Mal, als Karol auf einer Müllhalde von ein paar Gangstern, die ihn mitsamt seinem Koffer geklaut haben, verprügelt wird. »Endlich zu Hause« ruft er, endlich zu Haus in der Männerwelt, könnte man verstehen, in der man mit einem blauen Auge davon kommt und nicht so tief verletzt wird. Endlich nicht mehr im Koffer der weiblichen Welt eingesperrt! Endlich unter Schmerzen geboren! Die Gegenbewegung folgt unmittelbar. Sie ist zunächst nicht musikalisch gestaltet. Der ziemlich angeschlagene Karol wird von seinem Bruder mit Suppe versorgt, und damit getröstet, dass »die Weiber« alle von ihm frisiert werden wollen. Der Bruder, das Geschwister gleichen Geschlechts übernimmt eine mütterliche Funktion. Karols Sehnsucht richtet sich auf die in Paris besorgte Büste einer jungen Frau, die er repariert und liebevoll streichelt. Er steigt ein wenig in den alten Beruf ein, um sich dann entschieden ins feindliche Leben zu wagen, das repräsentiert ist durch das Polen unmittelbar nach der Wende. Da gibt es eine Menge zum Thema Gleichheit respektive Ungleichheit zu sagen, was offenbar nur mit Humor zu ertragen ist. Sehr passend erscheint mir der Kommentar Krzysztof Piesiewicz, des Co-Autors des Drehbuchs:

»Als wir das Buch zu Weiß schrieben, dachten wir uns, dass es vielleicht an der Zeit wäre, vom Wahnsinn unserer polnischen Realität zu erzählen. Und dazu dachten wir an Chaplin. Karol Karol (unser Charlie auf Polnisch) hat, hoffen wir, auch etwas von seiner Poesie. Wir dachten auch an Brueghel und Fellini, denn es ist unmöglich, ohne Humor die Absurdität, die wir heute erleben, zu beschreiben. Die Polen sind unsagbar komisch, wenn sie auf einen Schlag fünfzig Jahre Kommunismus vergessen und von heute auf morgen Kapitalisten werden wollen. In diesem Licht muss man Karol Karol sehen ...« (zit. n. Wollermann 2002, S. 93).

Die affektive Qualität des Komischen gehört zur Abwehr der Melancholie, die Absurdität mit Humor zu nehmen, heißt, die traurigen Gefühle zu ertragen.

Aus Paris, der Stadt der Französischen Revolution, hat Karol die Büste aus Stein mitgebracht und ein Zwei-Francs-Stück. Geld als Macht- und Steuerungsmittel kommt aus dem Westen, schafft Ungleichheit. Geld scheint sogar die Macht des Todes in Frage stellen zu können, vor der doch alle gleich sind. Das Geldstück bleibt an seiner Hand kleben, als er sie in den Fluss werfen will. Dazu klingt der Tango. Er beschließt, sich ins Getümmel der Aufsteiger zu begeben und wird mit Tangomusik Bodyguard bei einem Immobilienhai. Daheim in seinem Zimmer lernt er Französisch und küsst die kleine Büste, aber draußen bewährt er sich als Wildwestheld. Die beiden Strebungen, die musikalischen Bewegungen repräsentieren Impuls und Abwehr. Wieder taucht der Tango auf, als er den Chef austrickst, ihn belauscht und ihm bei seinem Plan, Bauern billig Land abzukaufen, wo westliche Firmen bauen wollen, zuvorkommt. Mit genügend Wodka wird er mit dem Bauer handelseinig, sogar noch eingeladen, bei ihm zu übernachten. Als er dann am nächsten Morgen wach wird, als sich beim Kämmen sein Gesicht in der Fensterscheibe spiegelt, und er den Bauern bei der Arbeit sieht, erklingt die melancholische Melodie, immer noch, als er das Grundstück in einen großen Plan der Region einzeichnet. Er hat sich unter die Kapitalisten begeben, einen netten alten Mann übers Ohr gehauen und schaut in den Spiegel. Über der Selbstreflexion wird er sehnsüchtig und traurig. Er versucht Mikolaj zu finden. Mikolaj erscheint als Spielgefährte und als Alter Ego. Er hat ihm nämlich von einem erzählt, der viel Geld hat und trotzdem sterben möchte. Die gefühlsmäßige Situation wird ähnlich einem Comic illustriert: Das Telefon ist kaputt, die Verbindung kommt nicht zustande, dann ist er auch noch in der Zelle eingeschlossen, hat Schwierigkeiten herauszukommen. Er findet aber Mikolaj und möchte dessen Angebot annehmen, sich als Mörder des Lebensmüden zu verdingen. In der U-Bahn wird die melancholische Melodie ganz pathetisch entwickelt: Er trifft als sein Opfer Mikolaj selbst. Er zielt mit der Pistole auf ihn und, als es knallt, fällt Mikolaj ganz brav um. Er steht dann ganz munter wieder auf, als Karol sagt, es sei nur eine Platzpatrone gewesen. Er fügt hinzu, beim nächsten Mal werde die Pistole ganz bestimmt geladen sein. Aber so tief scheint die Todessehnsucht denn doch nicht zu sein. Die beiden tollen wie zwei kleine Buben auf dem Eis. Mikolaj meint: »Heute fühle ich mich wie nach dem Abitur!« Man hört mit der Freude, etwas Tolles geschafft zu haben, die Hoffnung auf Selbstständigkeit und Gehenkönnen in einer fernen Zukunft. Mikolaj gibt Karol das Geld für den heldenhaften Mord und auch dafür, das Leben neu geschenkt bekommen zu haben, Karol begibt sich wieder ins Immobiliengeschäft. Und jetzt erklingt zum Einzeichnen der erworbenen Grundstücke in die große Karte der Tango.

Die Welt, in der man alles kaufen kann, zeigt zu Weihnachten Mikolaj mit vielen Geschenken, Karol als Besitzer eines roten Volvo samt Chauffeur. Der lädt Mikolaj ein, mit ihm gemeinsame Sache zu machen. Eine Beerdigung wird kurz eingeblendet, von der Tangomelodie begleitet. Nicht nur ein Killer lässt sich kaufen, auch der Schutz der Mutter Kirche. Als der Immobilienhai Karol aufspürt und ihn bedroht, hat er einen Trumpf gegen den Feind, er hat nämlich – im Falle seines Todes – die Kirche als seinen Erben eingesetzt. Mit Mikolaj spielt er weiter ein immer grandioseres Spiel. Die neuen Räume, der neue Abenteuerspielplatz liegt über den Dächern der polnischen Hauptstadt. Mikolaj summt das Soldatenlied, Karol spielt es auf seinem Kamm, und es ist klar: Die beiden Krieger sind als Helden heimgekehrt.

Karol häuft Geld und Güter an, aber seine Wünsche bleiben doch unbefriedigt. Er baut ein neues Haus, gibt seine Befehle zu Tangomusik. Aber nachts zur melancholischen Melodie träumt er von Dominique. Als er sie jedoch anruft, um ihre Stimme zu hören, legt sie auf. Die Musik reicht in die nächste Szene, in der er beim Notar im Falle seines Todes sein gesamtes Hab und Gut seiner Ex-Ehefrau Dominique vermacht. In der Kinderperspektive liegt die große Wut so nah bei der Sehnsucht, sich anzuschmiegen, das Bedürfnis nach Rache, das versagende Objekt zu beschädigen, so nah dem Wunsch, dieses Objekt doch zu erreichen. Bei uns hieße Karol wohl Hans oder Hänschen, und man könnte singen: »Aber Mama weinet sehr ...« Er inszeniert seine Beerdigung, – auch eine Leiche kann man kaufen, im Osten, in Rußland versteht sich. Auf diese Weise lockt er Dominique nach Polen. Und Mama alias Dominique weint tatsächlich, als sie vermeintlich an seinem Grab steht. Zu den erhaschten Tränen gehört natürlich die melancholische Melodie. In ihrem Hotelzimmer trifft Dominique auf Karol, einen jetzt potenten Mann, von dem sie dann im morgendlichen Schlaf noch einmal liebevoll gestreichelt wird, ehe er sich davonmacht – von Tangomusik begleitet – und sie der Polizei überlässt. Eigentlich wollte er nach Hongkong fliehen, aber nun, wo er sie im Gefängnis hat, möchte er sie retten. Dominique erinnert sich zur melancholischen Musik an die Hochzeit und ganz im Gleichklang, ist er mit derselben Szene beschäftigt. Der Bruder sorgt wieder mütterlich mit Kuchen und Kompott, bestätigt aber den Konflikt: Dominique muss im Gefängnis sein, sonst bekommen die Männer Schwierigkeiten. Zwar befindet sich nur Dominique im Gefängnis, aber ganz deutlich zeigt es sich in der Schlussszene: Auch Karol ist von ihrer Verführungskraft, von einem leicht abgewandelten melancholischen Thema gefangen.

Das Ende von *Blau* und der Anfang von *Weiß* sind formal aufeinander bezogen, Julie schaut in den Gerichtssaal hinein. Mit der Konstitution von Julie als Subjekt tauchen innere Objekte auf, die Welt der Fantasien. Die sind nun in *Weiß* zu einem Gewebe von Erzählungen geworden. Auch die Melodien umgeben den Film wie ein Gewebe. In *Blau* trennen die musikalischen Episoden eine Szene von der andern, die musikalischen wie bildhaften Motive werden in Variationen aneinander gefügt, hingegen bilden in *Weiß* die beiden Melodien Klammern über Szenen, die affektiv zusammengehören. Die erste Geschichte ist die eingeblendete Hochzeitserinnerung, der nachträglich die Bedeutung einer Zeit zugeschrieben wird, in der alles noch gut war, ungetrennt, ohne Unterschied, ohne Konflikt.

Im psychoanalytischen Denken ist das Urbild der Ungleichheit die des Kindes gegenüber den Erwachsenen. Karol ist das Kind, das nicht über die (französische) Sprache verfügt, das Kind, das ertragen muss, dass die Mutter sich an einen Vater wendet, der ihn klein macht. Er ist das Kind, das die Mutter begehrt und als zu klein zurückgewiesen wird, das Kind, das mit seinen Erregungen noch nicht umgehen kann und die Bestrafung fürchten muss durch eine väterliche Instanz, obwohl es in seiner Sicht doch die Mutter war, die ihn so in Erregung gebracht hat, die das Zimmer in Brand gesteckt hat. Er ist natürlich auch das Kind, das vom Geschlechtsverkehr der Eltern ausgeschlossen ist. Die Wahrnehmung dieser Ungleichheit beantwortet das Kind im Spiel, der Umwandlung von passiv Erlittenem in aktive Weltbewältigung. Genau so versichert sich Karol seiner Identität. So erscheint es aber als Paradox, dass Karol seinen Pass, also den Nachweis seiner Identität abgibt, mit der Todesanzeige diese Aufgabe seiner Identität besiegelt. Die Leiche des Fremden wird von seinen Freunden fälschlich mit ihm identifiziert. Ist also nichts Lebendiges entstanden, gibt es keine Entwicklung in diesem bunten Tanz von Geschichten?

Entwicklung hieße hier die Zähmung, die Integration der konflikthaften Strebungen. Mit der Beerdigungsszene gelingt es Karol erst einmal, die Situation umzukehren. Während er vorher der Ausgeschlossene oder der Eingeschlossene ist, der, der befürchten muss, dass das Objekt ihn immer wieder verlässt, spielt er jetzt selbst das Fort-Da-Spiel. Er bringt sich zum Verschwinden und das mütterliche Objekt erlebt nun das Verlassenwerden an seiner Stelle. Er bringt so die Gefühle, die ihm so unerträglich sind, in Dominique unter und gewinnt mit der Fantasietätigkeit Kontrolle. Während er zuvor erleben musste, dass Dominique mit den Vaterfiguren gemeinsame Sache machte, mit den Richtern, der Polizei und dem Liebhaber, ist jetzt in der Fantasie der Andere unter der Erde. Am Ende ist keine Gleichheit erreicht, aber er hat im Spiel die Verhältnisse umgekehrt, fantasiert eine Zukunft am Ende des Tunnels als Retter der so begehrten schönen Frau. Die Struktur der Objektbeziehung ist, wie es im Übrigen auch die Melodien sind, unverändert. Besonders deutlich ist das in der mafiösen Kumpanei der Männer, die der Bruder am Ende anspricht. Das Ertragen von Ebenbürtigkeit in einer Beziehung und die Über-Ich-Bildung sind zusammen gehörige Prozesse. Dazu wird wohl aber erst der Film zu Ende gehen, das Licht angehen müssen und dann ein neuer Film gezeigt werden.

Für Julie ist am Ende von *Blau* entscheidend, dass sie sich selbst gefunden hat, und zwar in einer liebevollen Beziehung zur Welt. Karol dagegen sucht ganz unmittelbar das geliebte Objekt. Er sucht es und fühlt sich doch von ihm bedrängt und bedroht, jedenfalls von dessen Fähigkeit, eigene Bewegungen zu machen und seine eigenen einzuschränken. Zu sich selbst scheint er in der Schlussszene zu finden, im liebevollen Blick der gefangenen Geliebten, die für ihn so unerreichbar ist wie für das Kinopublikum die Schöne auf der Leinwand. Aber immerhin ist die Büste aus Stein für ihn als Schauenden lebendig geworden. Die gefangene Geliebte kann Karol bedeuten, dass sie ihn liebt, kann ihn innerlich berühren, in ihm Hoffnung erwecken. Er ist jedoch nicht nur »Zuschauer«, sondern zugleich »Regisseur«, besitzt die Macht, das Objekt mit seiner Linse herzuholen und es wieder in Distanz zu bringen. Dieses Bild ist eine Verdichtung des ganzen Films aus Geschichten, die bald eine liebevolle, bald eine ironische, bald eine sarkastische Perspektive einnehmen. Der Film lebt aus der ironischen Distanz, aus den witzigen Episoden, die Abstand schaffen und die Sehnsucht nach dem liebevollen Blick verbergen und enthüllen. Das Lustvolle des Films liegt genau in den sich überschlagenden Fantasien, die so gegensätzlich sind wie die beschriebenen Melodien, liegt im wilden und zärtlichen Spiel. Der polnische Karol tanzt eine polnische Version des argentinischen Tango, macht sich zum Herrn und Retter einer schönen erotischen Frau, deren Schritte er zu beherrschen meint, auf die er so ungeheuer angewiesen ist.

Wie *Blau* reflektiert auch *Weiß* den Prozess von Wahrnehmung und Kreativität von Regisseur und Zuschauer. Weißes Licht entsteht, wenn die Lichtstrahlen aller Farben sich mischen. Diesem Verschmelzen korrespondiert die gemeinsame Sehnsucht des Paares beim Auftauchen der Bilder von der Hochzeit in Weiß, korrespondiert die weiße Blende bei Dominiques Orgasmus. Gebrochen sind die Farben im Film bunter Geschichten. Kieslowski reflektiert zugleich die Situation des Filmemachers, der eine Liebesgeschichte mit der Welt aus dem Koffer zaubert und des Kinozuschauers, der sich aus der Sequenz der Bilder seinen Film macht. Ähnlich wie Karol im Koffer, sitzt er passiv in seinem Sessel und wird in den Film hineingezogen. Die Macht des Blickes über die gefangene Dominique erschafft ein Liebesspiel zwischen den beiden, ähnlich dem Blickkontakt zwischen Mutter und Kind. Das Kind sieht im Gesicht der Mutter, wie es von der Mutter gesehen wird und nur so kann es ein Bild von sich selbst und von der Welt entwickeln (cf. Winnicott 1971, S. 129). Der Kinozuschauer gelangt in einen Übergangsraum, in dem gemeinsam geträumt und gespielt werden kann. So überwindet er die Situation, passiv im Sessel zu versinken und der Bilderflut des Films ausgeliefert zu sein. Der Austausch zwischen dem sehnsüchtig Schauenden und der Schönen auf der Leinwand, ließe sich als eine rätselhafte Botschaft verstehen, die es zu entziffern gilt. Der Prozess ist der Film selbst, genauer das Machen und das Schauen des Films. Der braucht Zeit, wie Karol, der Sprache noch nicht mächtig, auch dem Hohen Gericht sagt, um zu sich selbst zu kommen, anzukommen beim liebevollen Spiel der Augenpaare in der Schlusseinstellung. Mit der rätselhaften Botschaft wird das Kind von den Erwachsenen verführt. Deren Deutung wird für das Kind der Film, auf dessen Hintergrund es die Welt versteht. Die Bilder des Films, die Geschichten verführen den Zuschauer, bringen ihn in affektive Bewegung, verführen ihn zu kindlichem Spiel, zu Ironie und Selbstreflexion. Am Ende des Films schaut er in die Augen Zbigniew Zamachowski, nimmt mit dessen Tränen neben der Belustigung die eigene Berührtheit wahr.

Isolde Böhme

Zum Film *Rot*

Der Film beginnt mit der Einstellung eines Telefons. Eine Männerhand tippt eine Nummer. Neben dem Telefon, auf einem Schreibtisch steht ein Foto einer jungen Frau, ein Foto Valentines. Die Kamera erkundet den Raum und verfolgt dann in atemberaubender Fahrt den Weg des Signals durch Leitungen in Wänden, Schächten, über die Schienen, die ins Meer führen, dann unter dem Meer, bis es ankommt, der Adressat aber offenbar in einer anderen Verbindung spricht. Das Signal macht seinen Weg als Besetztzeichen zurück, unter dem Meer, durch die Schächte und die Wände ... Das Wunder der Technik, das die Gesprächsverbindung über das Meer ermöglichen soll, inszeniert sich hier als vergeblich. Der Strom der unzähligen parallel geführten Gespräche schwillt an, wird zum babylonischen Sprachengewirr. Der Filmschnitt, der Themenwechsel der Bilderfolge, präsentiert uns eine sich gleichzeitig ereignende Geschichte. Auguste packt Bücher zusammen, leint seinen Hund an und geht. Ein erneuter Schnitt bringt uns wieder zu der tippenden Hand und erneut zu missglückenden Kontaktwünschen. Zunächst springt der Anrufbeantworter einer jungen Frau an. Der Anrufer, dessen Stimme wir nur hören, vermutet sie zu Haus, fragt nach ihr. Schließlich kommt Valentine herbeigestürmt, nimmt den Hörer auf, und es kommt ein Gespräch zustande, in dem aber die beiden, ein Paar, nicht miteinander in innere Verbindung kommen. Michel, dessen Stimme und dessen Worte voller Misstrauen sind, erträgt das Getrenntsein offenbar nicht, versucht, sie festzunageln. Man ist an das Schlussbild aus *Weiß* erinnert. Da blickt Karol aus dem Gefängnishof auf das vergitterte Fenster, hinter dem Dominique erscheint und ihm gestisch mitteilt, dass sie ihn heiraten will, wenn sie freikommt. Hier vertröstet Valentine Michel auf den Abend mit den Worten: »Da rühre ich mich nicht von der Stelle«.

Die letzte Szene des Films zeigt den Richter Joseph Kern vor einem Fernsehapparat, auf dem in den Nachrichten von einem Fährunglück auf dem Kanal berichtet wird. Mit Kern erfahren wir, dass zu den sieben Geretteten, die beiden Paare aus *Blau* und *Weiß*, Julie und Olivier, Karol und Dominique, der Barmann der Fähre sowie Valentine und Auguste gehören. Wir sehen Auguste und Valentine auf einander bezogen, als Paar. Das Fernsehgerät ermöglicht Kern, von den Geretteten zu erfahren, sich zu ihnen zu gesellen, trotz äußeren Getrenntseins. Das folgende Bild zeigt ihn mit Tränen in den Augen, in spürbarer innerer Bewegung hinter der zerbrochenen Glasscheibe seines Fensters. Die letzte Einstellung ist eine Porträtaufnahme der aufgewühlten Valentine im Profil, das die Leinwand ausfüllt. Es erscheint als ein inneres Bild des Richters. Das zerbrochene Glas macht ihn zum eigentlich siebten Geretteten, zu einem von denen, die eine existenzielle Bedrohung überwunden haben. Die spürbare Verletzlichkeit beider Protagonisten und zugleich die tiefe Verbindung, in die sie zu einander gelangt sind, lässt die Zuschauer ihre Berührtheit spüren, holt sie ins Boot.

In der Eingangsszene hat die Kamera drei Personen verknüpft, Michel mit tippender Hand und genervter Stimme, Auguste – ohne Stimme, ohne ein Wort zu sagen – mit seinem Hund beim Weggehen – und Valentine, die verzweifelt um Beziehung bemüht ist. Diese Schnitttechnik verwendet Kieslowski in diesem Film immer wieder. Er verwendet sie, um assoziativ Bezüge zwischen Personen herzustellen, deren Bedeutung erst nachträglich verstanden wird. Als Valentine einen Nachbar Kerns aufsuchen will, bringt Auguste seine Freundin, die auch dort wohnt, gerade nach Haus. Telefongespräche der beiden werden im folgenden Gespräch zwischen Kern und Valentine Thema. Kern zweifelt daran, dass diese Liebesbeziehung tragfähig sein wird. Ähnlich skeptisch beurteilen wir als Zuschauer das Paar Michel und Valentine, wenn wir deren Telefongespräche mithören. Auguste und seine Freundin Karin hören gleichzeitig mit Valentine im Plattenladen Musik desselben Komponisten. Das Paar nimmt die Platte mit, ein zweites Exemplar ist nicht mehr zu haben, sodass Valentine auf einen späteren Zeitpunkt vertröstet wird, auf eine Zeit, in der sie mit Auguste ein Paar sein wird, ließe sich fantasieren. Die drei spielen am gleichen Abend Bowling im gleichen Saal. Hinweise dieser Art ermöglichen uns, am Ende des Films ganz sicher zu sein, dass aus Auguste und Valentine ein Paar geworden ist.

Die Eingangsszene macht aus dem Telefon und seinen Leitungen eine dritte Person, die über die Meere eilt, die Verbindung und Beziehung herstellen könnte wie das Fernsehgerät am Ende. Die Verbindung, die Medien herstellen könnten, ist ein Thema, das im Film in einer ganzen Reihe von Varianten durchdekliniert wird. Kern hört die Telefonate seiner Nachbarn ab, das Intime wird in schamloser Weise öffentlich. Die Drogensucht von Valentines Bruder ist aus der Zeitung zu erfahren, was ihren Nachbarn zu taktlosen Bemerkungen veranlasst. Der Fotograf macht Fotos von Valentine für eine Kaugummiwerbung. Die Sehnsucht nach emotionaler Berührung wird in der Aufforderung an sie deutlich: »Denk an was Trauriges!« Die Verständigung über das sehr persönliche Foto ermutigt ihn, ein wenig zudringlich zu werden. Das Plakat der sehr anziehenden jungen Frau bringt anscheinend Andere dazu, Valentines Türschloss mit Kaugummi zu verstopfen. Ihre

Schönheit wird in diesem riesigen Werbeplakat und in zwei Shows zur Geltung gebracht. Die mediale Welt macht immer wieder Versprechungen von ersehnter Intimität, verhindert sie zugleich. Charakteristisch erscheint der kleine Dialog: Der Fotograf fragt Valentine: »Woran denkst du?« Sie antwortet: »Nicht an dich!«

Die Verbindung zwischen Valentine und Kern entsteht über ein anderes Bindeglied oder »Medium«, über Rita, Kerns Hund: ein lebendiges Wesen, das verletzlich und fruchtbar ist. Valentine nimmt die verletzte Rita, die ihr vors Auto gelaufen ist, in ihren Wagen, macht den Besitzer ausfindig. Der weist sie samt dem Tier schroff zurück, zieht sich in seine skurril und unheimlich anmutende Einsamkeit zurück. Sie lässt das Tier behandeln, erfährt dabei, dass sie trächtig ist. Als Rita davonläuft, zum Richter zurück, gerät Valentine in dessen Wohnung, wo der gerade die Telefongespräche seiner Nachbarn abhört. Ritas Weg nach Haus geht im Übrigen über eine Kirche, Valentine fragt den die Messe zelebrierenden Priester nach dem Hund. Zum Ritual, das um den unsichtbaren Gott kreist, steht in ironischem Gegensatz die Leibhaftigkeit des Tieres, wie die Bilderwelt des Films zum alttestamentarischen Bilderverbot.

War Valentine bei der ersten Begegnung befremdet und ärgerlich, ist sie nun entsetzt, als in Kerns Wohnung aus dem Radio ein Telefondialog mitzuhören ist, in dem es zuerst um das Verbergen, dann um die freizügige Mitteilung sexuellen Begehrens zwischen zwei Männern geht. Valentine ist abgestoßen von dem Lauscher, der auf diese Weise gewalttätig als Dritter in eine intime Beziehung eindringt, sie sagt anklagend: »Jeder hat das Recht auf seine Geheimnisse«. Kern spürt den heftigen Affekt, ergänzt ihren Vorwurf durch die Bemerkung, dieser Lauschangriff sei »zudem noch illegal«, und schickt die junge Frau regelrecht zum Nachbarn, um ihn anzuzeigen.

Sie steht dann in des Nachbarn Wohnung und wird hier ein zweites Mal, ohne es zu wollen, zur Lauscherin und Beobachterin einer Szene, in der jetzt die Tochter die Telefongespräche des Vaters mit seinem Geliebten abhört, die Ehefrau sich in Verleugnung flüchtet. Sie verabschiedet sich und kehrt zu Kern zurück. Jetzt kann sich zwischen den beiden etwas Drittes entfalten. Die Telefonate, die sich immer wieder zu Gehör bringen, werden zu Ausgangspunkten, sich und einander kennenzulernen. Kern erzählt aus seinen Erfahrungen als Richter, von seinen Zweifeln an der absoluten Instanz des Gesetzes. Er habe oft nicht gewusst, ob er auf der richtigen Seite stehe. Bei den Geschichten der Nachbarn, die er mithört, die Valentine in große Verwirrung gebracht haben, seien die Verhältnisse übersichtlicher.

Auch wir beschäftigen uns auf diese Weise mit einer Reihe von Nebengeschichten. Die beiden sprechen über Schuld und Schuldgefühl, moralisches und unmoralisches Verhalten. Die Geschichten vom homosexuellen Familienvater, der an Frau und Tochter schuldig wird, von der alten Dame, die ihrer Tochter Schuldgefühle macht, sie unter Druck setzt, sich um sie zu kümmern, von Karin, die professionell persönliche Wettervorhersagen anbietet, und ihren Freund Auguste aus seiner Studierstube lockt, rühren bei beiden Gesprächspartnern an persönliche Erfahrungen. Kern findet in Valentine eine gute Zuhörerin, die den Menschenfreund erkennt, der sich einfühlt statt zu richten. Sie findet in ihm einen hochbegabten »Psychoanalytiker«, der Zwischentöne ganz fein wahrzunehmen und zu deuten versteht. Die ganz indirekt angesprochene Verzweiflung über einen Jungen – es ist ihr Bruder –, der mit fünfzehn erfahren habe, dass sein Vater nicht sein Vater sei, beantwortet er zunächst mit der ins Schwarze treffenden Frage: »Wann hat er angefangen zu drücken?« Dann deutet er auf den Dealer, den er für dringend verdächtig hält, den Genfer Drogenhandel zu kontrollieren, ermöglicht ihr, ihre Wut in einem Anruf auszusprechen: »Man sollte Sie umbringen!« Zuletzt fragt er sie, ob der Junge, von dem sie gesprochen habe, ihr Bruder oder ihr Freund sei. Beide haben sich im Gespräch verändert. Valentine weint bei der Heimfahrt hinter der Windschutzscheibe ihres Autos, Kern schreibt Briefe an Nachbarn und Polizei, in denen er sich selbst zur Anzeige bringt.

Zum zweiten Gespräch kommt Valentine zu Kern, nachdem sie in der Zeitung den Artikel entdeckt hat, in dem darüber berichtet wird, dass er als pensionierter Richter seinen Nachbarn nachspioniert hat. Offenbar nachträglich erschrocken über den eigenen Impuls, ihn zu verraten, will sie ihm sagen, dass sie Schweigen bewahrt hat, erfährt, dass er sich selber angezeigt hat. Er konfrontiert sie mit noch heftigeren Affekten. Er bietet mit einer Geste eine Umarmung an, sie weicht ein wenig zurück. Das kommentiert er mit der Bemerkung, sie habe, als es um das Nachspionieren ging, von Mitleid gesprochen, das sie für ihn empfinde, er habe aber Ekel gespürt. In der Folge ist es Valentine, der es gelingt, noch nicht Ausgesprochenes zu erspüren. Kern erzählt aus seiner Lebensgeschichte, von einer geliebten Frau, die ihn mit einem anderen Mann betrogen hat. Er entdeckte das Paar in einem Spiegel. Er konnte den Verlust nicht ertragen, verfolgte sie und ihren Mann durch die Welt, bis sie an einem Unfall starb. Dem Mann begegnete er wieder in seiner Funktion als Richter. Er befand ihn für schuldig, verurteilte ihn, reichte aber im Anschluss an das Verfahren seine vorzeitige Pensionierung ein.

Die Filmhandlung verschränkt sich zunehmend mit dem Inhalt der Gespräche. Während das erste Gespräch aus dem äußeren Material der abgehörten Telefongespräche entstand, werden Teile des zweiten und dritten Gesprächs in Filmszenen transformiert. Auguste wird von Karin verlassen und wird zum Voyeur, steigt dem Liebespaar nach, sucht seinen Platz mit Kletterkünsten unmittelbar vor dem Schlafzimmerfenster der früheren Freundin. Er ist draußen, schaut durch das Glas der Scheibe wie wir auf die Leinwand. Denn dass wir, – allerdings ohne akrobatische Übungen – Voyeure sind, mitspionieren, versteht sich. Dabei ist die sexuelle Szene leer, dagegen identifizieren wir uns mit Augustes Schauen-Müssen, dem Verfolgen-Müssen der Freundin, die ihn verlassen hat. Identifiziert sind wir mit einem Ödipus, der ausgesetzt ist von seinen Eltern, der sich mit den drängenden Liebeswünschen gegenüber der Mutter und der mörderischen Wut auf den Vater ins Spiel bringt. Ödipus, der die Wahrheit wissen will und sich blendet, weil der Blick auf dieses Paar und die damit verbundenen heftigen Gefühle, die um Inzest und Mord kreisen, nicht erträglich sind. Auguste tritt noch einmal mit Karin durch die Fensterscheibe des Restaurants in Kontakt, im dem sie mit dem Geliebten speist, inszeniert sich als ausgeschlossen. Er bringt sich dann zum Verschwinden und wird von Karin, die er in Sorge versetzt hat, gesucht. Die Gewalt, die in der Ödipusgeschichte liegt, taucht im Gespräch zwischen Kern und Valentine als der Stein auf, der die Fensterscheibe durchschlägt. Die beiden haben gerade mit Birnengeist angestoßen. Valentine hat gefragt: »Glauben Sie, dass es heute noch solche Richter gibt wie Sie?« Es sei der sechste Stein, der durch das Fenster fliegt. Kern verzichtet auf einen Schuldvorwurf, auf die Anklage, plädiert für die Verantwortung im Zusammenhang mit der je eigenen Geschichte.

Die Verwandlung der erzählten Geschichte in Filmszenen geschieht in der Verschiebung auf Auguste und der Verdichtung der Voyeurszene nach den Gesetzen träumerischen Denkens. Das verleiht dem Traum Kerns, den er Valentine erzählt, eine besondere Bedeutung. Er habe von ihr geträumt: » Sie waren vierzig oder fünfzig Jahre alt, und Sie waren glücklich«.

Die beschriebene Vertiefung in der Verschränkung verschiedener Erzählebenen lässt sich auch in der musikalischen Gestaltung beobachten. Es geht Kieslowski um Musik, die Medien vermittelt ist. An vielen Stellen ist sie als solche gekennzeichnet. Im Plattenladen ist mit dem Tango aus *Weiß* auch eine Verbindung zum vorigen Film zu hören. Valentine hört ein Lied, das ohne Text von einer Frauenstimme auf o-o-o gesungen wird, ein Lied, das mit Kern verbunden ist, noch zwei weitere Male im Zusammenhang mit ihm auftaucht. Auguste und Karin hören eines der beiden Bolerothemen, die gleich zu Beginn des Films in der ersten Show zu hören sind. Das Lied hat Kieslowski bereits in seinem neunten Dekalogfilm verwendet, der sich auf das neunte mosaische Gebot bezieht: »Du sollst nicht begehren deines Nächsten Weib«. Wie in *Blau* mit dem Text aus dem Paulusbrief an die Korinther und wie in *Weiß* beim Soldatenlied der 30er Jahre erscheint gerade der nicht ausgesprochene Text des Lieds von höchster Bedeutung. »Du sollst nicht begehren deines Nächsten Weib!« Das neunte Gebot nimmt die Funktion des ödipalen Verbots ein. Es erschafft den Wunsch, die Sehnsucht, die nicht erfüllt werden kann, konstituiert so das Begehren.

Die zweite musikalische Figur ist ein Bolero, der mit zwei Themen spielt, die vielfältig variiert und entwickelt werden. Anders als in *Weiß* werden die Themen durchgeführt, erfahren vielfältige musikalische Verwandlungen, damit eine Vertiefung. So hören wir eines der beiden Bolerothemen als Musik zur ersten Show in reicher Streicherfassung, im unmittelbaren Anschluss im Auto – ein wenig müde wie Valentine selbst – eine Fassung, die von einer Gitarre gezupft wird, zu der dann eine Klarinette hinzutritt, eine kammermusikalische Version voller Wärme. Dieses erste Thema erscheint Valentine zugeordnet ein zweites scheint Valentine mit Auguste und Kern zu verbinden (cf. Wollermann 2002, S. 103ff.). Die Musik ist hier den Filmszenen eindeutig unterlegt, passt sich immer wieder in neuem Gewand, in anderer Instrumentierung, anderer Tonart, variiertem Rhythmus der emotionalen Atmosphäre an. Die dargestellten Personen hören Musik als Ausdruck ihrer inneren Verfassung.

Das dritte Gespräch führen die beiden im Theater. Valentine ist bei einer Show aufgetreten, hat Kern eine Karte zukommen lassen, freut sich, dass er gekommen ist, sie sich nach der Veranstaltung sehen. Die Verbindung Kerns zu Auguste wird noch enger geknüpft. In einer Filmszene sind Auguste seine juristischen Fachbücher auf die Straße gefallen. Die Stelle, die dabei aufgeschlagen wurde, war dann genau die, die für seine Staatsexamensprüfung relevant war. Kern erzählt nun von sich eine fast identische Geschichte. Sein Lehrbuch fiel im Theater zu Boden.

Die beiden sprechen über Valentines Wünsche und Hoffnungen, die sich auf die Zukunft richten, die in Kerns Traum formuliert sind, in dem sie als Vierzig- oder Fünfzigjährige neben einem Mann aufwachte, den er nicht kannte. Zugleich geht es um Kerns Verzicht auf die begehrte Valentine. Er sagt, er sei allein geblieben »vielleicht, weil ich Ihnen nicht früher beggnen durfte«. Die junge Frau wird nach England reisen. Die Verbindung soll erhalten bleiben, über einen Welpen aus Ritas Wurf, den sie sich von ihm wünscht, über ein Fernsehgerät, das sie ihm bringen lassen will, damit er an ihrer Welt teilhaben kann. Zwischen den beiden ist viel Vertrauen und Nähe entstanden. Dem scheint entgegen zu stehen, dass sich draußen ein heftiges Gewitter abspielt, das durch die offenen Fenster eindringt, einige Räume bereits unter Wasser gesetzt hat.

Der Stein, durch das Fenster geflogen ist, das Gewitter, das das Theater überschwemmt erscheinen als Vorboten des Fährunglücks auf dem Kanal. Kern hat Valentines Plan, nach England zu reisen, gefördert, ihr zu der Fähre als Verkehrsmittel geraten. Er lässt sich am Ende der Begegnung im Theater auch die Fahrkarte über das Meer zeigen. Zu der Reise, die zu Getrenntheit und einer Paarbeziehung führt, gehört die existenzielle Gefahr. Es geht dabei um den »Untergang des Ödipuskomplexes«, den Freud als ein gewaltsames Zerschellen beschreibt. Die existenzielle Angst des ödipalen Kindes ist, vom Vater oder der Mutter kastriert zu werden oder die Liebe der Eltern zu verlieren. Die Überwindung dieses heftigen Konflikts führt zur Bildung neuer seelischer Struktur, zum Überich. In der Weiterentwicklung der Psychoanalyse, etwa durch Bion, wird die ödipale Katastrophe abstrakt konzeptualisiert, als »katastrophische Veränderung«, die alte Abwehrformationen zerschlägt, seelische Strukturveränderung möglich macht, zu einer neuen Weise des Seins führt.

Im Film ist es jedoch nicht der kleine Junge, der auf die Mutter als sexuelles Objekt verzichten muss, sondern eine Vaterfigur auf eine Tochter. In der Bewältigung dieses Konflikts liegt Kerns, liegt Augustes und Valentines Rettung aus dem Unglück begründet. Das ist die Botschaft, die Kieslowski alias Jean Louis Trintignant alias Joseph Kern verkündet. Die letzte Einstellung zeigt die der Katastrophe entronnene Irène Jacob. »Denk an etwas Trauriges« war die Aufforderung des Fotografen an sie für das Werbeplakat. Die Botschaft, die sie als Schauspielerin uns Zuschauern verkündet, ist die Zumutung tiefer seelischer Erschütterung.

Überlegungen zur gesamten Trilogie

Alle drei Filme enden mit der emotionalen Berührung der Protagonisten. Julie weint und lächelt zugleich, Karol hat Tränen in den Augen, während die gefangene Dominique ihm bedeutet, dass sie ihn heiraten wird, wenn sie frei kommt, Kern und Valentine sind beide durch eine die geschehene Katastrophe erschüttert. Die Ströme des Unwetters im Theater und die des Unwetters auf dem Meer, von dem das Ende des Films spricht, verbinden sich assoziativ mit den geweinten Tränen. Auch die Metapher des Glases spielt in allen drei Schlussszenen eine Rolle: Julies Bewegung sieht der Zuschauer hinter einer Glasscheibe, Karol schaut durch ein Fernglas auf die gefangene Geliebte, bei Kern dagegen ist die Scheibe zerbrochen.

Mit der emotionalen Erfahrung als Grundbedingung aller seelischer Veränderung und des Denkens ist Kieslowskis Botschaft der Psychoanalyse – vor allem der Bions – sehr verwandt. »Freiheit, Gleichheit und Brüderlichkeit« weisen zurück auf die europäische Aufklärung. Gebrochen werden intellektuelle Einsicht und Selbstreflexion durch das Trauma, durch tiefe seelische Erschütterung. Die Trilogie beginnt und endet mit traumatischem Erleben.

Julie wirft nach dem Unfall im Krankenhaus eine Glasscheibe ein, beginnt da den Versuch eines neuen Lebens, Karol sucht nach dem Gefährten Mikolaj, nachdem er sich in der Fensterscheibe gespiegelt hat. Die katastrophische Veränderung in *Rot* ist in einer Vielzahl von Szenen mit der Metaphorik scheinbar schützenden, dann zerbrechenden Glases verknüpft. Aus dem Paulusbrief an die Korinther, der im griechischen Text in *Blau* mit so viel Pathos gesungen wird, möchte ich ergänzen:

> »Wir sehen jetzt durch einen Spiegel in einem dunkeln Wort: dann aber von Angesicht zu Angesicht. Jetzt erkenne ich stückweise, dann aber werde ich erkennen gleich wie ich erkannt bin. Nun aber bleibet Glaube, Hoffnung, Liebe, diese drei; aber die Liebe ist die größte unter ihnen« (1. Kor. 13, 12–13).

Das dunkle Wort verstehe ich als die rätselhafte Botschaft, um die es Kieslowski zu tun ist, die es zu entziffern gilt, die immer nur stückweise zu entziffern ist. Die Spannung zwischen dem Nichterkennen, dem Nichtwissen und der Sehnsucht nach der von Affekten getragenen Erkenntnis ist eine, die uns Kieslowski spüren lässt, die zugleich wesentlich zur Psychoanalyse gehört: Zur Annäherung an das Unbewusste, die sich als dialektischer Prozess entfaltet, als ein Oszillieren zwischen der Klärung von Dunklem und der Verdunkelung von scheinbar Klarem (cf. Ogden 2005).

Eine beiläufige Szene, die die Entwicklung durch die drei Filme konnotiert, zeigt die alte Frau, die sich müht, eine leere Flasche in den Glascontainer zu werfen. Julie träumt derweil in der Sonne, ist ganz in ihrer eigenen Welt, Karol schaut grinsend zu, während Valentine zum Glascontainer geht, und für die alte Frau die Flasche einwirft. Es ist diese unmittelbare, menschliche Geste, die Kieslowski alias Richter Kern uns als Ethos der Brüderlichkeit vermittelt, seine Botschaft vom guten Leben. Er verkündet die christlichen Botschaft von Glaube, Hoffnung und Liebe wie die Ideale der Französischen Revolution, löst sie allerdings aus der kirchlichen Tradition und ihrem gesellschaftspolitischen Bezug.

Die Verwandtschaft der psychoanalytischen Konzeption des seelischen Apparats und dem Film, auf die bereits Andreas-Salomé hingewiesen hat, lässt sich in der Auseinandersetzung mit der Dreifarben-Trilogie in den selbstreflexiven Bewegungen der Psychoanalyse und der »Visuanalyse« Kieslowskis zeigen. Das Nachdenken über Komposition und musikalische Gestaltung verbindet sich leicht mit unseren Überlegungen zum Rahmen, der Struktur in der Zeit von analytischen Behandlungen, in denen emotionale Erfahrung und träumerisches Denken möglich wird. In *Blau* schildert Kieslowski den Prozess der Verinnerlichung, der so möglich wird in einer hinreichend verlässlichen, zugewandten, wenig irritierenden realen Welt, die das repräsentiert, was Winnicott eine »good enough mother« nennt. In *Weiß* sind es wilde und zärtliche Geschichten, die den Zuschauer verführen, in affektive Bewegung bringen, ihn zu kindlichen Spiel verführen, zu Ironie und Selbstreflexion. *Rot* konzeptualisiert die ödipale Strukturveränderung.

Im Gespräch zwischen Psychoanalytiker und dem Visuanalytiker Kieslowski ist der »Wahrheitskarpfen«, der sich fangen lässt, weniger ein Inhalt, sondern eher die Musik oder genauer das Zusammenspiel aus Form und Inhalt, der Gestaltungsprozess, den wir Psychoanalytiker mit Ogden das analytische Dritte nennen.

Kieslowskis macht aus der christlichen Heilserwartung von Glaube, Hoffnung, Liebe und der geschichtsphilosophisch konstruierten Utopie Freiheit, Gleichheit, Brüderlichkeit eine Vision, die sich verabschiedet von abstrakten Werten scheinbar universeller Geltung und auf die Gestaltung des Leben des Einzelnen in Beziehungen setzt. Das kommt unserer psychoanalytischen Arbeit sehr nahe.

An das Ende dieses Dialogs zwischen zweierlei Analytikern möchte ich einen Satz Bions stellen: »The way *I* do analysis is of no importance to anybody excepting myself, but it may give you some idea of how *you* do analysis, and that *is* important« (zit. n. Ogden 2005, S. 78).

Literatur

Ballhausen, T.; Krenn, G. & Marinelli, L. (Hg.) (2006): Psyche im Kino. Wien (Verlag Filmarchiv Austria).
Barthes, R. (1980, 1985): Die helle Kammer. Frankfurt am Main (Suhrkamp).
Baudry, J.-L. (1975): Das Dispositiv: Metapsychologische Betrachtungen des Realitätseindrucks. Psyche 48, 1047–1074.
Bibel oder die ganze Heilige Schrift des Alten und Neuen Testaments. Nach der deutschen Übersetzung Martin Luthers. Stuttgart. (Württembergische Bibelanstalt).
Bion, W. R. (1965): Transformationen. Frankfurt am Main 1997 (Suhrkamp).
Borges, J. L. (2003): Im Labyrinth. Frankfurt am Main 200 (Fischer tb).
Danto, A. C. (1994): Reiz und Reflexion. München (Fink).
Freud, S. (1900): Die Traumdeutung. GW II/III. Frankfurt am Main (Fischer).
Freud, S. (1924): Der Untergang des Ödipuskomplexes. GW XIII. Frankfurt am Main (Fischer).
Haltof, M. (2004): Variations on Destiny and Chance. The Cinema of Krzysztof Kieslowski. London (Wallflower Press).
Hölzer, H. (2005): Geblendet. Psychoanalyse und Kino. Wien (Turia & Kant).
Kofman, S. (1985): Die Kindheit der Kunst. München 1993 (Fink).
Laplanche, J. (1988): Die allgemeine Verführungstheorie. In: Ders.: Die allgemeine Verführungstheorie und andere Schriften. Tübingen (edition diskord), S. 199 – 233.
Metz, C. (1975): Der fiktionale Film und sein Zuschauer. Eine metapsychologische Untersuchung. Psyche 11, 1004–1046.
Mieli, P. (2000): Trauma und Fantasie bei Freud. In: Jahrbuch für Klinische Psychoanalyse 2. Das Symptom. Tübingen (Edition diskord).
Ogden, T. H. (2005): Reading Bion. In: Ders.: This Art of Psychoanalysis. London/NewYork (Routledge), S. 77 – 92.
Reiche, R. (2001): Mutterseelenallein. Kunst, Form und Psychoanalyse. Frankfurt am Main (Stroemfeld).
Schneider, G. (2005): Der Beitrag der Psychoanalyse zum Verständnis von Film(en). In: 20 Jahre filmkundliche Symposien in Mannheim hrsg. von Cinema Quadrat e. V. Mannheim 2005, S. 69 – 76.
Winnicott, D. W.(1971/1979): Die Spiegelfunktion von Mutter und Familie in der kindlichen Entwicklung. In: Ders.: Vom Spiel zur Kreativität. Stuttgart 1979 (Klett-Cotta), S. 128 – 135.
Wollermann, T. (2002): Zur Musik der *Drei-Farben-Trilogie* von Krzysztof Kieslowski. Osnabrück (epOs music).

Eyes Wide Shut

USA, 1999, 159 Min.
Regie: Stanley Kubrick
Hauptdarsteller: Tom Cruise, Nicole Kidman

Johannes Döser

In Schnitzlers *Traumnovelle* und Kubricks Verfilmung *Eyes Wide Shut* konfrontiert sich ein Paar mit seinem verdrängten Begehren und gerät darüber in eine krisenhafte Verunsicherung, »auf dünnes Eis«. Nach einer nächtlichen alptraumhaften Odyssee durch innere und äußere erotische Abenteuer gestehen sie einander die Wahrheit. Dies wird möglich durch den Traum der Frau und die unvermutete Wiederkehr der verlorenen Theatermaske des Mannes, mit der er sich Zugang zur Orgie einer Geheimgesellschaft verschafft hatte. Beide fühlen sich zur Offenbarung gedrängt. Im Laufe dieser Auseinandersetzung können der Mann und die Frau zu einer Verständigung über ihre Erfahrungen zurückfinden und dem Bann ihrer Sehnsüchte und Erschütterungen entkommen. Man könnte sagen, dass der Geschichte – im Unterschied zu den sonstigen Werken Schnitzlers und Kubricks – ein »narrow escape« gelingt: Eine Dimension der Versöhnung in der Desillusionierung, eine Wiederannäherung in der Befremdung, eine Bewältigung des Unheimlichen, eine Anerkennung der Sexualität und der unbewussten Triebwünsche, die in der Urszene gründen.

Im siebten Kapitel der Traumdeutung (Freud 1900) richtet Freud auf Seite 530 für einen kurzen Moment, in einer beiläufigen Passage, in einem überraschenden Einschub von knappen zehn Zeilen seine Aufmerksamkeit auf eine Stelle im Traum, die man auch in den »bestgedeuteten Träumen« oft »im Dunkel lassen« müsse, und er nennt diese Stelle »den Nabel des Traums«. Hier sei die Grenze des Wissens: Hier beginne das »Unerkannte«, und unsere größten Bemühungen, den Trauminhalt zu deuten, verstricken sich in einem wirren »Knäuel von Traumgedanken«, der sich »netzartig«, »ohne

Abschluss« in »unserer Gedankenwelt« verliere. »Aus einer dichteren Stelle dieses Geflechts erhebt sich dann der Traumwunsch wie der Pilz aus seinem Mycelium«.

Von der wachen Liebe träumen

Meine erste Annahme, die ich hier zur Diskussion stellen möchte, lautet, dass dieser »Traumnabel«, den Freud als einen »blinden Fleck«, ein Skotom im Traumgeschehen bzw. Traumverständnis beschreibt, auf die Urszene verweist. Mit dieser Annahme möchte ich eine zweite verknüpfen: dass die Urszene durch unser ganzes Leben hindurch der innere Motor und das dunkle, geheimnisvolle Prisma unseres Liebeslebens bleibt und unser Liebesleben – von seinem Beginn bis zum Ende – sowohl frisch erhält als auch prägt und strukturiert und gefährdet, weil sie – aufgrund ihrer ödipalen Konfiguration – dem Wesen der Paarbeziehung – in welcher sozialen Form auch immer – eine konflikthafte Natur verleiht. Und wie der Ödipuskomplex, so muss auch der Stoff der Urszene, die ihm zugrunde liegt, in jedem Leben, in jedem Individuationsprozess neu bewältigt werden. In beiden Annahmen gehört die Urszene zum Unbewussten und seiner sexuellen Triebnatur. Wie die Übertragung stellt sich die Urszenendynamik in allen menschlichen Beziehungen spontan her. Sie schafft Angst und Verunsicherung und spielt beim Verlieben eine große Rolle.

Ich möchte diese beiden Annahmen von der Urszene – als Traumskotom und als Triebwerk der Liebesbeziehung – anwenden auf die unbewusste Dynamik der Paarbeziehung. Das hieße z. B. im Hinblick auf das Schicksal einer Ehe, dass ihre größte Gefährdung in jener Abwehr liegt, die den Traum und die erogenen Konfliktspannungen der Urszene aus dem Bewusstsein verbannen, ausgrenzen, eliminieren möchte: Auf diesem Wege gerinnt sie zu einer formellen Institution, in der die rituelle Kontrolle die Herrschaft übernimmt und sich das Begehren, die libidinöse Besetzung entzieht. Das Begehren schwindet. Es kommt zur Aphanisis (Ernest Jones) der Lust.

So betrachtet sind es weniger die Sünde, die Verführung, die Narretei, die dem genitalen Liebesleben den Todesstoß versetzen, sondern das melancholische Über-Ich, die Schwermut, die erkaltete Vernunft. Der »Liebesverrat« beginnt mit jener Art der Bewusstseins-Übernüchterung, die den Erwachsenen von den Kindheitsquellen seiner akuten Empfindungen und seiner spontanen Gefühle abschneidet.

Peter von Matt hat in seiner literarischen Studie zum »Liebesverrat« (1989, S. 299ff.) den Ehebruch als Symptom eines latenten Vorgangs in der Seele ausgewiesen, der das Fantasieleben und seine Beziehung zur Urszene blockiert:

> »Die Ehe erstarren zu lassen, ist der tatsächliche Ehebruch. Es gibt einen strukturellen Verrat innerhalb der Ehe. Und so kann es dann geschehen, dass der konventionelle Ehebruch des Mannes seiner verlassenen Frau jene Wandlung ermöglicht, welche die konventionelle Treue unmöglich gemacht hat. Damit wird, ungewollt und paradox, der Ehebruch zu einer Handlung der Treue, indem er bewirkt, was diese, wäre sie wahrhaftig vorhanden gewesen, schon immer ermöglicht und befördert hätte ... Hier wird Treue definierbar als Arbeit an der Wandlungsfähigkeit des Partners. Insofern ist sie wieder ein Gebot, eine Pflicht, eine klare sittliche Norm. Liebesverrat aber ist nicht der Beischlaf außer Haus, auch nicht das Fortlaufen und Sitzenlassen, sondern die praktizierte Blockierung der natürlichen Veränderbarkeit des Partners, die lautlose Verhinderung, dass aus dem Menschen, mit dem man lebt, von Zeit zu Zeit ein neues Wesen wird«.

In ähnlicher Auffassung hat Ibsen in seinem Drama John Gabriel Borkmann die Erbsünde als die Sünde desjenigen bezeichnet, der das Liebesleben des anderen im Keime erstickt. Die Untreue beginnt so gesehen nicht mit der Sünde, sondern mit dem Abgeschnittensein des persönlichen und gemeinsamen Selbstgefühls von seinen vitalen Quellen.

So gibt es also ein geradezu lebensnotwendiges Verhältnis zwischen Treue und Untreue und zwischen Vernunft und Unvernunft, das man psychoanalytisch mit dem Spiel zwischen Bewusstem und Unbewusstem gleichsetzen kann: So könnte jenes »Unvernünftige«, das in einer Beziehung die Lebendigkeit erhält, als das libidinöse Reservoir an Lust verstanden werden, das nach der Erfüllung der Vernunft übrig bleibt. Diese Legitimität der »Unvernunft« ergäbe sich aus dem libidinösen Überschuss, aus einer Art Überschwang, der für festliche Lebensmomente reserviert ist. Genauso jedenfalls verteidigt die Frau vor dem Richter ihren Seitensprung in Boccaccios siebter Novelle des sechsten Tages: »Nun frag ich Herr Richter, wenn mein Mann stets von mir erhalten hat, was er bedurfte und verlangte, was sollte ich mit dem beginnen, was mir noch übrig bleibt? Sollte ich es den Hunden vorwerfen?« Die ekstatische Dynamik der Urszene steht in einem komplexen Verhältnis zu Krankheit und Gesundheit. Nur wenn es uns gelingt, mit unseren primitiven Selbstanteilen in Berührung zu bleiben, bleiben wir dazu fähig, unseren heftigsten Gefühlsregungen und drängendsten Empfindungen Bedeutung zu verleihen. Ein Gesundheits- und Normalitätsbegriff, der diese Befähigung ausschließt und entwertet, würde uns nicht gesünder, sondern ärmer machen.

Anfangsszene

Bezaubernd schönes Bild

Der Film beginnt – noch im Vorspann, also vor dem Titel und ohne Umschweife – mit einem Striptease und packt damit den Zuschauer gleich an dem, was ihn ins Kino treibt: am Schautrieb. Kubrick inszeniert damit einen sinnlich-ästhetischen Augen-Blick, verleiht dem Sehakt Brisanz, gleichsam als selbstreferentielle Thematisierung der Kino-Wirklichkeit: Der Film beginnt mit der Installation einer voyeuristischen Situation und macht den Zuschauer zum Voyeur. Das Visuelle, der Schautrieb, der Blickfang – wir kennen das von der Liebe auf den ersten Blick, von Mozarts »Dies Bildnis ist bezaubernd schön«, von Aktbildern und von der Pornografie – spielt in der Dynamik des Begehrens eine initiierende Rolle.

Dem Auge kommt hier eine privilegierte Bedeutung zu. Das Spektakuläre macht Lust. Man will doch sehen, was da vor sich geht und mehr noch: wie es weitergeht auf dem Weg, der zur Erlösung von dieser Spannung führen soll.

Zunächst aber muss das emotionale Feld dafür bereitet sein. Kubrick gelingt das in der kürzest möglichen Zeitspanne, indem er den Film mit einer mitreißenden Musik beginnen lässt: Es ist der orchestrale erotisch-melancholische zweite Walzer aus Schostakowitschs Jazz-Suite, seinerzeit eine subtile Provokation der stalinistischen Sowjetmacht, mit einem Stimmungshorizont, der eine lose Verbindung zum Wiener Walzer und damit zum Wien Schnitzlers herstellt. Und mit der Musik, immer genau vier Walzer-Takte lang, werden die vier Namen der wichtigsten Protagonisten eingeblendet, deren Zusammenspiel in der Wirklichkeit innerhalb und außerhalb dieses Films die Auseinandersetzung mit dem Stoff trägt und repräsentiert: Warner, Tom Cruise, Nicole Kidman und Stanley Kubrick. Diese vier Namen eröffnen das implizite ödipale Feld des Films, verkörpern den ödipalen Hintergrund des Werkes: als Raute bzw. räumlich als Pyramide mit verschiedenen Dreiecksrelationen. Cruise-Kidman-Kubrick, Kubrick-Warner-Publikum. (Letzteres implizit.) Dann kommt der Szenenschnitt.

Kaum ist das erreicht, wird unser Blick in den Innenraum gelenkt, den Ankleideraum von Alice. Alice kommt aus derselben Begriffswurzel wie Schnitzlers Albertine (»aus edlem Geschlecht«), hat aber mit ihrer Namensvetterin aus Lewis Carrolls Buch gemein, dass auch sie einen Blick hinter die Spiegel der Konventionen wirft. So viel zu Kubricks ironischer, signifikatorischer Spiellust mit Namen und Begriffen. Der Ankleideraum ist aufgeräumt, nur ein paar Frauenschuhe und eine Zeitschrift liegen auf dem Boden, und zwei Tennisschläger stehen in der Ecke, vielleicht als erster beiläufiger thematischer Hinweis auf ein Spiel, das sich zwischen dem Paar und um sie herum abspielen wird, und zwar – worauf bereits die Zeitschrift am Boden hindeuten könnte – im Spannungsfeld zwischen heimlicher Intimität und enthüllender Veröffentlichung.

Nicole Kidman – als eine »wunderschöne Frau«, wie es auch im Drehbuch heißt – steht vor dem Spiegel, mit dem Rücken zur Kamera: Wie hinter Lovis Corinths Susanna im Bade darf es sich der Filmzuschauer in der Rolle des ungesehenen Voyeurs heimelig machen und sich ungeniert seinem Vergnügen hingeben, in gespannter Erwartung, was sich nun weiter ereignet: und da lässt sie – durch ein paar rasche Bewegungen ihrer Hände – ihr elegantes schwarzes Abendkleid zu Boden fallen, während sie ihre Arme in anmutiger Pose leicht noch oben bewegt. Nackt steht sie nun da, auf ihren Stöckelschuhen und in diesem Raum, der wie aus der venezianischen Farbpalette Tizians komponiert ist, mit schimmernder Haut, grazil im pastellgelben Licht einer Stehlampe, und wir verfolgen gebannt, wie Nicole Kidman lässig, unbefangen und ein wenig lasziv, mit einem kleinen Seitwärtsschritt, der zu einem Tango gehören könnte, aus dem kleinen Kreis steigt, den ihr herabgesunkenes Kleid am Boden bildet.

Hier haben wir, was Freud in den Abhandlungen zur Sexualtheorie sagte (Freud 1905c, S. 55): »Der optische Eindruck bleibt der Weg, auf dem die libidinöse Erregung am häufigsten geweckt wird«. Der Blick als Fern-Sinn beherrscht den ersten Akt im Spiel der Liebe.

Phylogenetisch erscheint dies plausibel. Auch ontogenetisch, wenn man bedenkt, dass das Begehren mit dem ödipalen Prisma erwacht. Während die uterine Erlebniswelt von Klängen erfüllt ist, bekommt in der ödipalen Welt des Kindes das Visuelle früh eine bevorzugte Qualität. Das Spüren, Riechen, Schmecken kann im Erwachsenenleben seinen erogenen Genuss erst in den späteren Regressionsstadien der Annäherung wiedererhalten. Wer allerdings beim voyeuristischen Blick stehen bleibt, bleibt auch fixiert auf seine imaginäre Macht und sein bedeutungsloses Genießen. Hier beginnt die Perversion:

der Verrat am Ganzen zugunsten des Teils. Darum bedarf es für die Entfaltung der Liebe der »Macht, die der Schaulust entgegensteht« (ebd. S. 56), der Scham. Sie wird im Zentrum der Novelle, in Albertines bzw. Alices Traum, die größte Bedeutung bekommen. Hier aber spielt sie noch keine Rolle: Wir sind noch im Vorfeld, im Kabinett der Unschuld.

Interruption

Doch kaum fühlt man sich eingeladen zu diesem heimlichen Abenteuer im dunklen Kinosaal, kaum entfaltet sich beim Zuschauer an diesem scheinbar so unschuldig-intimen Striptease ein Kitzel der Vorlust und stimmt ihn vielversprechend auf ein ästhetisches Blue Movie ein, – fällt schon nach sieben Walzertakten abrupt die Klappe. Einen Takt lang ist die Leinwand schwarz, bis sich in sachlich-nüchternen Buchstaben der klassisch-moderne Schriftzug mit dem irritierenden dreisilbigen Titel zeigt: *Eyes Wide Shut*. Augen – Weit – Zu! Fünf Takte lang.

Dieser Unterbrechungseffekt wird noch dadurch intensiviert, dass man – gewiss subliminal – von der Präsentation der ersten vier Namen daran gewöhnt war, dass die Schriftzüge im Verhältnis drei zu eins allmählich ausgeblendet wurden, also sich in sanften Übergängen ablösten, während der Striptease völlig übergangslos, also erbarmungslos, im Sekundenbruchteil im Schwarz der Leinwand verschwindet. Das ist brutal. Wenn man die perfektionistische Sorgfalt Kubricks bedenkt sind diese Feinheiten keine Zufallsprodukte, sondern kalkulierte Strategie, die das Unbewusste des Zuschauers raffiniert in den Film einbindet und beteiligt. Dies wird unterstützt durch Kubricks grundsätzliche Zurückhaltung gegenüber der Bewegung – auch hier die Ähnlichkeit zur analytischen Situation. Das wenig bewegte Bild war grundlegend für Kubricks Vision von Kino: So wurde die Dichte und Sorgfalt der Komposition eines jeden Bildausschnitts möglich. Die Statik unterstützte die peinliche Genauigkeit in der Beobachtung. Es gibt wahrscheinlich keinen Regisseur, dessen Realisations-Verfahren langwieriger waren, außer vielleicht Chaplin. Kaum ein anderer Regisseur hätte sich einen ähnlichen verschwenderischen Zeitaufwand leisten können. Allein für den Filmschnitt verwendete er ein Jahr. Frederick Raphael brachte diese Fähigkeit, Spannung zu halten, mit der jüdischen Herkunft Kubricks in Verbindung: »Der Judaismus hat Gebote, doch keinen Zeitplan für die Erlösung«.

Der Entzugsschock der Vorlust in der ersten Szene ist hier also mit unerbittlicher Raffinesse geplant. Die sinnlich-visuelle Verheißung der Wunscherfüllung wird ausgesetzt zugunsten der Schrift. Es ist der Entzugsschock, der im Menschen das Denken anstößt. Eyes Wide Shut – was meint dieses Paradox? Die geweiteten Augen der Überraschung, der Angst, oder vielmehr das Träumen, die Öffnung des seelischen Blicks nach innen durch das Schließen der Augen? Oder ist es die Frage nach dem Begehren des andern, das so schmerzlich uneinsehbar bleibt? Oder geht es um ein letztes Wissen, das Risiko der Lust, der Lust selbst, oder das Risiko des Todes, das die Lust herausfordern kann? Der Film soll den Text Schnitzlers hörbar und sichtbar machen, wobei das Erkennen – auch das eine der impliziten Botschaften des Films – bei Kubrick am Ende ebenfalls der Sphäre des Wortes verpflichtet bleibt.

Mit dem Titel, der der Schaulust ein Ende bereitet, wird die erste Unterbrechung des Films in Szene gesetzt und damit auch die Unterbrechung des im Zuschauer evozierten Begehrens: Ihr werden viele weitere Unterbrechungen folgen und sich aufreihen zu einer subkutan wirksamen Ansammlung allzu alltäglich-banaler Enttäuschungen. Die Filmkritiken, die sich ihrerseits nach den stimulierenden Werbemaßnahmen (z. B. Trailer) und pornografischen Erwartungen getäuscht sahen, spiegeln in ihrem verächtlichen Gestus diese Unlust am besten wider, die die auktoriale Enttäuschungskette des Films bewirkt und ihm den Ruf des unerotischsten aller Filme eingebracht hat. Öffnen und Schließen, Versprechen und Entzug: So sehr diese Bewegungen das Leben im frustrierenden Alltag auch prägen, so unvermeidlich und bekannt sie uns erscheinen mögen, diese unfreiwillige Suspension der Wunscherfüllung und des Lustprinzips – soll man sich ihr nun auch noch im Kino aussetzen? Sollte das Kino, diese Fabrik der Träume, nicht vielmehr dazu da sein, eine Ersatzwelt für die Frustrationen des Tages zu bieten, wie eben auch der Sex? Soll sich nun auch noch das Kino in die schwer erträgliche Reihe von Störungen einfügen, unter denen wir im Alltag leiden? Schließlich will sich der Kinobesucher der imaginären Faszinationsmacht des Filmes hingeben und hofft, mit seinem voyeuristischen Begehren ohne Gefahr ein Wissen zu erlangen, für das er sich im Alltag der Todesangst stellen müsste. Tatsächlich aber kann man im Kino auch sterben. Und die Unterbrechungen, die den Film skandieren, sind ein Vorgeschmack der letzten Unterbrechung: des Todes!

Obdachlosigkeit und Verkehrsgeheul

Schnitt. Die Kamera ist nun draußen, vor dem Apartment am Central Park West, es ist Nacht, und auf der Straße braust der Verkehr: Der Straßenlärm mischt sich in den Walzer, und auf der linken Seite sitzt klein auf einer Bank ein einsamer Mann mit Hut und dickem Mantel, eine beiläufige Randfigur, die sich unwichtig und obdachlos ausmacht im irrlichternden Gebrause. Es bedarf keines großen metaphorischen Übersetzungsaufwandes, um hier erneut die ödipale Grundkonstellation, diesmal aus dem Erleben des unbehausten Ausgeschlossenen, des Heimatlosen, des »ewigen Juden« zu fühlen, an dem das Verkehrsgetriebe unaufhaltsam und übermächtig vorüberbraust. Eine aufheulende und absinkende Sirene mischt sich in den Walzer ein wie eine rohe Triebäußerung des New Yorker Nachtlebens. Der Zuschauer ist im geschützten Innenraum: Er sieht dieses Draußen aus der Behaglichkeit des Geborgenen. Scheinwerfer und Straßenlichter schaffen ein horizontal ausgerichtetes künstlich-poetisches Lichterflirren, das im weiteren Filmverlauf ständig – in die Vertikale gedreht – von Weihnachtsbäumen glänzen wird, als hintergründige Symbole des Festes der Familie, der Freude und der Liebe: bzw., wenn man die Verkehrung ins Gegenteil mitliest, des Kitsches, der Lüge, der Aggression und der Flucht. Auch diesmal, wie beim Filmtitel schon, verweilt die Passage nur fünf Walzertakte lang, was eine agogische Phrasierung einfügt und den Film beschleunigt. Schnitt.

Je öfter und genauer man die szenischen Details betrachtet, desto deutlicher kann man erkennen, wie Kubrick mit seiner Technik der Überlagerung sublimer, symbolisch aufgeladener, überdeterminierter Hintergrunddetails im Zuschauer die komplexe, zwiespältige Stimmung aufbaut, aus der der Film seine eigentümliche Atmosphäre bezieht.

Nervöse Routine: Im Wunderland der perfekten Ehe

Das von blauem Licht erfüllte Fenster und der abgedämpfte Verkehrslärm zeigen uns, dass wir nun wieder innen sind. Der aufscheinende Komplementärkontrast – blau (wie Nacht, draußen, Kälte) und orange (wie Körper, innen, Wärme) – wird fortan die Räume ausleuchten, in denen sich die Intimität des Paares entfaltet, im Unterschied zu den Rot (Eros) – Schwarz (Tod)-Kontrasten, die in der Mitte des Films den Hintergrund der fensterlosen Orgiengesellschaft dominieren und zur Atmosphäre aus perverser

Erotik und unpersönlichen Inszenierungen der Macht beitragen. Der ganze Film baut sich hauptsächlich aus den Lichtquellen auf, die im Film selbst sichtbar sind. Dadurch, dass Kubrick seine malerische, pastellartige Kunst der Lichtführung, die er bereits in *Barry Lyndon* mithilfe neuer Objektivkonstruktionen und weichkörnigem, hochempfindlichem Filmmaterial entwickelt hatte, mit der tizianesken Farbpalette poetisch schärft, – verleiht er dem gesamten Geschehensablauf – noch im rauschhaften Sturz in die irrationalen Abgründe der Liebesverhältnisse – einen »klassischen Glanz«. Eine Handkamera, die nie verwackelt, eine Steadycam, die nie aufdringlich schwankt, alles im Gleichmaß, ruhig, beherrscht, anstrengungslos. »So wie man vom Körper eines edlen Weines spricht, muss man vom Körper von Kubricks Bildern reden« (Kilb 1999).

Viele Interieurs dieses Films sind mit Gemälden von Kubricks Frau Christiane ausgestattet. In einem Interview in der Süddeutschen vom 10.4.04 hat sie erzählt, dass als Kulisse die gesamte Kubricksche Wohnung nachgebaut wurde: »Unsere Möbel, meine Bilder, meine Halsketten – alles kam in dem Film vor ... Die ganzen Sachen, die so rumstehen, sagte er, müssen gewachsen aussehen, es ist ganz schwer, ein verschlamptes Büro oder eine typische Wohnung zu bauen, ohne dass es hingeklebt oder opernhaft aussieht«. Denn erst wenn alles organisch ist und dadurch nicht ablenkt, ist der Weg frei für die Geschichte, ähnlich übrigens wie in den psychoanalytischen Behandlungen. Und Kubrick hat in diesem Film alles gefördert, was – analog zur Geschichte selbst – die Grenzen zwischen Bühne und Realität verwischt. Das erzählte auch Kidman in einem Interview:

»In diesen eineinhalb Jahren wurde ich Alice. Ich weiß, es klingt lächerlich ... da gibt es Realität und Rolle, aber wenn du einen Regisseur hast, der diese Verwischung erlaubt, dann gerätst du auch an die Grenze, wo diese Verwischung passiert, und das ist gefährlich, und wenn es passiert, wird die Arbeit aber so viel mehr als nur die Produktion eines Films. Es wurde zu einer einmaligen Erfahrung im Leben. Er (Kubrick) wartete immer auf etwas Überraschendes, Interessantes, das passiert. Er wollte etwas ausloten jenseits von richtig und falsch. Er lotete alle Facetten aus, um zur Aussage zu kommen. Ich war oft überrascht über mich, aber sehr entspannt. Manchmal war ich müde, dann ging manches fast besser, weil weniger gewollt«.

An der Wohnung der Harfords sieht man sofort: Luxus, Geld, Erfolg. Der gut aussehende Arzt Bill Harford steht im Abendanzug vor dem blauen Fenster seines Ankleideraums und legt beiläufig und unentschlossen einen undefinierbaren, in einer Tüte verpackten Gegenstand auf den Fenstersims. Wir sind nun im Ankleideraum des Mannes. Das zeigen die Männerschuhe und das Golfset in der Ecke. Vom blauen Fenster geht er an einem kleinen Tischchen vorbei Richtung Schlafzimmer. Hier dominieren die Orangetöne. Er tastet sein Jackett ab. Es fehlt was. Er nimmt von einem kleinen Tischchen die Schlüssel und ein Mobiltelefon – typisches Symbol unserer Zeit – und geht zu einer Kommode. Er ist etwas hektisch und in Aufbruchseile. Bills erste Äußerung lautet: »Schatz? Hast du meine Brieftasche gesehen?« Der erste Satz also gilt dem Geld. Das Geld als zählbare Sicherheit ist das Pendant zum risikolosen Voyeurismus des Zuschauers. Geld und Bezahlen sind Leitmotive, die sich durch den Film ziehen. Geld steht für gesellschaftliche Hierarchie, Prostitution, Macht und rein formales Kommunizieren. Der Allerweltsname Bill (William), der in der ersten Szene noch nicht genannt wird, entspringt nicht nur derselben Wurzel wie Fridolin (»Schutz vor Gewalt, Helm, willensstark«) in Schnitzlers Traumnovelle, sondern schmeckt auch nach dem englischen bill, nach Rechnung, nach Amortisieren, d. h. nach dem Abtragen einer (vielleicht unbewussten) Schuld. Ist es die Schuld der Routine, die Schuld der Angst, die Schuld der Vermeidung lebendiger Begegnung? Ist es der Bill in uns allen, der das Abenteuer ersehnt und zugleich fürchtet? »Harford« lautet Bills Familienname: Eine Mischung aus »Harrison Ford« i. S. eines profanen amerikanischen Goys, als den Kubrick Fridolin, Schnitzlers jüdischen Arzt, zunächst angelegt hatte, und aus Hertford(shire), der Grafschaft, in der Kubrick seit den 60er Jahren wohnte. Der Drehbuchautor Raphael hat die Namenswahl als einen Versuch des jüdischen Familienpatriarchen Kubrick gewertet, um auf diese Weise dem Goy bei aller Fremdheit näher zu stehen.

Bill öffnet die oberste Schublade und entnimmt ihr ein Taschentuch. Wer Othello kennt, weiß, wie leicht ein Taschentuch in falschen Händen dazu führen kann, eine tödliche Eifersuchtstragödie zum Entflammen zu bringen, sobald der Protagonist seiner Eifersucht nicht mehr mächtig ist. Zunächst scheint es hier nicht so – aber wir werden im späteren Filmverlauf, im großen Schlafzimmer-Dialog zwischen Alice und Bill, sehen, dass der Motor des Dramas nicht etwa eine akute Eifersucht Bills ist, die z. B. das Flirten Alices mit einem andern Mann in Zieglers Weihnachtspartie hätte lostreten können. Im Gegenteil! Gerade Bills hartnäckige Verneinung jeder Eifersucht wird zu jenem Anlass werden, der die bohrenden Fragen Alices (Was wollen die Männer eigentlich?) in die Tiefe treibt. Oder anders gesagt: Das Problem, das die Krise in Gang setzt, ist vielmehr die Tatsache, dass

Bills Begehren Routine geworden ist und deshalb sagt er diesen falschen Satz, wo es dann passiert, und von wo das Paar hineingleitet in gefährliches Gebiet.

Wir können diese Eingangsszene also sehen als eine überaus feinsinnige, wunderbar ausgespielte Darstellung einer psychischen Verfassung der Abwehr, so einer verbreiteten und normalen Form der gemeinsamen Abwehr, wie wir sie alle nur zu gut kennen, die gewöhnliche Abwehr des Paares im trauten Heim, die uns die alltägliche Routine in gewohntem Rhythmus bewahren hilft. So selbstverständlich eben verlegen wir im Alltagsgeschäft unsere drängende innere Welt des Begehrens ins Außerhalb, um sie dort wieder als das Vermisste sehnsüchtig aufzusuchen. Anders gesagt: Es ist das Symptom der tief eingefleischten unbewussten menschlichen Tendenz, die unbewussten Wünsche und die mit ihnen verbundenen Selbstanteile in die Außenwelt zu projizieren.

Zurück zur Filmszene, in der sich das Paar auf Zieglers Weihnachtsparty vorbereitet. Alice, die Hausfrau und Frau des Hauses, hat natürlich – wie in anderen Familien auch – den Überblick und erinnert sich gleich, wo die Brieftasche liegt: »Liegt die nicht auf dem Nachttisch?« Bill geht hinüber zum Nachttisch und sieht dort seine Brieftasche. Dabei seufzt er. Die Brieftasche liegt unter einem Buch. Wie in anderen Familien auch liest das Paar gewöhnlich vor dem Schlafengehen. Bill drängt: »Du weißt, dass wir längst weg sein sollten?« (Wer kennt nicht diese Allerweltssituation?) Bill geht um das Bett herum in das angrenzende Badezimmer. Alice sitzt auf dem Klo. Sie trägt ein Abendkleid. Der Zuschauer sieht einen Moment lang ihr schönes nacktes Bein mit dem Strumpfband. Alice antwortet auf Bill: »Ich weiß. Wie sehe ich aus?« Bill geht zum Spiegel, um sein Aussehen zu überprüfen, ohne dabei Alice anzusehen. Bill: »Perfekt«. Alice steht auf, nicht ohne dem Zuschauer einen flüchtigen Blick ins tiefe Dekolleté ihres schönen Busens zu gewähren, während Bill seinen Krawattenknoten prüft. Nach dem Aufstehen wischt sich Alice unter dem Rock. Alice: »Ist die Frisur okay?« Während der Zuschauer hier eher nach unten denkt, betrachtet Bill weiter seinen Krawattenknoten und sagt: »Sieht toll aus«. Alice wirft das Toilettenpapier ins Klo und spült ab. Alice: »Du hast ja nicht mal hingesehen«. Bill dreht sich zu ihr um und schaut ihr bewundernd über den Scheitel. Bill: »Sie ist wunderschön. Du siehst immer schön aus«. Bill küsst sie flüchtig am Hals und verlässt das Badezimmer. Alice fragt ihn, ob das Kindermädchen die Handynummer hat. Bill: »Hab ich an den Kühlschrank gehängt. Gehen wir?« Während Alice sich im Spiegel anschaut, wäscht und trocknet sie sich ihre

Hände. Alice: »Gut. – Okay. – Ich bin fertig«. Alice legt ihre Brille ab (die sie in der Schlussszene des Films wieder aufhaben wird), verlässt das Badezimmer und geht zum Bett, um dort ihren Mantel und ihre Tasche zu holen. Bill, der seinen Mantel über dem Arm trägt, dreht die Anlage aus. Sie verlassen gemeinsam das Schlafzimmer. Bill knipst das Licht aus. Anlage aus. Licht aus. Jeweils doppelte Kastration, akustisch und optisch. Wo der Walzer zuvor noch als schwebende Musik über Ort und Zeit die Einführung der ödipalen Repräsentanten trug und das voyeuristische Striptease-Vergnügen des Zuschauers begleitete, bekommt Schostakowitsch nun einen Ort und eine Zeit – die Stereoanlage – bevor er ausgeknipst wird. Das Ausknipsen des Lichtes lässt noch einmal, fast wie ein Nachbild, den Blau-Orange-Kontrast aufleuchten, der das filmische Kammerspiel begleitet, bevor das Zumachen der Tür wieder Dunkelheit schafft.

Psychomythologische Motivlinien

Eifersucht

Ich will nun gerafft die zentralen Motivlinien zusammenfassen, die den Film und mein Thema verbinden. Für mich ein kleines, neugieriges Experiment, wie weit eine unbewusste Thematik im interdisziplinären Wechselspiel zwischen psychoanalytischer Erkenntnis und filmischer Intuition ausgeleuchtet wird.

Auf der nun stattfindenden Weihnachtsparty bei den mondänen Zieglers erleben Bill und Alice erotische Verführungsversuche, die sie – nicht ohne Wanken – zurückweisen. Am folgenden Abend entspinnt sich im Schlafzimmer ein Gespräch zwischen den beiden, beflügelt und enthemmt durch Übermüdung und einen Joint. Im Drehbuch die 33. Szene:

ALICE: Hm. Eins musst du mir sagen. Sag schon. Du wirst sie doch nicht etwa rein zufällig gefickt haben?
BILL: Was? Ich weiß gar nicht, was du meinst ... Das waren nur ein paar Models. ... Und der Typ, mit dem du getanzt hast, wer ist das gewesen?
ALICE: Ein Freund von den Zieglers.
BILL: Was hat er gewollt?
ALICE: Was er gewollt hat? Oh, was hat er gewollt?
Hm, Sex. Und zwar sofort. Eine Etage höher.

BILL: Ist das alles? ... Er wollte also nur meine Frau ficken?
ALICE: Ja, so ist es.
BILL: Na, das ist doch ein verständlicher Wunsch.
ALICE: Ein verständlicher Wunsch?
BILL: M-hm. Weil du eine wunder-wunderschöne Frau bist.
ALICE: Wow, wow, wow, warte. Also – ... weil ich eine wunderschöne Frau bin, kann es nur einen Grund für einen Mann geben, mit mir eine Unterhaltung zu führen: Nämlich, dass er mich gerne ficken möchte? Ja? Hab ich dich da richtig verstanden?
BILL: Na ja – ich glaub, es ist nicht unbedingt so schwarz-weiß. Aber wir wissen doch sicher beide, wie Männer sind.

Das ist der starting point, an dem die Empörung Alices losbricht und das Enthüllungsgespräch seinen Lauf nimmt. Alice entschließt sich, Bill von einer fantasierten Untreue mit einem Marineoffizier zu erzählen, für deren Realisierung sie alles, ihre ganze Existenz, sogar ihr Kind aufgegeben hätte. Wie aus heiterem Himmel wird nun ein verborgener, ungeahnter, verleugneter Wunsch nach einem radikal anderen Dasein in Bills sichere Gegenwart gespült, die Bills Selbstgewissheit untergräbt, ihn traumatisiert. Für Alices fremdartige, unfassbare Sehnsucht nach kompromissloser Selbstverausgabung, die alle Werte der Vergangenheit, Gegenwart und Zukunft außer Kraft setzt und von Liebe weder erreichbar noch beeinflussbar erscheint, findet Bill keine Antworten außer Klischees. So entlarvt Alice im weiteren Streit die Wirklichkeit des Alltags in ihrer imaginären Scheinhaftigkeit als Illusion, als Maskenidentität, als Abwehrexistenz, als Falschmünzerei. In seinen Flash-Backs, die ihn auf dem Weg seines nächtlichen Hausbesuchs zu einem Verstorbenen begleiten, gerät Bill in einen Zustand der Eifersucht, für die er keine Fassung findet: denn er ist ja nur mit der Fantasie einer Szene konfrontiert, und zwar einer Szene, die es in Wirklichkeit gar nicht gegeben hat, sondern die auf Alices Fantasien zurückgeht, und die Bill nun über ein Bild einzuholen versucht, das im Film Stummfilm ist, d.h. ein Film der Sprachlosigkeit. Seine imaginäre Sicherheit ist gründlich erschüttert. Das Phantasma von Alices Begehren zeigt sich als sprengende Kraft von etwas undenkbarem Unbekannten, das sich in Bill zu einer vitalen Kränkung verdichtet, mit der er nicht umzugehen weiss und die unbewusst zur Rache drängt. In seiner Arbeit über Neurotische Mechanismen bei Eifersucht, Paranoia und Homosexualität von 1922 nahm Freud zum Flirt und zur Ehe folgendermaßen Stellung:

»Es ist eine alltägliche Erfahrung, dass die Treue, zumal die in der Ehe geforderte, nur gegen beständige Versuchungen aufrechterhalten werden kann. Wer dieselben in sich verleugnet, verspürt deren Andrängen in sich doch so stark, dass er gerne einen unbewussten Mechanismus zu seiner Erleichterung in Anspruch nimmt ... Die Konvention setzt fest, dass beide Teile diese kleinen Schrittchen in der Richtung der Untreue einander nicht anzurechnen haben, und erreicht zumeist, dass die am fremden Objekt entzündete Begierde in einer gewissen Rückkehr zur Treue am eigenen Objekt befriedigt wird. Der Eifersüchtige will aber diese konventionelle Toleranz nicht anerkennen, er glaubt nicht, dass es ein Stillhalten oder Umkehren auf dem einmal betretenen Weg gibt, dass der gesellschaftliche ›Flirt‹ auch eine Versicherung gegen wirkliche Untreue sein kann«.

Odyssee in die Welt der Masken

Der Anruf wegen eines verstorbenen Patienten rettet Bill aus dem Gespräch und katapultiert ihn auf eine nächtliche Odyssee zufälliger erotischer Abenteuer, in der er – unbewusst – für seine aufgewirbelten Wünsche und quälende Verunsicherung eine Erfüllung und Lösung sucht. Den dramatischen Höhepunkt bildet seine heimliche Teilnahme als Beobachter einer rituellen Sexorgie in einer geheimen und geschlossenen Gesellschaft, von der ihm der zufällig wieder getroffene Studienkollege, der dort mit verbundenen Augen Orgel spielt, erzählt hat und der ihm auf sein Drängen das Losungswort (Fidelio) verrät.

Erneut spielt die Schaulust eine dominierende Rolle. Der Film inszeniert sie zwischen dem Zuschauer und den Vorgängen am geheimen Ort, wobei sich der Zuschauer in Bills Perspektive versetzen kann. Bill ist in eine Kutte und Kapuze eingehüllt und trägt eine Maske. Hier ist nun alles Requisite und Zeremonie, bis hinein in die kollektive Ausschweifung pornografischer Kopulation und küssender Masken. In den Masken der Mitglieder versammeln sich die allegorischen Motive des Theaters und die verschiedenen Stile der Kunstgeschichte zu einer Kostümparade nach Art des venezianischen Karnevals. Die Theatralik wird gesteigert zu einer bis ins Groteske verlangsamten, überdehnten Spielweise, die auch an Kabuki-Theater erinnert und die eine surreale, pseudo-religiöse Stimmung erzeugt. Diese fantastische Gestaltung hohler, imaginärer Zitate und Imitationen liefert für die Rollen-Spiele der Macht das Dekor und die Unterhaltung. Es ist nun interessant, gerade hier die diskursiven Darstellungsmöglichkeiten der Novelle und die präsentativen des Films gegeneinander zu halten. Während es im Drehbuch lapidar heißt: »Bill sieht ... Bill erblickt ... Bill beobachtet ...« und schließlich »Jetzt zeigt sich, dass sie alle junge schöne Frauen sind, nackt, bis auf ihre Masken und Tangas« etc., schreibt Schnitzler:

> »Fridolins Augen irrten durstig von üppigen zu schlanken, von zarten zu prangend erblühten Gestalten; – und dass jede dieser Unverhüllten doch ein Geheimnis blieb und aus den schwarzen Masken als unlöslichste Rätsel große Augen zu ihm herüberstrahlten, das wandelte ihm die unsägliche Lust des Schauens in eine fast unerträgliche Qual des Verlangens«.

Bill wird erst gewarnt, dann entdeckt, dann vor ein Tribunal gestellt, vor dem er sich entkleiden, seine Identität offenbaren soll. Schließlich wird er von einer Frau ausgelöst, die sich an seiner Stelle für ihn »opfert«. Dann muss er die Villa verlassen. Später liest er zufällig in einer Zeitung vom Tod einer Frau, die er mit der Schönen in der Villa in Verbindung bringt, und er findet die Tote in der Pathologie des Krankenhauses, wo sie eingeliefert wurde. Es ist die 125. Einstellung. Da heißt es im Drehbuch lapidar:

> »Die Ordonnanz führt Bill ins Leichenschauhaus, geht hinüber zu einem Schrank mit tiefgekühlten Leichenschüben und zieht einen heraus ... Bill steht da und schaut auf den toten Körper ... Er beugt sich nach vorne, bringt sein Gesicht näher an ihres und schließt seine Augen. Es sieht so aus, als ob er sie küssen würde. Plötzlich hält er inne, zieht sich langsam zurück, bis er wieder auf ihr Gesicht hinunterschauen kann«.

Die Eyes Wide Shut sind nun die offenen Augen der Toten. Sie sehen nicht mehr. Was aber sieht Bill? Was erfährt er von den letzten Geheimnissen, jenen des Eros und jenen des Todes, des Sexualtriebs und des Todestriebs? Schnitzler schreibt:

> »Nun aber sollte er nur den Körper wieder sehen, einen toten Frauenkörper und ein Antlitz, von dem er nichts kannte als die Augen – Augen, die nun gebrochen waren ... Ein weißes Antlitz mit halbgeschlossenen Lidern starrte ihm entgegen ... Ob dieses Antlitz irgendeinmal, ob es vielleicht gestern noch schön gewesen – ..., es war ein völlig nichtiges, leeres, es war ein totes Antlitz. Es konnte ebenso gut einer Achtzehnjährigen als einer Achtunddreißigjährigen angehören ... War es ihr Leib? ... er sah die Rundung des mattbraunen Unterleibs, er sah, wie von einem dunklen, nun geheimnis- und sinnlos gewordenen Schatten aus wohlge-

formte Schenkel sich gleichgültig öffneten ... dann schlang er seine Finger wie zu einem Liebesspiel in die der Toten, und so starr sie waren, es schien ihm, als versuchten sie sich zu regen, die seinen zu ergreifen; ja ihm war, als irrte unter den halbverschlossenen Lidern ein ferner, farbloser Blick nach dem seinen; und wie magisch angezogen beugte er sich herab«.

Der Film muss andere Mittel wählen, um sichtbar werden zu lassen, was hier vor sich geht. Statt der Worte wählt Kubrick die Musik, die den Weg vom Lebendigen zum Toten begleitet. Während Kidmans verheißungsvoller Striptease von Schostakowitschs orchestralem Walzer aus der vitalen, aufmüpfigen Jazz-Suite gespeist wurde, ist die Szene in der Leichenkammer mit einem rätselhaften Spätwerk Liszts unterlegt, *Nuages Gris*, einem Stück für Solo-Klavier, das ganz geprägt ist von der Wahrheit des Zerfalls, der Isolation, der Formlosigkeit und Deformation, der Heterogenität und Diskontinuität, des Nicht-Abgeschlossenseins, des scharnierlos Montierten, des Hässlich-Fremdartigen, des Anorganischen, mit dem der alte, zur damaligen Zeit weit in die Moderne weisende Liszt einst seine Zeitgenossen schockiert und verunsichert hatte.

Sowohl Schnitzler als auch Kubrick thematisieren hier eine uralte Verknüpfung der europäischen Kultur: der Verknüpfung von Sehen und Wissen, der Skopophilie, des Schautriebs und der Epistemophilie, des Wissenstriebs, der sich im griechischen Wort »oida« niederschlug, das zugleich »ich weiß« und »ich sehe« heißt, und im ödipalen Kind gleichursprünglich erwacht. Es ist von Anfang an der weibliche Körper, auf den er sich richtet, und das Geheimnis, das der Körper in sich trägt, als das Geheimnis von Ursprung und Geburt. So wird der weibliche Körper zum Objekt par excellence des Wissens und des Begehrens, des Wissens als Begehren, des Begehrens als Wissen werden. Wenn Freud aktiv mit männlich und passiv mit weiblich konnotiert hat, folgt er der abendländischen Kultur. Strukturell weiblich ist das Inspizierte, Betrachtete, strukturell männlich der eindringende Blick, der es wissen will, und diese Relation bleibt ein Leben lang Schema, selbst durch die Phase der Verdrängung hindurch, durch die sich die Latenzperiode der Sexual- und Ich-Entwicklung auszeichnet. Dabei ist auch heute völlig unklar, ob diese kulturellen Topoi überwindbar sind oder nicht.

Nach seinen Eskapaden ohne jede realisierte sexuelle »Untreue« wird Bill nunmehr zum ödipalen Detektiven, und bei seinen Versuchen, den nächtlichen Vorgängen in der geheimen Orgiengesellschaft auf die Spur zu kommen, wird er wie Kafkas Mann vom Lande vor dem Tor zurückgewiesen und erhält die Warnung: »Geben Sie Ihre vollkommen nutzlosen Nachforschungen auf«. Er weiß nun: Zu viel Forschen und Aufdecken ist gefährlich! Wie bei Sophokles' Ödipus ist es eine doppelte Odyssee, die Bill durchläuft, die nächtlichen Abenteuer seiner erotischen Wünsche, und jene am »day after«, wo er dem Tod der Frau, die sich für ihn geopfert hat, auf die Spur kommen will. Seine Suche nach Aufdeckung entspricht dem ödipalen Modell. Es geht um die Fragen, was sich hinter den Masken und Fassaden der Existenz verbirgt. Das Theatralische, Melodramatische, Opernhafte der Orgienpassage, das dem Zuschauer aufstößt, wird im Film noch getoppt durch die Auflösung, die Ziegler, der sich als Mitglied der Geheimgesellschaft outet, Bill im Billiardzimmer-Gespräch anbietet: Ziegler rät Bill, sich damit zu begnügen, dass die ganze Opferdarbietung im Orgientheater inszeniert war, Theater im Theater, »fake«, »charade«, »als ob«, jedenfalls kein Mord:

> »Als Sie wieder weg waren, ist ihr nichts passiert, was ihr nicht schon vorher passiert wäre. Sie wurde nach Strich und Faden durchgefickt. Punkt. Als sie nach Hause kam, war sie in bester Verfassung. Sie war ein Junkie. Es war ne Überdosis. Es gab nichts Verdächtiges. Ihre Tür war von innen verriegelt. Die Polizei ist zufrieden«.

Vor Über-Vater Ziegler wird Bill wieder zum unwissenden, naiven, ewigen Schuljungen, und die Vatergestalt, auf die er trifft, erweist sich als fragwürdig. Er ist einerseits der Rivale, der ihm den mütterlichen Existenzgrund, den Ort der (sozialen) Nahrung, Sicherheit und Anerkennung und das Objekt des Begehrens wegnimmt, andererseits der definitive Zerstörer des Wissens, das Billy the Kid zu erlangen hoffte. Das Geheimnis, das die Szene birgt, erweist sich im Zentrum als leer und nichtig.

Dieses filmische Element, diese geradezu schockartige Desillusionierung durch Ziegler, kommt bei Schnitzler nicht vor. Es ist eine typische Kubricksche Ironie, dass das, was Bill als Grenzüberschreitung, als gefährlichsten Moment seines Lebens erlebt hat, nichts gewesen sein soll als ein Theater im Theater, ein bloßes Spiel, um ihn einzuschüchtern. Das banale Resultat seiner großen Odyssee, seines großen Abenteuers lautet, dass er die Sphäre der Fassadenhaftigkeit nie verlassen hat, dass er sich lediglich im irreführenden Schein aufhalten konnte. Sein Gang zum Regenbogen hat keinen höheren Rang als dieser Laden namens »Rainbow Fashions«, wo er seine Verkleidung lieh. Der scheinbar tödliche Realitätseinbruch in die Orgie – vergleichbar mit dem Freud'schen Feuerausbruch im Theater – war nichts als Attrappe. Die

Ziegler-Welt als Welt der Sieger, die ihre Doktoren, Künstler und Prostituierten als Diener halten, ist nichts als Prostitution der Kultur hinter der Fassade der reichen, aufgeklärten, demokratischen Gesellschaft Amerikas. Das, was Bill ergründen wollte, die radikale Ungewissheit des Sexuellen, endet im Scheinhaften und in der bloßen Angst vor der Macht.

Bills Abenteuer sind das Echo der Erfahrung des Kindes, das vom unheimlichen, unbekannten Wissen der Erwachsenen, vom Geheimnis des Sexus ausgeschlossen bleibt. In einer für es selbst geheim bleibenden Wirklichkeit wird über das Kind, das ohnmächtig ist, und über sein Schicksal entschieden. Das Kind soll brav sein und seine aufmüpfige Neugier aufgeben. Bill ist innerlich an derselben Stelle angekommen, wo er sein Töchterchen Helena zu Beginn des Filmes beim Fortgang zum Weihnachtsball zurückgelassen hatte: Sie fragt: »Kann ich noch aufbleiben und die Weihnachtsgeschichte sehen?« Und Mummy erlaubt es. »Kann ich aufbleiben, bis ihr zurück kommt?« – »Nein, Schätzchen, nein«. Zuletzt schließlich: »Und du bist ein braves Mädchen«. Bei Schnitzler heißt es:

> »Jetzt, beinahe plötzlich, fielen ihr die Augen zu. Die Eltern sahen einander lächelnd an, Fridolin beugte sich zu ihr nieder, küsste sie auf das blonde Haar und klappte das Buch zu, das auf dem noch nicht aufgeräumten Tische lag. Das Kind sah auf wie ertappt. ›Neun Uhr‹, sagte der Vater, ›es ist Zeit schlafen zu gehen‹. Und da sich Albertine zu dem Kind herabgebeugt hatte, trafen sich die Hände der Eltern auf der geliebten Stirn, und mit zärtlichem Lächeln, das nun nicht mehr dem Kinde allein galt, begegneten sich ihre Blicke«.

Traum vom Sündenfall

Als Bill nach der Orgien-Nacht ins eheliche Schlafzimmer zurückkehrt, findet er dort Alice, die im Traum redet. Als sie beinahe hysterisch zu lachen anfängt, berührt er sie liebevoll, worauf sie gestresst erwacht.

...
ALICE: Oh Gott. Ich hatte gerade so einen grauenvollen Traum ...
  Alice ist immer noch etwas verwirrt, streckt ihre Hand nach Bill aus und zieht ihn zu sich herunter.
BILL: Was hast du geträumt?
ALICE: Ach, nur lauter total wirres Zeug ...
  Alice setzt sich auf und versucht, ihren Traum wiederzugeben.

ALICE: Wir waren in einer menschenleeren Stadt. Und unsere Kleider waren weg. Wir waren nackt, und ich war ganz starr vor Angst. Und ich hab mich so geschämt. Und ich hab gedacht, dass du an allem schuld wärst und war so wütend. Und du bist losgestürzt und hast versucht, meine Sachen zu finden. Kaum war ich allein, ist alles vollkommen anders gewesen. Ich hab mich wunderbar gefühlt. Ich hab so dagelegen in einem wunderschönen Garten, ausgestreckt, nackt, und die Sonne schien.
Alice legt sich wieder hin und vergräbt ihr Gesicht im Kissen. Bill setzt sich auf und schaut sie an, wie sie ins Kissen weint.
ALICE: Aus dem Wald kam plötzlich ein Mann heraus. Es war dieser Mann aus dem Hotel, der, von dem ich dir erzählt habe. Der Marineoffizier. Er hat mich angestarrt und gelacht, nichts weiter. Er hat mich bloß ausgelacht.
Alice schmiegt sich eng an Bill und umarmt ihn, während sie ihren Mut zusammennimmt, um die Geschichte weiterzuerzählen.
BILL: ... Willst du nicht erzählen, wie der Traum aufhört?
ALICE: Es ist zu grauenvoll.
BILL: Es ist doch nur ein Traum.
ALICE: Er hat mich geküsst, und dann, dann haben wir miteinander geschlafen. Dann war der ganze Garten auf einmal voller Leute, Hunderte, und wir waren in der Mitte. Alle haben sie gefickt. Und dann habe ich auch mit anderen gefickt. Es waren so viele, dass ich überhaupt nicht mehr weiß, wie viele es waren. Und ich wusste genau, du kannst mich sehen, in den Armen von all diesen Männern. Sehen, wie ich jeden von ihnen ficke. Und ich, ich wollte mich über dich lustig machen, wollte dir ins Gesicht lachen. Also habe ich gelacht, hab gelacht, so laut ich konnte. Und in dem Augenblick musst du mich wohl geweckt haben.

Sie weint und liebkost Bill, der sich perplex aufsetzt und sich keinen Reim auf das eben Erzählte machen kann.

Die Schnitzlersche Traumerzählung ist bedeutend länger, sehr wortreich und zieht sich über sechs Buchseiten hin. Raphael fand den Schnitzler-Traum nicht überzeugend. »Ich frage mich, was Sigmund wohl davon gehalten hätte. Nicht sehr viel, könnte ich mir denken. Diese ganzen Dialoge und diese Präzision des Erinnerns, das ist alles zu ... literarisch«. Diesen Traum durch einen wirklichkeitsnäheren zu ersetzen, war für Raphael die anstrengendste Übung des Drehbuchs. Er hat ihn von einem persönlichen Erlebnis abgeleitet, das seinerseits Urszenencharakter hat: Bei einem Urlaub auf Martinique blieb er eines Nachmittags mit Fieber im Bett, während seine Frau zum Strand ging. Ein Paar im Nachbarzimmer fing an, Sex zu machen:

> »Ich konnte gerade noch hören – und das sehr deutlich – was sie sagten und erraten, was sie taten. Der Mann ging ziemlich ruppig mit der Frau um, doch als sie aufschrie, war's voller Lust. Mit der Vorstellung von einer schönen jungen Frau und einem leidenschaftlichen, unerbittlichen Liebhaber lag ich im Bett und lauschte ohne Scham (da ohne Wahl) dem rhythmischen Keuchen, das dem Ziel ihrer Darbietung vorausging. Kurz darauf verließ das Paar sein Zimmer. Ich konnte mich nicht zurückhalten, ans Fenster zu gehen und einen Blick auf beide auf ihrem Weg zum Strand zu werfen. Sie verließen das Gebäude, ein mittelalterliches Paar, weder besonders gut noch ungewöhnlich aussehend. Der Mann gab sich Mühe, seiner Frau über das unebene Wegpflaster zu helfen. Ich wünschte mir, dass Alice mein Erlebnis teilte, und ließ sie von einer Art flüssiger Wand zwischen sich und dem bezaubernden Paar nebenan träumen«.

Kubrick war völlig klar, dass Träume nicht wirklich gefilmt werden können. Ihm war auch klar, dass jeder Traum einen Rahmen braucht, in dem er erzählt werden kann. Der Rahmen, den Kubrick wählt, ist – in gewisser Analogie, aber auch im Unterschied zur analytischen Situation – das Bett des Paares, in dem die Odyssee endet – im Bett, welches im Mythos in einem Baum steht, dem Baum auch, der wie englisch »tree« etymologisch mit »Trauen« und »Treue« verwandt ist – und was er filmt, ist nicht der Inhalt des Traums, sondern die Frau, wie sie ihn erzählt, und den Mann, der zuhört.

Der Traumwunsch Alices erweist sich als das Pendant zum männlichen Voyeurismus: »Du kannst mich sehen ...wie ich jeden von ihnen ficke«. – als Formel des weiblichen Exhibitionismus. Und dann kommt wieder die Unterbrechung, die aus dem regressiven Sog herausführt, diesmal vom Mann: »Und in dem Augenblick musst du mich wohl geweckt haben«.

Narrow Escape

Die einzig verlässliche Botschaft, die Bill von Über-Vater Ziegler erhält, ist die Einschüchterung: »Okay, Bill. Jetzt ist Schluss mit dem Kinderkram, okay? Sie bewegen sich seit gestern Abend auf ganz dünnem Eis. Sie wollen wissen, was für eine Farce das war?«

In seinem Bemühen, dem Wesen des Begehrens auf den Grund zu kommen und der Wunscherfüllung näher zu kommen, blieb Bill auf der Strecke. Die Illusion ist undurchdringlich, die Wirklichkeit trügerisch, die Wahrheit zweifelhaft.

Er kommt von Ziegler nach Hause. Die Maske, die er bei der Rückgabe seiner Verkleidungsutensilien vermisste, liegt nun – völlig überraschend – auf seinem Kopfkissen neben der schlafenden Alice. Es bleibt völlig unklar, wie diese Maske dort hingekommen ist. Alice' Gesicht ist von einem hellen bläulichen Schimmer überzeichnet, als verkörpere sie die definitive Maske, das erste und vielleicht auch das letzte Geheimnis, den dark continent, während von den leeren, nicht-sehenden Augen der Maske ein geheimnisvoller Blick ausgeht, als handele es sich um den Augenblick eines überirdischen, zeitlosen Mysteriums. Hier könnte der Film zu Ende sein.

Der Schock, den die Maske in Bill hervorruft, treibt ihn in blankes Entsetzen. Im Drehbuch heißt es:

»Bill ist emotional ein Wrack, geht langsam auf das Bett zu und setzt sich nieder mit Tränen in den Augen. Schließlich kann er sich nicht mehr beherrschen und bricht in ein unkontrolliertes Schluchzen aus. Alice erwacht und sieht Bills vollständige Hilflosigkeit, als er in sich zusammenfällt und seinen Kopf auf ihre Brust legt. Sie nimmt ihn in ihre Arme, während er weiterschluchzt. Er sagt dann: ›Ich erzähle dir alles. Ich erzähle es dir von Anfang an‹«.

Der Bann, das Schweigegebot, das ihm innerlich die Scham und die Angst und äußerlich die geheime Gesellschaft und Ziegler auferlegte, wird von Bill nun durchbrochen. Er überantwortet sich dem Risiko und offenbart sich. Hier verwandelt sich im Film die narzisstische Spiegelung, der Aufenthalt im Imaginären in eine kapitulierende Selbstpreisgabe an die Trauer, die Mitteilung, den Austausch. Bill lässt los. Er muss nun anerkennen, dass er nicht »Herr im eigenen Haus« ist, und dass die explosiven Kräfte des unbewussten Wunsches über einen Sinn entscheiden, über den er nicht verfügt, so wenig wie Alice. Sie beide sind so angewiesen aufeinander, wie sie erkennen, dass die Kruste ihres Ichs, der Boden, auf dem sie stehen, dünnes Eis ist, so dünn wie jenes der mächtigen Zieglers, der großen Spielkinder der amerikanischen Herrengesellschaft. Indem sich beide in der Erkenntnis begegnen, dass ihnen die Wahrheit des anderen fremd ist, verwandelt sich das Imaginäre naiver Selbstgewissheit in ein Wissen, das Lacan dem Symbolischen zugerechnet hat, als ein Einblick in die erschütternde Tatsache, dass die Lebbarkeit der

Liebe ein waches Bewusstsein ihrer Vergänglichkeit sowie des Risikos des Begehrens mit einschließt, welches die potenzielle Abgründigkeit unseres Lebens stets begleitet.

Beide, Bill und Alice, der eine konkret in der Inszenierung, die andere visionär im Traum, sind durch die Erfahrung der sexuellen Urangst hindurchgegangen, die für das Subjekt konstitutiv ist, weil sie mit seiner unausweichlichen Urszenenerfahrung verwoben ist. Diese Angst resultiert aus der Erfahrung, dass eine (Ein-)Sicht vorenthalten wird bzw. ein Wissen, von dem alles das abzuhängen scheint, was man braucht, um im Verhältnis zum anderen sein Dasein zu gründen. Es ist der Schmerz, dass das Eigentliche unsichtbar bleibt, dass sein Zentrum, das menschliche Triebleben, das man unbedingt kennen sollte, ein Unbekanntes, ein Skotom, ein O ist.

Es ist der Schattensprung, die Courage, die Entschlossenheit zur Selbstoffenbarung des Irrtums, des Nichts und der Lächerlichkeit, es ist dieses Farbe-Bekennen der Beiden, das in Schnitzlers Traumnovelle und Kubricks Film am Ende aus dem ausweglosen Maskenspiel und aus der selbstverborgenen Spiegelfechterei herausführt. Auch dieses Wagnis muss ohne letzte Wahrheitsgarantie auskommen. Aber es führt etwas Drittes ein, eine überraschende neue und illusionslosere Sicht, die uns das akzeptieren hilft, was nicht in den Reim passt, und damit die Masken überwinden hilft. Sie gibt einer realistischeren Liebe Raum, gibt ihr neuen Spielraum, wo es für sie in der Routine keinen mehr gab, und gibt ihr wieder Luft zum Atmen, wo sie erdrückt war unter der Last der aufgedunsenen Fantasie des einen von der unergründlichen Fantasie des anderen. Es kann so etwas Neues gedeihen. Könnte man dies als Bewältigung der Urszene und dessen, was sie im Subjekt in Gang setzt, bezeichnen?

Die letzte Szene des Films spielt zwischen den Regalen eines Spielzeugladens, wo Bill und Alice mit ihrem Töchterchen Helena beim Weihnachtseinkauf entlang spazieren. Drei mal rennt das Kind zu den Spielsachen davon, und Bill und Alice versuchen, sich ängstlich betrachtend, ein Gespräch anzuknüpfen, das immer wieder unterbrochen wird: Jeder von ihnen möchte alles sagen, aber es gibt keinen Weg, es zu sagen. Schließlich reißt Bill sich zusammen und fängt an.

BILL: Alice? Was findest du sollen wir tun?
  Sie bleiben stehen, und Alice versucht, ihre Gedanken zu sammeln.
ALICE: Was ich finde, was wir tun sollten?
HELENA: Sieh mal, Mami!

ALICE: Hey.
Bill und Alice schauen zu Helena, die eine zauberhafte Puppe hochhält. Sie lächeln sie an. Sie gehen etwas abseits in einen anderen Gang, wo Alice stehen bleibt und anfängt, ihre Gefühle zu beschreiben. Helena stellt sich zwischen sie beide, was Alice verstummen lässt.
ALICE: Hey.
Als sie glaubt, dass Helena außer Hörweite ist, spricht Alice weiter, sie sucht nach den richtigen Worten.
Alice: Wenn überhaupt, dann denke ich, dass wir dankbar sein müssten. Und zwar dafür, dass es uns beiden gelungen ist, rauszukommen aus all unseren Abenteuern. Ob sie nun real waren oder nur geträumt.
BILL: Und du bist dir da völlig sicher?
ALICE: Die Frage ist gut. Nur so sicher, wie ich etwas anderes weiß: die Wirklichkeit einer verwirrenden Nacht, sogar die Wirklichkeit unseres gesamten Lebens, kann niemals die volle Wahrheit sein.
BILL: Und ein Traum ist niemals nur ein Traum.
ALICE: Hm. Die Hauptsache ist, dass wir jetzt wach sind. Und es hoffentlich noch lange Zeit bleiben.
BILL: Für immer.
ALICE: Für immer?
BILL: Für immer.
ALICE: Nein. Lass uns dieses Wort nicht benutzen. Es ist mir unheimlich. Trotzdem weiß ich genau: ich liebe dich. Äh, ja, und es gibt etwas sehr Wichtiges, das wir äußerst dringend machen müssen.
BILL: Was denn?
ALICE: Ficken.

»Die Wirklichkeit einer verwirrenden Nacht ist nie die volle Wahrheit und ein Traum niemals nur ein Traum«. Dieser demütig gewordene Satz erscheint mir als die wichtigste Botschaft der Traumnovelle und ihrer Verfilmung. Als psychoanalytische Kliniker können wir dies täglich erfahren. Gewiss ist nur: Wenn uns der Zugang zu unseren Träumen verloren geht, verlieren wir die Sicherheit, und Wahrheit und Wirklichkeit beginnen auseinander zu fallen. Wenn dies aber geschieht, können wir nicht mehr erkennen, wer wir sind. Wir leben dann im Traum, statt ihn zu träumen. Wo wir aber träumen können, werden wir wacher, und sei es auch nur, um zu sehen, dass wir unsere Träume nie ganz erforschen und verstehen können. So kommt dem Traum eine bedeutsame poetisierende Wirkung zu, die sich diesseits der Deutung behauptet und es dem funktionalisierten Subjekt ermöglicht, die libidinösen Quellen seines entleerten Selbstgefühls wieder zu finden. In dieser Hinsicht ist Novalis auch heute noch für die Psychoanalyse aktuell, wenn er sagt:

>»Mich dünkt der Traum eine Schutzwehr gegen die Regelmäßigkeit und Gewöhnlichkeit des Lebens, eine freie Erholung der gebundenen Fantasie, wo sie alle Bilder des Lebens durcheinanderwirft und die beständige Ernsthaftigkeit des erwachsenen Menschen durch ein fröhliches Kinderspiel unterbricht« (Novalis 1978, S. 244).

Das letzte Wort

Wenn Kubrick in seinem Vorspann die Vitalität des Eros gleich zu Beginn an den Schautrieb geknüpft hat, so offenkundig nicht zu dem Zweck und zu dem Ziel, die libidinöse Erregung von hier aus filmisch zu ihrer Erfüllung zu begleiten. Seine Literaturverfilmung, sein visuelles Unternehmen hat die Erwartungen auf ein pornografisches Werk enttäuscht. Der Film, der mit einem voyeuristischen Appetizer beginnt und die Welt der Perversion durchquert, die in den Spielen der Macht die Teile übers Ganze erhebt, entfernt sich in seiner weiteren Entwicklung vom opulenten Bild des Eros und endet auf dem Weg der Trauer zwischen den Regalen eines Spielzeugladens zuletzt beim Dialog. Die Aussage, in der der Film kulminiert, erinnert damit an die Botschaft des Johannes-Evangeliums, das Erasmus von Rotterdam in den Satz übersetzt hat: »Im Anfang war der Dialog«. Obwohl beide, Freud und Kubrick, ihrer jüdischen Herkunft komplex und ambivalent gegenüberstanden, könnte man sich fragen, ob diese Bewegung vom Bild zum Wort einer impliziten Wirkung des jüdischen Bilderverbots folgt, ganz analog zur Psychoanalyse, wo es ja auch eine Entwicklungslinie i. S. einer progressivregressiven Spirale gibt, die vom primären Bild zum Sekundärprozess tendiert, vom Erlebnis zum Denken, zum Wort, bzw. von der konkreten visuellen Anschauung zu einer Abstraktion, die zwingend die »Kastration des Blicks« einfordert. Es ist das Bett bzw. die Couch, die beides, Bild und Wort, am Ende zusammenhält. Das Ende ist ein neuer Anfang. Und im Anfang war das Wort. Und das letzte Wort ist immer wieder das eine, das typische, das allbekannte, das besondere Wort, zu dem hin sich die Botschaft des Werkes verdichtet und in dem schließlich die Auseinandersetzung und Geschlechterspannung des Paares kulminieren muss, eingebettet ins Frage- und Antwortspiel der Liebespartner. Kubrick überlässt hier seine Antwort auf Freuds Frage »Was will das Weib?« – die Frage, die auch der Nabel dieses Films ist – Nicole Kidman. Sie sagt ruhig, entschieden, nachdenklich, was ihr Mann und sie – unbedingt – ganz bald tun müssten. Das eben ist das letzte Wort und die Moral von der Geschichte, the urgent matter, denn wo schließlich könnte in der Erschütterung einer Paarbeziehung und Liebesbeziehung die Lust des Lebens tiefer und nachhaltiger ihren Neubeginn, ihren Sinn und ihre highlights wiederfinden? So deutet Alices letztes Wort auch auf Zukünftiges hin, auf einen Neubeginn. Alice letztes Wort ist und bleibt aber auch ein kritisches. Es dementiert die Ideologie der Ehe und der Familie, die die Ehe und die Familie letzten Endes verrät, und es plädiert für das Wachsein, das mit der Möglichkeit rechnen muss, dass die Liebe vergeht. Fraglos ist nur das Fragliche. Was bleibt an Halt in der Struktur des Liebens? Ist es das Zeugen eines Kindes? Die zärtliche Beziehung? Zuletzt die Treue?

Vielleicht ist es schlicht nur dies, dieses letzte Wort und seine Erfüllung, in der sich der Sinn des Subjekts realisieren und sich das Individuum zu Ende träumen, zu Ende fantasieren kann. Vielleicht kann man daraus sogar die Schlussfolgerung ableiten, dass sich das Subjekt nicht eher aus seinem Wiederholungs-Zwang, aus den ewigen Unterbrechungen des Begehrens befreien kann, bis es endlich die Urszene zu Ende geträumt und den Apfel der Erkenntnis verspeist und verdaut hat, und – dass dies immer wieder neu beginnt.

Alice' Antwort und dringlicher Appell ist zugleich das letzte Wort in Kubricks Lebenswerk. Im Abspann, wenn manche Zuschauer bereits die Plätze verlassen, hören wir dann auch Schostakowitschs Walzer zum ersten Mal vom Anfang bis zum Ende, in seiner vollen Länge und ohne Unterbrechungen. Während wir der Musik lauschen, können wir auch in aller Ruhe die Namen derjenigen lesen, die am Film mitgewirkt haben. Dies ist die objektive Repräsentation der Welt, die in der irdischen Geschichte gültig bleibt, der Reflex aus der Welt der Arbeit. Ob die Konfliktspannungen dieses Films und die Entlastung nach seiner Fertigstellung mitursächlich für Kubricks überraschenden Tod nach der ersten Studioaufführung gewesen sein könnten, ist müßige Spekulation. Sicher ist nur, dass es ihm gelungen ist, diesen Film vor seinem Tod fertig zu stellen, unter Dach und Fach zu bringen, und dies in seiner ihm eigenen Perfektion. Die Ehe von Kidman und Cruise löste sich nach diesem Film auf. Ihre Wege trennten sich.

Ist es ein trauriges oder ein glückliches Ende? Komödie oder Tragödie? Man weiß es nicht. Dem Film gelingt es, die Unsicherheit des Zuschauers, wie das alles nun zu verstehen sei, wach zu halten, und nicht schon wieder in

Bills Falle zu tappen: »Bist du sicher?« »Für immer?« Freud würde – wenn wir seinen Brief an Schnitzler vom 14.Mai 1922 lesen – vielleicht der Komödie den Vorzug lassen. Kubrick berichtet aus einem anderen Zeitalter als Freud. Wie Freud klagt er nicht an und will keine Revolution entfesseln, sondern beschränkt sich darauf, mit klaren Bildern und scharfen Linien die zentralen Rätsel unserer Epoche zu zeichnen. Seine strenge Komplexität bewirkt, dass seine Filme deutungsoffen bleiben wie ein Traum, als präsentative Auszüge aus seinen Assoziationen zu unserer Zeit. Was hat sich seit Schnitzler in Sachen Liebe verändert? Er meinte, nicht viel. Von all seinen Filmen ist sein letzter jedenfalls derjenige, der sich am zuversichtlichsten äußerte zum Verhältnis von Triebleben und Intellekt. *Eyes Wide Shut* können wir auch betrachten als filmische Illustration jener skeptischen Zuversicht, die uns Freud hinterlassen hat: »Wir mögen noch so oft betonen, der menschliche Intellekt sei kraftlos im Vergleich zum menschlichen Triebleben, und Recht damit haben. Aber es ist doch etwas Besonderes um diese Schwäche; die Stimme des Intellekts ruht nicht, ehe sie sich Gehör geschafft hat« (1927, S. 377).

Literatur

Boccaccio, G. (1999): Das Dekameron. Frankfurt/Leipzig (Insel).
Deserno, H. (1999): Das Jahrhundert der Traumdeutung. Stuttgart (Klett-Cotta).
Fonagy, P.; Gergely, G.; Jurist, E. L. & Target, M. (2002): Affektregulierung, Mentalisierung und die Entwicklung des Selbst. Stuttgart (Klett-Cotta).
Freud, S. (1900): Die Traumdeutung. GW II/III. Frankfurt (Fischer).
Freud, S. (1905c): Drei Abhandlungen zur Sexualtheorie. GW V. Frankfurt (Fischer).
Freud, S. (1922): Über einige neurotische Mechanismen bei Eifersucht, Paranoia und Homosexualität. GW XIII. Frankfurt (Fischer).
Freud, S. (1927): Die Zukunft einer Illusion. GW XIV. Frankfurt (Fischer).
Kilb, A.; Rother, R. u. a. (1999) (Hg.): Stanley Kubrick. Berlin (Bertz).
Kirchmann, K. (2001): Stanley Kubrick. Das Schweigen der Bilder. Bochum (Schnitt – der Filmverlag).
Kubrick, S., Raphael (1999): Eyes Wide Shut. Das Drehbuch. Frankfurt (Fischer).
Lehmann, H.T. (2004): Masken/Identitäten in Eyes Wide Shut. In: Kinematograf Nr.19. Katalog zur Kubrick-Ausstellung des Deutschen Filmmuseums Frankfurt 2004, S.232.
Novalis (1978): Werke, Tagebücher und Briefe Friedrich von Hardenbergs, hrg. v. Hans-Joachim Mähl und Richard Samuel, Bd. 1. München (Verlag).
Raphael, F. (1999): Eyes Wide Open. Eine Nahaufnahme von Stanley Kubrick. Berlin (Ullstein).
Schnitzler, A. (1926): Die Traumnovelle. Berlin (Fischer).
von Matt, P. (1989): Liebesverrat. Die Treulosen in der Literatur. München/Wien (Carl Hanser).
Walker, A.; Taylor, S. & Ruchti, U. (1999): Stanley Kubrick, Director. A visual Analysis. New York/London (Norton).

Fight Club

USA 1999, 133 Min.
Regie: David Fincher
Hauptdarsteller: Edward Norton, Brad Pitt,
Helena Bonham Carter, Meat Loaf

Brigitte Ziob

Fight Club, inszeniert von David Fincher, basiert auf dem gleichnamigen Roman von Chuck Palahniuk, der 1996 erschien und thematisch an die damals aktuelle Eisenhans-Bewegung anknüpfte. David Fincher zeigt das Psychogramm eines 30-jährigen Singles, der, geprägt durch ein frühes Vaterdefizit und sozialisiert durch mediale Bilder, unter den Umständen seines Lebens leidet.

Fight Club, als Blockbuster-Film konzipiert, war für das Studio eine finanzielle Enttäuschung. Vielleicht ist das mit dem gesellschaftskritischen Inhalt, der assoziativen Erzählweise und einem Antiheld als Hauptperson zu erklären. Dennoch fand der Film bei einem jüngeren Publikum eine eingeschworene Fangemeinde, da er ihr Lebensgefühl widerzuspiegeln scheint.

Der Vorspann des Films:

Der Film beginnt mit einer 90-sekündigen Kamerafahrt rückwärts aus dem Kopf des Protagonisten heraus, an Nervenbahnen entlang, an denen elektrische Impulse aufblitzen, und wir sehen uns Auge in Auge mit dem Protagonisten. Begleitet wird diese Fahrt von einem treibenden Beat, der wie ein erhöhter Pulsschlag wirkt und für die Agitiertheit des psychischen Zustands der Hauptfigur steht. Damit werden in Sekundenschnelle die beiden wichtigsten Aspekte für das Verständnis des Films etabliert: der Antiheld und seine Denkaktivität. Die Handlung entsteht also im Kopf der Hauptperson als Bewusstseinsstrom. Diesen Bewusstseinsstrom verstehe ich als Tagtraum der Hauptfigur, die mit destruktiven Fantasien ihre große Wut auf die Widersprüche ihres Lebens zum Ausdruck bringt. In einer 140-minütigen Rückblende wird Schritt für Schritt die gespaltene Existenz des Ich-Erzählers aufgeschlüsselt. Dazu erfahren wir im Voice-over, dass der Schlüssel zu der Pistole im Mund der Hauptperson, der Bombe, der Revolution, ein Mädchen namens Marla Singer ist.

Die Krise der Hauptfigur

Ich verstehe den Film als einen Diskurs über die Krise der Männlichkeit. Anhand der Entwicklungsgeschichte des Ich-Erzählers, dargestellt von Edward Norton, wird ein vielschichtiges Psychogramm eines Mannes entworfen, der in eine existenzielle Krise gerät, als er sich in eine Frau verliebt. Die Handlung des Films teilt sich in drei Akte. Der erste Akt etabliert in schnellen Schnitten die Lebenssituation des Ich-Erzählers: Zunächst erfahren wir, dass er Rückrufkoordinatior bei einem großen Automobilhersteller ist. Er wirkt wie eine Version von Richard Sennetts »flexiblem Menschen«, der seine Lebenswelt den Bedingungen seiner Arbeit angepasst hat. Er tritt als Ich-Erzähler auf ohne eigenen Namen. Mal nennt er sich »Jack«, mal »Travis«, »Rupert« oder »Cornelius«, als »Kopie einer Kopie«. Für seine Arbeit jettet er durch Zeitzonen, übernachtet in immer gleichen Hotelzimmern an Orten, die sich äußerlich kaum voneinander unterscheiden.

Der Ich-Erzähler hat keine festen Bindungen, sondern nur limitierte Bekanntschaften auf den Flügen, »portionierte Freunde« zwischen »portionierten Mahlzeiten«. Die Abkehr von den Objekten scheint einerseits Selbstschutz zu bedeuten, um das narzisstische Gleichgewicht zu erhalten, führt aber zu einer Verarmung der Gefühlswelt und dazu, dass es keine persönliche Geschichte gibt. Die einzelnen Stationen seines Lebens wirken wie abgeschnitten voneinander und lassen einen umfassenden Lebensraum vermissen. Die Verbindungswege sind im Film dargestellt durch Rolltreppen und Flugzeuge. Sie zeigen meiner Ansicht nach die festgelegten Bahnen, auf denen der Ich-Erzähler sich bewegt und die für die Ausweglosigkeit und Einsamkeit seiner Lebenssituation stehen. Verstärkt wird dies von dem Voice-over der Hauptfigur. Das einerseits distanzierte, andererseits aber übermäßig präsente Timbre der Stimme, die mit fünf Mikrofonen gleichzeitig aufgenommen wurde, um einen räumlichen Widerhall zu erzeugen, in dem der Protagonist sozusagen wie in einen leeren Raum spricht, ist ein Stilmittel, das schon akustisch die Entfremdung der Hauptperson andeutet.

Die Abkehr von den zwischenmenschlichen Objekten führt ihn zu der libidinösen Perfektionierung der ihn umgebenden Ersatzobjekte seiner Wohnung, die als begehbare Ikea-Katalogseite für seinen schablonisierten Lebensentwurf steht. Die äußere Struktur soll Halt geben und das schwache Ich stützen. Die Zuflucht zu vorgefertigten Lebensentwürfen, die die Konsumwelt diktiert, zeigt die innere Leere und die eingefrorene Vitalität des Protagonisten. In der Polstergarnitur, die seine Persönlichkeit definiert, findet der Held eine innere Aufgabe, die eigene Wohnung zu gestalten.

Die Suche nach Lösungen und der Zusammenbruch

Zunächst wirkt der Ersatzcharakter der Surrogate noch sinnstiftend. Die Krise tritt ein, als das Einrichten der Wohnung fast abgeschlossen ist und der Selbstverlust spürbar wird, was ihn so beunruhigt, dass er von Schlaflosigkeit heimgesucht wird. Er sucht Hilfe bei einem Arzt, um sein Bewusstsein abzuschalten, der ihn dahinschickt, wo es wirkliches Leiden gibt: in eine Selbsthilfegruppe für Hodenkrebspatienten. Dort trifft der Ich-Erzähler auf Männer, die in ihrer Männlichkeit beschädigt, kastriert sind und damit keine Gefährdung seines narzisstischen Gleichgewichts darstellen. Bob, ein ehemaliger Bodybuilder, dem durch die hormonelle Behandlung riesige Brüste gewachsen sind, drückt seine Hilflosigkeit über das veränderte Körperbild so aus: »Wir sind doch alle Männer«, und formuliert damit das zentrale Thema des Films: der Verlust von männlicher Identität. Hier deutet sich das Problem der Hauptfigur an: Sein innerer Krebs scheint zu sein, dass seine Beschädigung die Überzeugung ist, psychisch kastriert und kein richtiger Mann zu sein. Der Kontakt zu den beschädigten Männern ermöglicht ihm, seinen erstarrten Gefühlen freien Lauf zu lassen. Er versinkt an Bobs Brüsten und hinterlässt dort einen Abdruck seines tränennassen Gesichts als Spur seiner Existenz und Vergewisserung seines Selbst.

Der Ich-Erzähler wird Selbsthilfegruppen-Junkie, denn in der freundlichen Zugewandtheit der Gruppenleiter realisiert sich sein Wunsch nach einem versorgenden Objekt auf Zeit, das beruhigt, aber zu nichts verpflichtet. Er kann sich getrost seinen Regressionswünschen hingeben. Er ist wieder »das kleine warme Zentrum, um das sich die Welt dreht«. Die Erinnerung an einen früheren Zustand elterlicher Versorgung ermöglicht es ihm, sich seiner erstarrten Gefühle in seiner Eishöhle zu stellen. Sein vorgestelltes Krafttier, der kleine, watschelnde Pinguin steht für sein kindlich gebliebenes Ich.

Streitig gemacht wird sein Rückzugsort durch Marla, die aus den gleichen Motiven in die Selbsthilfegruppe kommt. Zunächst versucht er seinen Eskapismus und seine emotionale Bedürftigkeit auf Marla zu projizieren, die er als »Elendstouristin« abwertet. Trotzdem empfindet er Scham, denn »in ihrer Lüge spiegelt sich meine Lüge« und der Spiegel der Blicke wirft ein unerträgliches Bild zurück. Aber Marla stellt nicht nur eine Störung seines neu gefundenen Paradieses dar, sondern auch ein libidinöses Objekt. Er muss ständig an sie denken, »wie der kleine Kratzer am Gaumen«, dessen man sich ständig bewusst ist. Dies wird ironisch in Szene gesetzt, als Marla auf der nächsten Fantasiereise in der Eishöhle sitzt und ihn mit ihrem »gleite« zur Sexualität auffordert. Der Ich-Erzähler fühlt sich der genitalen Versuchung nicht gewachsen. Marla erkennt seine tiefe Identitätskrise und fragt: »Wer bist du eigentlich?« Der Ich-Erzähler zieht sich fluchtartig zurück und teilt die Selbsthilfegruppen zwischen sich und Marla auf. Durch den Rückzug gerät sein mühsam aufrecht erhaltenes Selbstbild in Gefahr. Die Symptome der inneren Unruhe und der Schlaflosigkeit sind wieder da und zwar heftiger als zuvor. Zwangsläufig kommt es zum Zusammenbruch der Abwehr. Seine Wohnung, das Symbol für sein falsches Selbst, fliegt in die Luft und steht gleichermaßen für die Zerstörung und für den Ausstieg aus seiner bisherigen Existenz, was den zweiten Akt einleitet.

Der Abstieg in die Unterwelt

Der zweite Akt bringt Tyler Durden ins Spiel, der bisher nur in kurzen Einschnitten immer mal auftauchte, und zunächst zum Guide und später zum Antagonisten wird, dessen Anarchie fasziniert und zugleich abstößt. Der zweite Akt ist aber auch geprägt durch die Dunkelheit der Bilder und der gedeckten Farben, als ob der Ich-Erzähler in sein eigenes Unbewusstes hinabsteigt.

Zunächst sucht der Ich-Erzähler nach der Zerstörung seiner Wohnung Zuflucht bei Tyler Durden. Tyler verlangt dafür, dass er ihn schlägt, so fest er kann, denn er will nicht »ohne Narben sterben«, die als Spuren des Lebens, seine persönliche Geschichte erzählen und damit Identität herstellen. Nur mühsam kann der Ich-Erzähler sich überwinden zuzuschlagen. Mit der treibenden Musik während des ersten Kampfes kommt Emotionalität ins Spiel und eine Entwicklung wird angestoßen. Die Schmerzen aus den Verletzungen des Kampfes führen zu einem stärkeren Ich-Erleben. Die Bewältigung des Schmerzerlebnisses stellt Herrschaft über den eigenen Körper her. Das führt zu einer Stärkung des Ichs und damit zu einem narzisstischen Gewinn. Der Ich-Erzähler kann sich nun dem Drama seiner eigenen Geschichte stellen.

Er zieht zu Tyler in eine düstere Villa. Dieses Haus, isoliert und ohne Nachbarn, steht meiner Ansicht nach für das verlassene und nun verfallende Elternhaus und die verdrängte Kindheit.

Langsam kann sich der Protagonist seinem persönlichen Drama stellen und sich seinem prägenden frühen Trauma annähern: Auf die Frage, gegen wen er gerne kämpfen würde, antwortet Tyler: »Gegen meinen Dad«, und fasst damit in Worte, was der Ich-Erzähler bisher noch nicht bewusst gedacht hat, was ihn aber in seiner rezeptiven Lebenshaltung beeinflusst hat: »Wir sind die Generation Männer, die von Frauen großgezogen worden sind. Ich frage mich, ob eine Frau die Antwort auf unsere Fragen ist«. Er spielt damit auf den frühen Verlust des Vaters an, der die Familie verließ, als der Junge sechs Jahre alt war. Der Wunsch, mit dem Vater oder einer Vaterfigur wie Hemingway, Gandhi oder William Shatner (Captain Kirk) zu kämpfen, steht für den dringenden Wunsch nach Kontakt zu einem väterlichen Leitbild, als Rollenmodell und Identifikationsfigur. Der fehlende Vater wird ersetzt durch die medialen Leitbilder, die zum Vorbild werden, aber eine tatsächliche konkrete Begegnung ausschließen. Ihre Idealisierung verschiebt die massive Kränkung, die deutlich wird, wenn Tyler sagt: »Dad hat uns verlassen, als ich sechs Jahre alt war, er ist weitergezogen und hat woanders eine Filiale aufgemacht, das hat er alle sechs Jahre wiederholt«. Das Schicksal des abwesenden Vaters teilt er mit dem Ich-Erzähler. Sie sind beide Jungen, die von Frauen sozialisiert wurden.

Das Verlassenwerden durch den Vater hat in dem Ich-Erzähler eine narzisstische Wunde gerissen und seine männliche Sozialisation unterbrochen. Das schwache Ich des Jungen bewältigte die traumatische Erfahrung durch die narzisstische Zentrierung auf das eigene Selbst bei gleichzeitigem Verdrängen des schmerzlichen Verlustes. So hat er sich stärker an die Mutter gebunden als Basis für seine spätere Identifikation mit eher weiblichen Werten und der Krise seiner männlichen Identität. Deshalb fühlt er sich »als ein 30-jähriges Milchgesicht«, das Marla nicht gegenübertreten kann, und seine Ich-Schwäche kompensiert, indem er, reduziert auf Lifestyle und Cocooning, einen passiv femininen Lebensstil verfolgt und den entscheidenden Schritt zum erwachsenen Mann noch nicht vollziehen konnte. Das Trauma des Protagonisten ist das Stigma der väterlichen Ablehnung.

Die Lücke, die das Fehlen eines strukturbildenden Vaters für die Gewissens- und Über-Ich-Bildung, aber auch für die Entwicklung des Selbst reißt, wird deutlich, als Tyler die Rolle des autoritär-fordernden Vaters gegenüber dem Angestellten des Liquor-Stores übernimmt, und ihm damit Sicherheit bietet durch seine Vorgaben. In Bezug zu der gestellten Forderung, entweder er studiert oder er wird erschossen, resümiert Tyler, dass morgen der umwerfendste Tag im Leben des Angestellten sein wird.

Der erste Kampf zwischen dem Ich-Erzähler und Tyler bildet den Auftakt zur Gründung und Ausbreitung des »Fight Club« als einer Geheimgesellschaft und Verschwörung von gleichgesinnten Männern, die sich auf Parkplätzen und abgelegenen Höfen treffen, um sich gegenseitig halbtot zu schlagen. Die Wunden der Männer, die sich in marginalisierten Berufen wie Kellner oder Bürobote bewegen, sind das Erkennungszeichen der Zugehörigkeit zu der neuen Gruppe, die auch eine Art Selbsthilfegruppe bildet, mit dem Ziel, das geschädigte Ich aufzuwerten. Die Mitglieder finden Gemeinschaft in einer Männergesellschaft, die nach eigenen Regeln funktioniert.

Tylers programmatische Rede formuliert die narzisstische Wut über die enttäuschten Hoffnungen, die die Ersatzvorbilder aus den Medien versprachen und die das passiv rezeptive Größenselbst der Hauptfigur nur allzu gerne aufnahm, wenn es früher, als kleiner Junge – ruhig gestellt vor dem Fernseher –, den notwendigen Austausch mit den realen Objekten verpasste. So schlug der Versuch fehl, durch die Identifizierung mit medialen Vorbildern einen Ersatz zu schaffen, da sie nur adaptiert sind und die Entwicklung nicht vorantreiben. Aber nicht nur die Väter versagen, sondern auch die männlichen Leitbilder, die eine Ersatzfunktion anbieten könnten im Verlauf des Films: Der Chef schreckt zurück vor der demonstrativen Gleichgültigkeit des Ich-Erzählers gegenüber seinen schmerzenden Verletzungen aus den Kämpfen und seiner damit zur Schau getragenen destruktiven Selbstzerstörung, sodass er ihn loswerden möchte.

Die Grenzsetzung durch eine weitere Vaterfigur, Lou, dem Besitzer des Kellers, in dem die Kämpfe stattfinden, endet damit, dass dieser sich dem Konflikt entzieht und vor der Heftigkeit der Gefühle des symbolischen Sohnes die Flucht ergreift. Tyler formuliert zum erstenmal das gesamte Ausmaß seiner Kränkung vor den Mitgliedern des »Fight Clubs«, indem er schreit: »Du weißt nicht, was ich hinter mir habe«. Die Väter versagen genau da, wo sie dringend grenzziehend und richtungsweisend benötigt werden.

Trotz der martialischen Kämpfe bleiben der Ich-Erzähler und Tyler existenziell abhängig von der Versorgung durch die Mütter. Dies wird im Film ironisch dargestellt durch den nächtlichen Einbruch in eine Schönheitsklinik, wo Tyler und der Protagonist das abgesaugte Fett stehlen, um es zu Seife zu verarbeiten und den Frauen wieder zu verkaufen, um sich für ihre Abhängigkeit zu rächen.

Die konkrete Begegnung mit einer Frau bleibt aber weiter bedrohlich, wie das abermalige Auftauchen von Marla zeigt, auf die der Ich-Erzähler mit Rückzug reagiert. Stattdessen geht Tyler eine sexuelle Beziehung zu Marla ein, die exzessiv und süchtig ist, ohne den Kontakt auf einer reifen objektalen Ebene halten zu können. Die an die Urszene erinnernde traumhafte Sequenz der exzessiven Sexualität zwischen Tyler und Marla bringt den Ich-Erzähler in die Position des ausgeschlossenen Dritten und reaktiviert schmerzliche Kindheitserinnerungen, in denen er nur dann eine Rolle spielte, wenn er als Vermittler Botschaften des streitenden Elternpaares hin- und herbrachte.

Die Gefühle von Abhängigkeit und Trennungsangst reaktivieren die frühen Erfahrungen und lassen den Ich-Erzähler wieder nicht schlafen. Die Angst vor der Frau belastet sein Selbstwertgefühl, sodass die Schmerzen aus den Kämpfen nicht mehr reichen, um das Ich zu stabilisieren. Die innere Wunde und Beschämung wird versucht durch den Schmerz eines Brandings auf der Hand unter Kontrolle zu bringen.

Je mehr Marla zu einer sexuellen Herausforderung wird, der er sich nicht zu stellen wagt, desto stärker bildet sich das destruktive Größenselbst als Gegenpol aus, um sein männliches Selbstwertgefühl wiederherzustellen.

Es entsteht eine Bewegung, eine paramilitärische Gruppe mit Führerkult und Kadavermentalität, die boykottierende Aktivitäten plant und durchführt als »Operation Chaos«. Operation Chaos steht für die als eine Art Elternersatz fungierende Gang oder Peer Group, deren Funktion es ist, pubertäre Erfahrungen einerseits nachzuholen mit dem Ziel, die Initiation zum Mann selber voranzutreiben und andererseits gegenseitige Anerkennung zu finden. Aber die Peer Group vermittelt letztlich keine identitätsstiftende Kraft. So müssen neue Ziele her. Ein Einhalten gibt es, als Bob erschossen wird. Die Trauer um Bob löst bei dem Ich-Erzähler das Gefühl des Verlust eines für ihn wichtigen Freundes aus, der durch die Nennung seines Namens, trotz seiner beschädigten Männlichkeit, Identität erhält. Dies leitet den dritten Akt ein.

Brigitte Ziob

Das Wiederfinden der eigenen Identität

Der negative Narzissmus findet nun seinen Höhepunkt, indem Tyler seinen Plan, die Hochhäuser der Kreditkartengesellschaften in die Luft zu sprengen, in die Tat umsetzt. Damit würde Gleichheit für alle hergestellt werden. Dies würde einen Triumph über den enttäuschenden Vater bedeuten, dessen Welt angegriffen und zerstört wird als Ausdruck unbewältigter Rachefantasien. Der Ich-Erzähler versucht diese Entwicklung zu stoppen und übernimmt damit erstmals eine Position der Verantwortung und Selbstbehauptung. Stilistisch wird dies dargestellt, indem die Stimme des Ich-Erzählers ihre ursprüngliche Weichheit verliert und immer härter und entschlossener der Stimme Tylers gleicht. Tyler ist verschwunden. Die Erkenntnis der Hauptfigur: »Ich bin ganz allein, mein Vater hat mich im Stich gelassen und Tyler ist auch weg!« führt zu einer rasenden Suche nach Tyler, weshalb er die Stationen seiner früheren Geschäftsflüge noch mal abfliegt. Als er Tyler findet, erkennt er, dass Tyler die nicht integrierten, destruktiven Anteile seiner Persönlichkeit repräsentiert. Tyler war von Anfang an da gewesen, hatte aber immer mehr Raum ergriffen, je mehr die Abwehrorganisation aufgeweicht wurde und je stärker der Hauptfigur klar wurde, dass ihre große Depression ihr Leben ist, da der Alltag die adaptierten Größenfantasien der medialen Leitbilder nicht einlösen konnte. Die Ohnmacht, die eigenen Erwartungen nicht erfüllen zu können, erzeugte in ihr große Scham und führte zum inneren Rückzug von den Objekten bei gleichzeitiger Beziehungsabwehr. Die fehlende Auseinandersetzung in Beziehungen führte zu einem Zustand der De-Realisierung, der den Ich-Erzähler immer mehr zu Tyler machte, wodurch er seinem ganzen Hass, seiner Wut und seiner Enttäuschung am Leben Ausdruck verleihen konnte. So muss er erkennen, dass Tyler Durden von Anfang an er selbst war, filmisch angedeutet, dass es keine subjektive Einstellung von Tyler Durden gibt. Aber Brad Pitt als Tyler Durden steht nicht nur für die abgespaltenen und nicht integrierten Gefühle der immer weniger zu kontrollierenden Wut des Ich-Erzählers, sondern ist auch ein Guide für die Entwicklung und Ich-Findung. Die von Tyler als Guide initiierte Konfrontation mit der Kindheit und deren Integration als eigene Lebensgeschichte führt zum Wiederfinden des eigenen Namens »Tyler Durden«, als Symbol für die eigene Identität. Die Erfahrung aus den Kämpfen lässt ihn die eigenen Konturen erleben und ermöglicht die Selbstbehauptung. Edward Norton als Tyler Durden ist nun in der Realität angekommen, filmisch dargestellt durch den ersten Day-

Shot der amerikanischen Großstadt, in der er lebt. Er hat eine Entwicklung vollzogen und kann nun Marla seine Liebe gestehen. Und er kann Tyler als Alter Ego und Repräsentant seiner großen Wut töten.

Am Schluss steht der Held in Unterhosen Hand in Hand mit Marla am Fenster und sieht die Hochhäuser einstürzen. Zurück bleibt »Ground Zero«, das Resultat seiner rächenden Größenfantasien, als leere Fläche und als Neuanfang. Selbstkritisch resümiert Tyler zu Marla: »Du hast mich in einer schwierigen Phase meines Lebens kennen gelernt«.

Gegen die Wand

Deutschland, 2003, 121 Min.
Regie: Fatih Akin
Darsteller: Birol Ünel, Sibel Kekilli u. a.

Michael Warnach

Einstieg

Ich möchte zunächst ganz subjektiv beschreiben, wie ich gerade auf diesen Film gestoßen bin. Ich war sehr berührt von dem Film, ein Spielfilm – man könnte ihn auch sehen als Dokumentarfilm. Das Thema beschäftigt mich seit Jahren: der Umgang mit – oder besser zunächst der Zugang zu dem Fremden. Der Film polarisiert, er provoziert zu Wertungen und sehr emotionalen Parteinahmen, dabei divergieren die Urteile. Der Film führt unmittelbar hin zu Fragen, die sich aus der Konfrontation der Mehrheitsgesellschaft mit der Migrantengesellschaft und umgekehrt ergeben. Erst in den letzten Jahren hat der konservative Zweig der Mehrheitsgesellschaft etwas empört zur Kenntnis genommen, dass sich eine Art »Parallelgesellschaft« gebildet hat, die in vielgestaltiger Form in unserer Mitte eine Art Eigenleben entwickelt hat. In noch schärferer Form als im öffentlichen Leben stellen sich diese Fragen in der psychoanalytischen Praxis. Aus welcher Welt stammt mein Gegenüber, welches Selbstverständnis, welchen Verständnishintergrund muss ich annehmen. Als Psychoanalytiker begegnen wir dem sogenannten Fremden im Umgang mit den Menschen aus unserem eigenen Kulturkreis schon ausgiebig genug. Im Umgang mit den Angehörigen anderer Kulturkreise gibt es offenbar noch andere Faktoren, die sich nicht ohne weiteres von selbst erschließen. Der Film zieht den Betrachter mit Wucht in diese Welt der Migranten, er ist gemacht von Türken mit türkischem Blick auf die Innenwelt einer türkischen Migranten-Community. Das Leben der umgebenden Mehrheitsgesellschaft stellt eher eine Art Kulisse dar, etwa in Gestalt von Kneipe,

143

Psychiatrischer Klinik oder Standesamt. Die Migrantengesellschaft wird verkörpert durch Sibels Familie, von der sich die Tochter lösen will. Der Film entfaltet sich in diesem Spannungsfeld in einem wenig bekannten und wenig beachteten Zwischenbereich zwischen den Kulturen.

Der soziokulturelle Hintergrund

Als Psychoanalytiker und Psychotherapeuten sind wir durch die wachsende Zahl von Migranten vor neue Anforderungen gestellt, da die üblichen Verfahren sich nicht ohne weiteres auf diese Klientengruppe anwenden lassen. Die Erkenntnisse der Ethnopsychoanalyse, der Ethnologie und der vergleichenden Psychiatrieforschung bieten hier Erkenntnisse an, die uns auch zu einem tieferen Verständnis des Films verhelfen können. Nach diesen Forschungen gehen wir davon aus, dass ganz spezifische psychische Probleme von Migranten, besonders der zweiten und dritten Generation, aus der Unvereinbarkeit zwischen der so genannten Kernkultur des Herkunftslandes und der des sogenannten Gastlandes erwachsen.

Mit Kernkultur ist der Teil der Kultur gemeint, der sich direkt aus den sozioökonomischen Gegebenheiten ableitet und damit das Alltagsleben reguliert, d.h. nicht etwa Kunst, Musik und andere, nicht unmittelbar lebensnotwendige Bereiche. Der wesentliche Unterschied zwischen den Kernkulturen besteht in der unterschiedlichen Bewältigung der sogenannten Kernaufgaben der Gesellschaft. Die Kernaufgaben umfassen die wirtschaftliche Existenzsicherung, soziale Solidarität bei Krankheit, Alter und Tod, den Schutz vor äußerer Bedrohung und vor körperlichen und rechtlichen Übergriffen im Inneren sowie die Sozialisation der nachrückenden Generation.

In den industriell weniger entwickelten Gesellschaften werden diese Kernaufgaben fast ausschließlich durch die Familie (Großfamilie) gelöst, sodass in diesen Gesellschaften der verwandtschaftlichen Bindung eine überragende Bedeutung zukommt: Der Einzelne findet seinen Platz in einer festgelegten Ordnung von Generations- und Verwandtschaftsrollen. Der Unterstützung durch die Sippe bzw. die übergeordnete Gemeinschaft kann sich nur der sicher sein, der dazugehört. Deshalb kommt dem Rang, der einer Person oder einer Familie in der Gemeinschaft von dieser zuerkannt wird, große Bedeutung zu. Wesentliches Merkmal dafür ist die Ehre, die eine Person oder Familie in der Gemeinschaft genießt. Deshalb wird die Ehre in weniger entwickelten Gesellschaften als soziales Kapital verstanden, das gemehrt werden, aber auch verspielt werden kann. Dabei gibt es wesentliche Geschlechtsunterschiede: Die männlichen Mitglieder einer Familie haben die Aufgabe dazu beizutragen, das Ansehen der Familie zu erhöhen, bzw. aktiv ihre Ehre zu verteidigen. Die Frauen müssen darauf achten, dass sie durch ihr Verhalten dem Ansehen der Familie nicht schaden, die Ehre verletzen, d.h. der Familie Schande bereiten.

In den industriell stärker entwickelten Gesellschaften, das sind Gesellschaften mit nationalstaatlichen Strukturen, werden die Kernaufgaben weitgehend vom Staat und seinen Institutionen übernommen. Damit wird das Individuum in einem hohen Maße von Aufgaben im familiären Rahmen entlastet, die Generations- und Verwandtschaftsrollen werden folglich weitgehend bedeutungslos, stattdessen gewinnen Berufs- und Erwerbsrollen eine überragende Bedeutung. Erst da, wo der Einzelne nicht mehr vorrangig in die Erfüllung der Kernaufgaben involviert ist, ist er in der Lage, als Individuum frei über sein Leben zu entscheiden. Daraus folgt, dass in den technologisch weniger entwickelten Gesellschaften notwendigerweise »Bindung« den obersten Wert darstellt, während in den technologisch stärker entwickelten Gesellschaften »individuelle Freiheit« als wichtiger Wert fungiert. Wichtig ist festzuhalten, dass die beschriebenen Phänomene sozioökonomisch und keineswegs religiös begründet sind, sie sind sowohl in christlichen, jüdischen als auch moslemischen Gesellschaften anzutreffen.

In der mitteleuropäischen Gesellschaft gilt eine persönliche Entwicklung von der Kindheit über die Adoleszenz zum erwachsenen Leben als geglückt, wenn der Mensch weitgehend individuiert ist, d.h. sich befreit hat von kindlichen Bindungen und Verhaltensweisen, was ihn befähigen soll, als möglichst abgegrenztes, autonomes Individuum sich zu erleben und zu handeln.

Auf diesem Hintergrund wird deutlich, dass in den industriell weniger entwickelten Gesellschaften dieses Entwicklungsziel nicht angestrebt wird, d.h. in diesen Gesellschaften gilt die Sozialisation als gelungen, wenn der Einzelne die Bindungen anerkennt und sich in die gegebenen Strukturen einfügt. Die Funktion der moralischen Instanz wird in diesen Gesellschaften weitgehend von der Gemeinschaft und in der Familie stellvertretend von dem Vater ausgeübt. Die Familie behält sich vor, bei Verstößen auch erwachsene Angehörige zu sanktionieren (vgl. Ehrenmord).

In den technologisch weiterentwickelten Gesellschaften werden Normen, Handlungsanweisungen, elterliche Idealaspekte etc. in dem Maße internalisiert, dass das Individuum weitgehend unabhängig von den ursprünglichen Bezugspersonen (Eltern) sein Leben nach den verinnerlichten Normen ausrichten kann. Dies ist eine unabdingbare Voraussetzung für seine Autonomie.

In dem Moment, wo der Einzelne aus der mehr gebundenen Welt der Migranten in die weitgehend durch Abgegrenztheit geprägte Welt der Mehrheitsgesellschaft eintritt, ergeben sich für ihn ganz spezifische Konflikte: Er, der auf Bindung bis hin zur Abhängigkeit ausgerichtet worden ist, kann in der Mehrheitsgesellschaft nur existieren, wenn er selbstständig, unabhängig und abgegrenzt ist, d. h., die internalisierten Werte sind für die Lebensbewältigung des Heranwachsenden nicht nur nicht nützlich, sondern sogar hinderlich. Durch die Erfahrung, dass internalisierte Muster und die realen Anforderungen der äußeren Realität auseinander klaffen, fühlt sich vor allem der Jugendliche aus der Migrantenfamilie auf den Status eines unwissenden Kindes zurückgeworfen, er erlebt eine tiefe narzisstische Kränkung.

Der Film

Die Musikgruppe von Selim Sessler fungiert im Film wie der Chor im antiken Drama, etwa bei Sophokles oder Euripides, er kommentiert, beklagt, ermahnt, drückt Befindlichkeiten aus, macht Ankündigungen, er schafft Abschnitte. Am Ende des Films blicken die Musiker in die Kamera und verneigen sich artig.

Sibel, in Deutschland geboren, möchte unbedingt der als eng empfundenen Wertewelt ihrer traditionell lebenden Eltern und damit der ihr zugedachten Rolle entkommen. Sie kann den inneren Halt, den ihre Familie ihr gegeben hat, nicht als einen Wert ansehen, sondern lediglich als Hindernis für ihre eigene Entwicklung. Zum Schein ordnet sie sich den Normen der Eltern unter. In ihrem Ausbruch fühlt sie sich kraftvoll, vielleicht sogar omnipotent. Dabei ist ihr ihre Gefährdung nicht bewusst.

Cahit hat anscheinend alle Verbindungen zu seiner Herkunft und Vergangenheit abgebrochen, jedoch keinen neuen Platz für sich finden können. Während Sibels Familie offen gezeigt wird, erfahren wir über Cahits Leben zunächst kaum etwas. Er präsentiert sich in seiner ganzen Verlorenheit und Verletztheit, aber auch Hoffnungslosigkeit und Selbstzerstörungswut. Er, ein nicht unbedingt türkisch wirkender Freak, sammelt Gläser ein, säuft mit seinem einzigen Freund, Seref, er stößt seine gelegentliche Geliebte beiseite, er wird gekränkt, »du bist wohl schwul«, zu spüren ist seine Wut, er eckt an, wird verstoßen. Eine fatale Autofahrt endet ungebremst an einer Wand. Zweifelsfrei wollte er sich auslöschen. In einer Psychiatrischen Station läuft ihm förmlich Sibel über den Weg, voller Lebenshunger, ebenfalls nach einem

Selbstmordversuch, allerdings eher einem demonstrativen, weniger ernsthaften. Nur über eine Heirat kann sie der Familie entkommen, doch wird die Familie nur einen türkischen Mann akzeptieren. Für sie wiederum kommt nur einer in Frage, der keinerlei Ansprüche stellt und ihren Freiheitsplan nicht stört. Das könnte für Cahit zutreffen. »Bist du Türke«, fragt sie ihn, »heiratest du mich?« Für Cahit eine völlig abwegige Vorstellung, er weist sie zurück. Aber von jetzt an beobachtet er die Familie; Sibel ist in diesem Kontext eher bedrückt, alle sind besorgt, der Bruder droht ihr: »Wenn dem Vater etwas passiert ...«. Die Mutter gibt Ratschläge: »Pass dich an, dann kannst du deine Freiräume unbeobachtet nutzen«. Nachdem Cahit nochmals Sibels Ansinnen zurückgewiesen hat, setzt diese fast reflexartig ihre Enttäuschungswut in eine massive Selbstverletzung um. Cahit brüllt sie an, verbindet sie gleichwohl. Wir sehen, wie in diesem bis dahin so in sich verschlossenen Mann allmählich, in zarten Ansätzen, ein Gefühl von Verantwortlichkeit und Fürsorglichkeit entsteht, die er vorher für sich selbst unmöglich entwickeln konnte, vielleicht auch ein Gefühl von Zuneigung.

An dieser Stelle eine kurze Anmerkung zu der Erzählweise des Regisseurs. Die Handlung des Films bewegt sich häufig im Wechsel von Abstoßung und Annäherung. Immer wieder drängt der Fluss der Handlung auf eine katastrophenhafte Zuspitzung hin, die keinen Spielraum mehr zu lassen scheint. Danach folgt ein Schnitt, bisweilen auch durch die Musikgruppe. Es ist, als hätten beide, Sibel und Cahit, sich besonnen, als wären sie jeweils ein Stück reifer geworden, als wären in der Zwischenzeit verborgene Selbstheilungskräfte wirksam geworden. Es kommt zu einer Lösung oder Auflösung der Spannung, das Geschehen gestaltet sich weiter auf einer Ebene, wo mehr Milde waltet und neuer emotionaler Spielraum gegeben ist, der eine Weiterentwicklung der Beziehung möglich macht.

Nach der soeben beschriebenen Szene hat Cahit sich offenbar entschlossen, auf die von Sibel vorgeschlagene Inszenierung einzugehen und die vermeintlich nur vorgetäuschte Heirat zu vollziehen. Sie sind jetzt miteinander verbunden als ein verschworenes Paar, wie um einen gemeinsamen Gegner niederzuringen. Auf dem Standesamt erfährt Sibel, dass Cahit bereits verwitwet ist. Nach der Hochzeitsfeier drängt Sibel darauf, dass Cahit sie symbolisch über seine Schwelle trägt, sie ist damit aus dem Lebenskreis ihrer Familie in sein Leben eingetreten.

In der nun entstandenen Vertrautheit fragt sie ihn nach der verstorbenen Frau. Bereits die pure Erwähnung dieses offenbar traumatischen Verlustes führt dazu, dass Cahit ausrastet, er wirft sie aus der Wohnung. Dann, als er allein ist, flüstert er den Namen der Frau: Katharina. Nach dieser Katastrophe geht die Handlung gewissermaßen auf einer höheren Ebene weiter; statt sich gegenseitig mit Vorwürfen zu überschütten, was nahe läge, stellt sich eine fürsorgliche Atmosphäre ein. Sibel renoviert die Wohnung, sie schneidet ihm die Haare, er riecht und fühlt sie, sie schickt ihn ins Bad. Obwohl die zentrifugalen Kräfte weiterhin sehr stark sind, – als Cahit sieht, wie Sibel in der Disko mit anderen Männern flirtet, rastet er wieder aus – erneuert die gemeinsame Bedrohtheit die Verbindung. Als nun eine sexuelle Vereinigung möglich und von beiden gewünscht ist, schreckt Sibel davor zurück: Wenn wir's tun, bist du mein Mann und ich deine Frau.

Die entzweiende Wirkung dieser verfehlten Annäherung wird deutlich: Von jetzt an kommen die beiden vorerst nicht mehr zusammen: Sibel erfährt von der lange schon bestehenden sexuellen Beziehung Cahits zu seiner Geliebten. Erstmals tauchen bei Sibel Gefühle von Eifersucht auf. Es ist, als würde sie jetzt erstmals realisieren, dass sie Cahit liebt. Sie weist ihren Liebhaber ab, der jetzt erstmals erfährt, dass Sibel und Cahit verheiratet sind: »Ich bin eine verheiratete türkische Frau, mein Mann bringt dich um!« Sie kauft ein Liebesherz, »when you are in love«. Doch noch bevor Sibel ihre Liebeserklärung machen kann, hat Cahits Wut, die er bisher stets in sich hineingefressen hat, fatale Wirkung gezeigt: Er hat zugeschlagen, Sibels Liebhaber ist tot.

Plötzlich ist eine völlig neue Situation entstanden: Cahit wird inhaftiert, Sibel ist jetzt vogelfrei, sie ist jetzt ohne jeden Schutz. Als Frau, die ihren Mann verloren hat, würde sie nun zu ihrer Herkunftsfamilie zurückkehren, doch aus deren Sicht, verstärkt noch durch die Bunte Presse, hat Sibel mit diesem »Eifersuchtsdrama« Schande über die Familie gebracht. Der Vater muss gnadenlos das Gesetz der Ehre umsetzen. Er verbrennt, wenn auch weinend, die Fotos, die Sibel zeigen; die Mutter kann nichts mehr für sie tun, der Bruder verfolgt sie als Vollstrecker des Gesetzes.

Im Besucherraum des Gefängnisses, unter den Augen eines Wachbeamten, (gewissermaßen eines unparteiischen Dritten,) treffen Sibel und Cahit zusammen, sie sind beide sehr bewegt, erst jetzt können sie sich ihre Liebe zeigen. Sibel gibt Cahit ein Versprechen, aus dem er Kraft schöpft, die er für sein Wachstum nutzen kann.

Sibel flieht nach Istanbul, sie macht den Versuch, sich an das Erfolgsmodell ihrer Cousine anzugleichen: selbstständig, ohne Mann, ohne Kinder, von niemandem abhängig. Doch Sibel wird bald klar, das kann nicht ihre Zukunft sein. Arbeiten, schlafen, arbeiten. Sie sucht eine andere Freiheit, und dabei gerät sie erst recht in einen Zustand von Halt- und Ortlosigkeit – wie

Cahit ganz am Anfang des Films. Sie tanzt allein, sucht Drogen, fällt um, der Barkeeper steigt über sie her, lässt sie liegen, wie weggeworfen, »geh' weg!«. Sibel rafft sich wieder auf, ihre Wut ist unbändig, sie provoziert Männer auf der Straße, schon zusammengeschlagen provoziert sie weiter – wie in einem suizidalen Sog. Schließlich wird sie durch einen Messerstich niedergestreckt – eigentlich das Ende.

Jahre später wird Cahit aus der Haft entlassen, er wirkt gestärkt, lebendiger. Er sucht Sibel, er sagt, ohne sie hätte er es nicht geschafft, am Leben zu bleiben, »ich war schon lange tot, bevor ich sie getroffen habe«. Er reist nach Istanbul und findet sie, obwohl die Cousine das Zusammentreffen verhindern möchte. Sibel hat inzwischen Wurzeln geschlagen und Halt gefunden in einer eigenen, selbst gewählten Familie mit Freund und Kind. Cahit möchte mit Sibel und dem Kind zu seinen Wurzeln zurückkehren, nach Mersin, 1500 km südöstlich von Istanbul. Die nun erstmalige sexuelle Vereinigung unterstreicht vielleicht gerade die Anerkennung der Wichtigkeit, die beide füreinander gehabt haben, des Wertes dessen, was sie einander gegeben haben. Aber es wird auch deutlich, dass beide sich weiterentwickelt haben.

Ausgangspunkt des Films sind Identitätskonflikte, entstanden daraus, dass die von der Elterngeneration vorgegebenen Entwicklungsmuster den Jungen nicht lebbar erscheinen. Das trifft in milderer Form auch für die Mehrheitsgesellschaft zu. Die Diskussion, nicht nur die zwischen Eltern und Kindern, ist oft so sehr dadurch belastet, dass es sehr schnell zu Wertungen kommt. Die Protagonisten des Films, besonders Sibel, streben mehr Individualität an, damit wenden sie sich mehr in Richtung Mehrheitsgesellschaft, was für die Eltern oft sehr kränkend und ängstigend ist. Deshalb spielen bei den Jugendlichen der Migrantenfamilien Schuldgefühle eine große Rolle, die ich verstehe als eine Ausbruchsschuld – Schuldgefühle also, den Wünschen der Eltern nicht zu entsprechen. Auf die Eltern wirken die Wünsche der Kinder, sich abweichend von deren Vorstellungen entwickeln zu wollen, umso beängstigender und umso mehr als Angriff auf das eigene Lebensmodell, je weniger sich die Eltern selbst in der Mehrheitsgesellschaft verankert fühlen.

Die Figuren des Films, Sibel und Cahit, haben zu einer reiferen Form der Beziehung gefunden, sie sind selbst reifer geworden. Sibel ist ernsthafter, Cahit lebendiger geworden. Es gibt kein Happy End, aber es gibt Hoffnung, selbst dann, wenn Cahit vergeblich auf Sibel wartet. Langsam, fast zögernd setzt sich der Bus in Bewegung, um gleich über die oberhalb des Parkplatzes zu sehende Bosporusbrücke in den asiatischen Teil Istanbuls und dann in Cahits ferne Heimat zu entschwinden.

Literatur

Müller, H.-P. (2000): Migration, kulturelle Heterogenität und die Säkularisierung des Nationalen. In: Ochsner, P. E.; Kenny U. & Sieber, P. (Hg.): Vom Störfall zum Normalfall. Kulturelle Vielfalt in der Schule. Zürich, Chur (Verlag Ruegger).

Nathan, T. (1999): Zum Begriff des sozialen Netzes in der Analyse therapeutischer Dispositive. In: Pedrina, F. et al. (Hg.): Kultur, Migration, Psychoanalyse. Tübingen (Edition Diskord), S. 189–220.

Saller, V. (2003): Wanderungen zwischen Ethnologie und Psychoanalyse. Tübingen (Edition Diskord).

Good Bye, Lenin!

Deutschland 2003, 125 Min.
Regie: Wolfgang Becker
Hauptdarsteller: Daniel Brühl, Kathrin Sass, Florian Lukas, Chulpan Khamatova, Maria Simon

Rupert Martin

Einleitung

Eine kleine Geschichte von einem LKW-Fahrer und einem Indianer:

Der LKW-Fahrer nimmt einen Indianer in seinem LKW mit. Sie fahren einen Berg hinauf. Oben angekommen, setzt sich der Indianer hin und starrt in die Weite. Der LKW-Fahrer fragt ihn verwundert: »Was machst du denn da?« Der Indianer antwortet: »Ich warte darauf, dass meine Seele nachkommt«.

Offenbar ist es der Seele des Indianers zu schnell gegangen. Sie braucht noch Zeit, um zu verarbeiten, dass sie sich nun an einem anderen Ort als zuvor befindet. Betrachtet man den Gemütszustand des Indianers genauer, so entpuppt er sich als eine sehr komplexe Angelegenheit. Dabei geht es zum einen um einen Abschied – nämlich von dem Ort, an dem sich der Indianer befunden hat, bevor er in den LKW stieg. Zum anderen geht es um ein Sich-Einstellen auf das Neue, hier die neue Verortung auf dem Berg. Um einen solchen Verarbeitungsprozess geht es auch in *Good Bye, Lenin!* Das »Good Bye« im Filmtitel deutet das Thema des Abschiedes bereits durch die englische Sprache an, denn bekanntlich war englisch als angelsächsisch-kapitalistische Sprache in der DDR verpönt.

Nun verhält es sich psychologisch betrachtet durchaus nicht so, dass ein Abschied – abgesehen davon, dass er eben seine Zeit braucht – eine einfache Sache wäre. Doch woran mag es liegen, dass es oft nicht leicht ist, sich zu verabschieden? Zunächst einmal fällt auf, dass dem Filmtitel ein »!« angefügt ist.

Man könnte dies verstehen als den Versuch, Entschiedenheit herzustellen, im Sinne von: »Nun geh aber mal!« Dies wiederum verweist darauf, dass es eine Tendenz gibt, sich nicht trennen zu wollen. Man könnte sagen, der Abschied ist »ambivalent«. Nebenbei bemerkt wird die Ambivalenz des Abschied-Nehmens in der rheinischen Mundart meisterhaft zur Geltung gebracht, wenn ein Mensch leibhaftig vor einem anderen steht und dennoch allen Ernstes die Behauptung aufstellt: »Ich bin weg!«

Der Filmtitel ist also eine Aufforderung zur Trennung: »Nun geh aber mal endlich, Lenin!« Natürlich ist hier nicht »der« Lenin gemeint, denn der ist schon lange »weg«.

Gemeint ist auch nicht der Marxismus-Leninismus, sondern der Staat, der sich auf ihn berufen hat. Dieser will offenbar nicht gehen, obwohl er spätestens seit dem 2.10.1990 um 24 Uhr mindestens ebenso »weg« ist, wie der leibhaftige Lenin. Fröhlich und mit subversivem Unterton behauptet das Filmplakat hingegen: »Die DDR lebt weiter« – ja wie denn das? Und das sogar noch auf nur »79 qm«! Eine längst tot geglaubte Organisation namens DDR denkt anscheinend nicht daran, sich vom Zeitlichen segnen zu lassen. Wenn das kein Stoff für eine Komödie ist!

Da diese Tote namens DDR offenbar noch nicht ganz tot ist, muss man sich anscheinend immer wieder versichern, dass sie wirklich »tot« ist, denn warum sonst sollte alle Welt beschwörend von der »Ex-DDR« reden? Als wüsste nicht jeder, dass die DDR ihre Existenz längst ausgehaucht hat. Auch würde niemand auf die Idee kommen, vom »Ex-Osmanischen Reich« oder vom »Ex-Römischen Reich« zu sprechen. Man könnte sich nun fragen, wie viele Jahre notwendig sind, um die DDR so zu historisieren, dass man es wagen könnte, die beschwörende Vorsilbe »ex« aus ihrem Namen zu entfernen. Vielleicht drückt das »ex« aber auch die Hoffnung aus, die Historisierung der DDR möge ein wenig schneller gehen. So könnte auch der LKW-Fahrer unserer kleinen Eingangsgeschichte ungehalten darüber sein, dass der Indianer jetzt erst noch auf das Nachkommen seiner Seele warten muss – schließlich könnte man in derselben Zeit etliche Kilometer weiterfahren.

Genauso, wie der LKW-Fahrer ungehalten darüber sein könnte, dass der Indianer so lange Zeit braucht, um endlich mit seiner Seele wiedervereinigt zu werden, könnte man fragen: Warum hat es eigentlich bis ins Jahr 13 nach der Wiedervereinigung gedauert, bis ein solcher Film in die Kinos gekommen ist? Offenbar haben auch die Deutschen so lange gebraucht, bis sie in der seelischen Verfassung waren, sich in Gestalt des Regisseurs Wolfgang Becker filmisch des Themas anzunehmen und damit den Historisierungsprozess voranzutreiben. Dieser kann erst dann als beendet gelten, wenn die Menschen sich nicht mehr unter einem mehr oder weniger direkten seelischen Einfluss der Ereignisse von 1989/90 fühlen. Sie würden die Wiedervereinigung dann als etwas ansehen, was zwar ein »Datum« in ihrer Geschichte ist und deren Lauf mit beeinflusst hat, aber eben nur »mit«, d. h. im Verein mit weiteren »historischen« Ereignissen, durch die dieses Datum relativiert wird.

Lässt man sich den Filmtitel noch länger auf der Zunge zergehen, so verspürt man, dass keineswegs ein endgültiger Abschied intendiert ist, sondern eigentlich nur so etwas wie eine vorübergehende Abwesenheit, denn schließlich heißt es »auf Wiedersehen«. Die alltägliche Redewendung »auf Wiedersehen« stellt insofern einen Euphemismus dar, als dass es bei manchen Trennungen eben kein Wiedersehen gibt. Der Zusammenhang, der sich hier andeutet, ist offenbar der folgende: Die DDR ist nicht wirklich weg, sondern sie hat sich vorübergehend auf besagte 79qm zurückgezogen. Sie ist ja auch wirklich »verwundet« worden im Vorfeld der Wiedervereinigung, da kann man verstehen, dass sie Erholung braucht. Und wenn sie wieder zu Kräften gekommen ist, wie es Alex und die anderen Angehörigen seiner Mutter nach ihrem Koma erhofften, dann würde sie womöglich wieder erstehen. Insofern ist der Geburtstagswunsch von Herrn Ganske an Frau Kerner durchaus wörtlich zu nehmen: »Dass alles wieder so wird, wie es war!« Dieser Satz stand ursprünglich nicht im Drehbuch von Bernd Lichtenberg, sondern ist beim Dreh »spontan« von Jürgen Holtz, alias Ganske, ausgesprochen worden. Man liegt sicher nicht verkehrt, wenn man hierfür nicht den »Zufall« verantwortlich macht, sondern eine psychische Determinante vermutet, die den Schauspieler an dieser Stelle so hat sprechen lassen.

Hier fragt es sich: Wie war es denn in der DDR, dass man sich so schwer von ihr trennen kann? Zugleich macht der Trennungsschmerz spürbar, dass Liebe im Spiel gewesen sein muss. Ohne libidinöse Bindung ist Trennungsschmerz schlechterdings nicht denkbar. Nun mag mancher »Ex«-DDR-Bürger einwenden, seine Liebe zur DDR sei bereits zu deren Lebzeiten nicht eben heiß gewesen. Doch dass nun all die Produkte (Sperr)Müll sein sollen, mit denen man »40 Jahre« sein Leben in der DDR ausstaffiert hat, das tut weh. Wieder ist es Ganske, der diesen Schmerz – in projektiver Logik – artikuliert, als er dem im Müll nach Spreewaldgurken-Gläsern suchenden Alex zuruft: »So weit haben die uns schon gebracht!« Dass auch Alex diesen Schmerz empfindet, wenn auch mehr unbewusst, macht der Glanz in seinen

Augen sichtbar, als er Tempo-Erbsen und Mokka-Fix in einer zurückgelassenen Altbauwohnung findet. Man spürt daran, dass er hier mehr als nur die Begeisterung darüber erlebt, weitere Requisiten für die Inszenierung des Fortlebens der DDR in den häuslichen vier Wänden zur Verfügung zu haben. Die Liebe zur DDR mag sich zu deren Lebzeiten in engen und stark befestigten Grenzen gehalten haben, doch im Nachhinein schwant anscheinend so manchem ihrer »ehemaligen« Bürger – und auch so manchem »Wessi« – was er an der DDR gehabt hat.

Der rote Faden der Filmentwicklung: Abgewehrte Trauer und Melancholie

Die DDR ist nun schon seit 13 Jahren physisch tot. Doch psychisch schmerzt ihr Tod manchen noch heute. In der politischen Diskussion wird darüber jedoch so gut wie nicht gesprochen, so als sei die Trauer über den Untergang der DDR ein Monopol der PDS und ihrer Anhänger. So fokussiert sich auch die Rezeption von *Good Bye, Lenin!* auf die politische Dimension, unter Ausklammerung des Aspekts der Trauer.

Aus unserer Eingangsgeschichte lässt sich die Berechtigung der Hypothese ableiten, dass die Schmerzhaftigkeit des Ablebens der DDR vor allem mit der Schnelligkeit dieses Vorganges zusammenhängt – 1 1/4 Jahre von der ersten Massenflucht über Ungarn bis zum Vollzug der Wiedervereinigung ist für den Untergang eines ganzen Staates eine wahrlich kurze Zeit. Denkt man sich den Indianer aus unserer Eingangsgeschichte als Bürger der »ehemaligen« DDR, so müsste man feststellen: Er ist traurig und »wartet«, bis sein innerer Trauerprozess abgeschlossen ist. Wäre der LKW-Fahrer darüber wirklich ungehalten und würde er den Indianer auffordern, sich gefälligst zu beeilen, so wäre dieser vermutlich zutiefst gekränkt. Er mag sein Land geliebt oder gehasst oder in welcher Weise auch immer für es empfunden haben – es war *sein* Land und damit ein Stück seiner Identität. Deshalb ist er so traurig.

Denken wir uns jetzt den LKW-Lenker als einen »Wessi«, möglicherweise als einen Unternehmenslenker, der bei *Sabine Christiansen* sitzt und über die wirtschaftliche Lage in Deutschland räsoniert, vor dem Hintergrund von Massenarbeitslosigkeit und erhöhtem Wettbewerbsdruck auf die deutschen Firmen. Möglicherweise wird er in die Diskussion einwerfen: »Wir können uns nicht mehr erlauben ...« – den Sozialstaat, die Bürokratie, die hohen Steuern, die Vorsorgungsmentalität etc. Des weiteren wird er darauf dringen, dem Geltung zu verschaffen, was für ihn die Fakten sind: »Wenn wir nicht bald radikal umsteuern, dann kommen uns die anderen zuvor, dann wandern unsere Arbeitsplätze in Niedriglohnländer aus ...« Es ist dies das Lied, das von »sozialistisch« beeinflussten Menschen gemeinhin als »neoliberal« gegeißelt wird. Man könnte seine Rede auch kurz und knapp so formulieren: »Wir Deutschen haben im Zeitalter der Globalisierung keine Zeit, uns mit uns selber und unserem Seelenschmerz im Zusammenhang mit der Wiedervereinigung zu beschäftigen. Also Schluss mit der Trauer, denn ›man löst Probleme nur im Vorwärtsschreiten‹!« Letzteres glaubten schon die Parteigenossen in der DDR zu wissen.

Hier setzt der Film einen Kontrapunkt: So viel Zeit muss sein. Trauer braucht ihre Zeit und ohne Trauer geht es nicht. Warum eigentlich nicht? Freud schrieb 1915 in seinem Werk *Trauer und Melancholie*: »Trauer ist regelmäßig die Reaktion auf den Verlust einer geliebten Person oder einer an ihre Stelle gerückten Abstraktion wie Vaterland, Freiheit, ein Ideal usw«. (Freud 1915, S. 197) Oft führt die Trauer in melancholische Verfassungen:

»Die Melancholie ist seelisch ausgezeichnet durch eine tief schmerzliche Verstimmung, eine Aufhebung des Interesses für die Außenwelt, durch den Verlust der Liebesfähigkeit, durch die Hemmung jeder Leistung und die Herabsetzung des Selbstgefühls, die sich in Selbstvorwürfen und Selbstbeschimpfungen äußert und bis zur wahnhaften Erwartung von Strafe steigert« (Freud 1915, S. 198).

Wie lassen sich solche melancholischen Seelenzustände erklären? Da das geliebte Objekt nicht mehr zur Verfügung steht, ergeht seitens der Instanz im »psychischen Apparat«, die für die Realitätsprüfung zuständig ist, die Aufforderung an die Libido, ihre Verknüpfungen mit diesem Objekt zu lösen. Dieser Auftrag kann nicht sofort erfüllt werden, sondern geschieht unter mehr oder weniger großem Zeitaufwand, bis das Ich wieder frei ist.

Diesen Prozess nennt man seit Freud »Trauerarbeit«. Er durchläuft verschiedene Phasen: Unmittelbar nach dem Verlust verstärkt man seine Identifikation mit dem verlorenen Objekt. Daher wird auf Beerdigungen häufig »nur« gut über den Verstorbenen gesprochen, was dieser sicher nicht war, denn niemand ist etwas »nur«. Die Identifikation mit dem verlorenen Objekt wird durch entsprechende Trauerzeremonien rituell verstärkt. Dabei blüht die Identifikation mit dem verlorenen Objekt auf, um anschließend wieder zu verblühen. Erst dann ist das verlorene Objekt so verinnerlicht, dass man es als reales Objekt verloren geben und den Verlust somit wirklich realisieren kann.

155

Kann die Trauerarbeit nicht zu Ende geführt oder gar nicht erst in Angriff genommen werden, so bleibt die innere Bindung an das verlorene Objekt bestehen. Aus der »normalen« Trauer wird dann eine »pathologische Trauer«, von der man den Eindruck hat, als würde sie nie zu Ende gehen. So kann man beispielsweise bei manchen alten Menschen, deren Partner schon längere Zeit verstorben ist, ein Verhalten beobachten, als lebe ihr verstorbener Partner immer noch mit ihnen zusammen. Ein sehr amüsantes Beispiel hierfür ist das beliebte Silvester-Stück *Dinner for one*.

Wenn die Melancholie nicht mehr aufhören will, spricht man heute von »Depression«. Im Gegensatz zum »Normal-Trauernden«, der weiß, worum er trauert, trauert der Depressive so intensiv und so lange, dass aus seinem Bewusstsein verschwunden ist, welcher Verlust der Anlass seiner Trauer war. Dafür ist er unbewusst mit dem Objekt identifiziert, um das er trauert. Da seine Gefühle für dieses Objekt ambivalent sind – niemanden liebt oder hasst »nur«, stets sind beide Gefühlsregungen beteiligt – hat er nun auch seine Ambivalenz gegenüber diesem Objekt verinnerlicht. Dies geht einher mit einem Abzug des Interesses von seiner äußeren Umwelt, was dort in der Regel Aggressionen gegen den Depressiven hervorruft. Man möchte diesen Menschen »schütteln« und in den Allerwertesten treten, auf dass er endlich wieder am normalen Leben teilnehme. Doch solche, zumeist gut gemeinten Hilfestellungen, lässt der Depressive in aller Regel an sich abgleiten. Indem er seine vermeintlichen Helfer abblockt, verzichtet der Depressive auf den Versuch, Einfluss auf die Realität zu nehmen. Verzichten kann man aber nur auf etwas, was man schon gehabt hat. Indem er also auf etwas verzichtet, was er noch gar nicht gehabt hat, nämlich Einfluss auf die Realität, lebt der Depressive einen Anspruch (»ich will auch König sein«). Dieser Anspruch wird an die Stelle der Realität gesetzt, womit der schmerzhafte Verlust, den die Realität bereitgehalten hat, kompensiert wird.

Die Ausgangslage des Trauerprozesses

Verfolgen wir nun den Trauerprozess bei *Good Bye, Lenin!* von Anfang an – der Film beginnt im Sommer 1978. Zur damaligen Zeit war die DDR auf dem Zenit ihres 40-jährigen Bestehens, verkörpert durch Sigmund Jähn als erstem Deutschen auf dem Raketenflug ins Weltall. Wir sehen in den ersten Einstellungen mit dem Alexanderplatz und der Weltzeituhr Insignien sozialistischer Urbanität und Weltläufigkeit. Zugleich Familienidyll in der Datsche der Kerners, wobei Alex Stimme aus dem Off den Verlust seines Vaters und damit einen ersten manifesten Riss im Familiensystem mitteilt. Dieser Riss sollte sich später als stellvertretend für den Riss in der DDR insgesamt erweisen, der 11 Jahre später zu deren Kollaps führte.

Entsprechend einem Witz, welcher im Sommer 1989 zur Zeit der großen Massenflucht geprägt wurde, bedeutet DDR = »der doofe Rest«. Und auch der Arzt, welcher Frau Kerner nach ihrem ersten Herzinfarkt behandelte, hatte sich ja nach Düsseldorf davongemacht. So lassen sich sowohl die ohne den Vater unvollständig zurückgebliebene Familie, als auch die DDR als Ganzes als zwei soziale »Organisationen« ansehen, die eine »Kränkung« qua Verlust von Mitgliedern erlitten haben.

Wie gravierend diese Kränkung ist, kann man sich anhand der Auffassung des berühmten Gruppenanalytikers Winfried R. Bion klarmachen: Demnach ist die Gruppe ein konservatives Gebilde, dessen primäres Ziel es ist, sich selbst zu erhalten. Insofern bedeutet bereits die Individualisierung eines Einzelnen, sein Herauswachsen aus der Gruppe bzw. seine Separation von ihr für die Gruppe ein Gefühl von Frustration. Gelingt es der Gruppe nicht, den Einzelnen in ihrer Organisation zu halten, so fühlt sie sich »verwundet« und »gekränkt«. Die »Kränkung einer Organisation« kann man sich hier durchaus so vorstellen, wie die Kränkung einer Person. Denn so wie Personen, haben auch Institutionen einen »Narzissmus«. D.h. sie können nur existieren, wenn sie ein bestimmtes Minimum an »Selbstliebe« aufbringen können. Wichtig in diesem Zusammenhang ist, dass eine »Organisation« mehr ist als nur eine »formale« Klammer zwischen verschiedenen Individuen. Insofern alle Menschen, wie die moderne Säuglings- und Bindungsforschung herausgestellt hat, von Geburt an »objektsuchend« sind, ist die menschliche Psyche gruppal organisiert. Dementsprechend kann der Einfluss der Gruppe auf den Einzelnen gar nicht unterschätzt werden. So ging bereits Bion davon aus, dass sich der Mensch stets in Beziehung zu einer Gruppe befindet und fortwährend überprüft, wie tragfähig diese Beziehung noch ist.

Foulkes, einer weiterer Pionier der Gruppenanalyse, hat hierfür den Begriff der »Matrix« geprägt: Die bewussten und unbewussten Impulse des Einzelnen als Gruppenmitglied, die Erfolge und Misserfolge der Gruppe als Ganzes, in den Innen- wie in den Außenbeziehungen, gehen in eine unbewusste Matrix der Gruppe ein und bilden so einen Erfahrungshintergrund, der sowohl für die Gruppe, als auch für die einzelnen Mitglieder der Gruppe prägend ist. Man könnte sagen, die Gruppe bildet eine Präferenz für bestimmte Übertragungsmuster aus, die sich beispielsweise auch in den Klischees von »Jammerossis« und »Besserwessis« wiederfinden. Wenn z. B. Rainer Alex anherrscht: »Kann man Euch Ossis denn überhaupt nichts recht machen?«, steht Alex für die Figur des »depressiven« Ostdeutschen, der hinter dem Jammern den Anspruch verbirgt, ein »König« zu sein.

Sowohl im Falle der Familie Kerner, als auch in Bezug auf die DDR als Ganzes, muss die narzisstische Kränkung als sehr schwerwiegend angesehen werden. So hat die DDR-Bevölkerung nicht »irgendein Objekt« verloren, sondern ihren gesamten Staat. Die nationale Identität ist so prägend für die gesamte Identität eines Menschen wie sein Geschlecht. Das bedeutet für die DDR-Bevölkerung den Verlust eines Teils ihrer selbst, d. h. den Verlust eines »Selbstobjekts«. Erschwerend kommt hinzu, dass Verlust und Kränkung bereits zum Geburtsmythos der DDR gehören, handelt es sich doch um einen Staat, dessen Gründung der demokratischen Legitimation entbehren musste und der zunächst ohne diplomatische Anerkennung des Westens und sogar ohne Rückhalt bei der eigenen Bevölkerung auskommen musste. Doch wie jede soziale Organisation dürstete es auch die DDR danach, »geliebt« zu werden. Das Westfernsehen hat als Fenster in ein anderes, »gelobtes Land«, seinen Teil dazu beigetragen, um diese Kränkung der DDR Zeit ihres Lebens wach zu halten.

Bei Familie Kerner wurde die Kränkung noch dadurch verstärkt, dass der Vater angeblich einer »Klassenfeindin«, die ihm »das Hirn weggevögelt« habe, den Vorzug vor der eigenen Familie gegeben haben soll. Doch auch so war der Verlust des Familienoberhauptes für Familie Kerner traumatisch. Frau Kerner verlor die Sprache. Verstehen lässt sich ihr Verstummen als eine pathologische Trauerreaktion, da sie keine Möglichkeit hatte, sich von ihrem Mann zu verabschieden. Konfrontiert mit seiner psychisch »toten« Mutter, ein Konzept, das von dem französischen Psychoanalytiker André Green beschrieben wurde, entwickelte Alex eine besondere Beziehung zu ihr. Sein eigener Vaterverlust trat in den Hintergrund, da seine ganze Sorge darauf gerichtet war, jetzt nicht auch noch die Mutter zu verlieren. Obwohl ohnmächtig, der Mutter zur Genesung verhelfen zu können, erlebte sich Alex als eben dafür verantwortlich. »Parentifizierte« Kinder, welche sich als verantwortlich für das Schicksal ihrer Eltern erleben, da die Eltern es nicht mehr selbst in die Hand nehmen können, wollen die Eltern stützen, als Voraussetzung dafür, dass die Eltern ihnen gute Eltern sein können. So begann Alex sich mit der Welt seiner Mutter zu identifizieren, gegen die er während der Wende vordergründig rebellierte. Die vakante Position des Vaters besetzte dabei in der Fantasie des Jungen der Kosmonaut Sigmund Jähn bzw. »Vater Staat«, sodass die Familie imaginär wieder komplett und die Wunde des Vaterverlustes vermeintlich geschlossen war.

Von der dramatischen Tragik des familiären Geschehens verspürt der Filmzuschauer zumindest in der ersten halben Stunde des Films allerdings erstaunlich wenig. Wirklich scheint der Film in diesem Teil »Längen« zu haben. Doch dem Regisseur Wolfgang Becker waren vor allem in diesem Teil des Filmes die »Montagestrecken«, die unter Verwendung von Archivmaterial in relativ kurzer Zeit eine Fülle an Zeitgeschehnissen erzählen, sehr wichtig. Zu Recht glaubte Wolfgang Becker, dass nur, wenn man sich auf diese Vorgeschichte emotional einlassen kann, man die Hauptgeschichte des Filmes wirklich verstehen kann. Um dem Zuschauer dabei eine emotionale Beteiligung zu ermöglichen, war für ihn Authentizität bei jeder Einstellung des Films oberste Priorität, bis ins letzte Detail der Requisite. Aus diesem Grund setzt *Good Bye, Lenin!*, im Gegensatz zu den meisten Hollywood-Produktionen, die hierfür nur 10 – 12 Minuten benötigen, eine volle halbe Stunde dafür ein, um die Ausgangslage der psychologischen Entwicklung des Filmes zu entfalten, für welche der Kölner Psychologie-Professor Wilhelm Salber den Begriff der »Komplexentwicklung« geprägt hat. Ob sich ein Zuschauer emotional auf den Film einlassen kann, entscheidet sich daher in der Regel auch in dieser ersten halben Stunde. Bei vielen Zuschauern, die sich nicht auf den Film haben einlassen können, hat man den Eindruck, dass sie sich durch die humoristische Darstellung der Zeit von 1978 bis 1989 haben »einwickeln« lassen, sodass sie das Geschehen als bloßen »DDR-Kitsch« missverstanden haben.

In der Tat trägt Alex Stimme aus dem Off, welche die Ereignisse heiter-lakonisch bis ironisch kommentiert, einiges dazu bei, um dem Filmzuschauer seelische Distanz zu ermöglichen. Ganz die Mutter, möchte man sagen, deren humorige »Eingaben« immer wieder zum Schmunzeln bringen. Die Mutter scheint also doch nicht ganz die »150-prozentige« Anhängerin des Regimes zu sein, als die sie in zahlreichen Filmkritiken verkannt wurde. Darüber hinaus ist es generell die Funktion von Humor in totalitären Systemen, dem Einzelnen zu Distanz zum System zu verhelfen, ohne sich dieses offen zum Feind machen zu müssen.

Überwiegend fungiert der Humor in *Good Bye, Lenin!* jedoch als »Antidot« (Gegengift) gegen die Trauer und die Melancholie. Dies ist der Grund, warum die Dramatik des Verhörs von Frau Kerner durch die Stasi, so wie ihr Psychiatrie-Aufenthalt im Erleben vieler Zuschauer scheinbar keinen Niederschlag findet. Zumal Frau Kerner, durch die Psychiatrie wieder »sozialisiert« – dies ein kleiner Seitenhieb des Films auf die Funktion der Psychiatrie in der DDR – schließlich nach Hause zurückkehrt, als komme sie gerade von einem

Kuraufenthalt. Der Erfolg ihrer Therapie in der Psychiatrie scheint demnach auf einer Verleugnung zu beruhen. Frau Kerner hat, wie wir später erfahren sollten, den separativen Schritt mit der Familie in den Westen zu gehen, angesichts untragbarer Verhältnisse in der Heimat, nicht vollziehen können. Stattdessen »heiratete« sie eben jene zuvor als untragbar empfundenen Verhältnisse, was man als »Identifikation mit dem Aggressor« verstehen könnte.

Als Frau Kerner sieht, wie ihr Sohn, inmitten von wie entfesselt knüppelnden Vopos, abgeführt wird, bricht ihre Identifikation mit dem Aggressor buchstäblich zusammen. Es gibt nun auch für sie keinen Zweifel mehr daran, dass der Aggressor ein Aggressor ist. Sie reagiert wieder mit einer Verleugnung: Sie bricht zusammen. Ihr Herzinfarkt erspart es ihr zu sehen, was nicht sein soll, da es nicht sein darf. Man sieht hier auch, dass es gefährlich ist, Mitglied einer »gekränkten« Organisation zu sein. Insbesondere dann, wenn diese bereits lebensgefährlich »verwundet« ist. Denn die gekränkte und verwundete Organisation gibt im Rahmen der gruppalen Matrix Kränkung und Verwundung an ihre Mitglieder weiter.

Die Wende stellt für Alex im doppelten Sinne eine Wende dar, da er sich in der Pubertät und damit ohnehin an einem Wendepunkt seines Lebens befindet. Durch den komatösen Zusammenbruch seiner Mutter wird er allerdings in seiner Entwicklung zurückgeworfen. Gerade dabei, sich von der Welt seiner Mutter und ihrem gerade 40 gewordenen »Ehemannes« in Gestalt von Vater Staat zu emanzipieren, zeitgleich mit dem Beginn seiner Liebe zur russischen Schwesternschülerin Lara, mutiert er nun zum Aufpasser für seine jetzt »behinderte« Mutter. Parentifiziert wie er ist, plagen ihn starke Schuldgefühle, dass die Mutter wegen ihm ins Koma gefallen sei, sichtbar vor allem an seinen Blicken am Krankenbett der Mutter. Seine Identifikation mit der Mutter verstärkt sich, mithin auch die Übernahme der mütterlichen Wirklichkeitsverleugnung. So verleugnet Alex im Krankenhaus sogar, dass man mit seiner im Koma liegenden Mutter nicht sprechen kann.

Inszenierung einer verblichenen Welt zum Zwecke des Überganges

Überzeugt, dass seiner Mutter die veränderte Realität nicht zuzumuten ist, simuliert Alex für sie die untergegangene sozialistische Realität in einem Zimmer der eigenen 79 Quadratmeter-Plattenbauwohnung. Was zunächst wie ein »Spiel« anmutet, entwickelt im Verlauf des Films immer mehr an Eigendynamik. Mehr und mehr glaubt Alex selbst an das, was er zunächst scheinbar allein der Mutter zuliebe inszeniert. Dies reflektiert den Umstand, dass man nur dann für andere überzeugend sein kann, wenn man selbst überzeugt ist. Mit anderen Worten: Will man einem anderen etwas authentisch vorspielen, so muss man erst einmal selbst daran glauben. Der Schriftsteller Diderot sprach in diesem Zusammenhang vom »Paradox des Schauspielers«: Der Schauspieler spielt je besser, desto authentischer er dabei ist. Je authentischer er spielt, desto weniger ist er Schauspieler. Alex verlässt die Position des Schauspielers mit jeder Filmminute mehr. So bemerkt er im Anschluss an die nostalgische Geburtstagsfeier seiner Mutter, dass sein »Spiel« ein Selbstläufer geworden ist. Dabei zieht das eine das andere nach sich: Nachdem die Mutter die Coca Cola-Fahnen am Haus gegenüber bemerkt hat, muss Alex mit Denis eine »Aktuelle Kamera« drehen, die dies im Sinne der Inszenierung »erklärt«. Währenddessen bemerkt Alex, wie leicht sich die Realität manipulieren lässt und setzt dies mithilfe seines kongenialen Partners Denis immer perfekter ins mediale Werk.

In der Kernerschen Wohnung ist die Nischengesellschaft DDR nun selbst zur Nische geworden. Hier findet die heile sozialistische Welt, die aus der abgehobenen Sigmund Jähn-Perspektive selbst ein Biotop gewesen ist, ein Biotop, in dem sie weiter leben kann. Der verstorbene englische Psychoanalytiker Donald W. Winnicott hätte dieses Biotop als »Übergangsobjekt« gekennzeichnet. Ein »Übergangsobjekt« hat die Funktion, einen Verlust zu überbrücken. So »verliert« ein Kleinkind seine Mutter, wenn diese vorübergehend abwesend ist. Für das Kind ist dies zunächst ein vollständiger Verlust, da es zunächst nicht weiß, dass es so etwas wie eine vorübergehende Abwesenheit überhaupt gibt. Es kennt zunächst nur »da = lebendig«, »weg = tot«. Dass es auch »Übergänge« zwischen beiden Zuständen gibt, erfährt es vermittels von »Übergangsobjekten«, wie z.B. einer Puppe, die symbolisch für die Mutter steht. Das Kind »spielt« mit der Puppe und verinnerlicht auf diese Weise ein Bild von der Mutter, auf das es sich beziehen kann, wenn die Mutter nicht da ist. So kann es die Beziehung zur Mutter auch in deren Abwesenheit symbolisch »halten«. Wie die Puppe für das Kleinkind – Paula spielte mit DDR-typischen »Teddies« – so sind sämtliche im Film gezeigte DDR-Produkte, ob Spreewaldgurken, Tempo-Erbsen oder Mokka-Fix, für Alex »Übergangsobjekte« bzw. »Mullbinden« gegen den Schmerz des Überganges.

Solcherlei »Übergangsphänomene« helfen, Verluste zu überbrücken, die im Zuge jeder Entwicklung zu betrauern sind. Allgemein ist »Verlust« eines der tragenden Momente menschlicher Entwicklung, insofern jede neue Phase im Leben eines Menschen den Verlust all dessen bedeutet, was die vorausgegangene Phase ausgemacht hat. Wer zum Beispiel in das Erwachsenleben eintritt, muss hiermit die Unverbindlichkeit der Pubertät als eine Art Moratorium im Leben aufgeben. Die en miniature simulierte DDR ist auch ein »Übergangsphänomen« im Sinne Winnicotts; die Zeit, in der sich dies abspielte, eine Übergangszeit. In solchen Übergangszeiten existiert das Alte fort, während das Neue schon da ist. Während auf der Geburtstagsfeier von Frau Kerner noch das Lied der jungen Pioniere ertönt, zieht draußen bereits die Coca Cola-Fahne auf und die »wiedervereinte« Nation berauscht sich am Erfolg der deutschen Fußballnationalmannschaft.

Ohne Übergangszeiten kommt das Seelische nicht aus. Dies zeigt bereits unsere Eingangsgeschichte: Der Indianer *muss* warten, bis seine Seele nachkommt. Dies ist auch der Grund dafür, warum der Prozess der Wiedervereinigung nicht so läuft, wie die Politiker sich dies seinerzeit, aus heutiger Sicht allzu naiv, ausgedacht haben. So wurde das politische und wirtschaftliche System der BRD an die Stelle des DDR-Systems gesetzt, im Verhältnis 1:1 wie bei der Währungsunion, ohne dass ein wirklicher Vereinigungsprozess in Gang gekommen wäre. Ein solcher hätte reflektiert, dass aus BRD plus DDR nicht eine vergrößerte BRD wird, sondern etwas Drittes. Dass die Landschaften im Osten einfach nicht wirtschaftlich erblühen wollen, liegt hierin begründet. Somit ist *Good Bye, Lenin!* eine Parabel dafür, dass das Seelische, wenn es keine Übergangszeit eingeräumt bekommt, sich diese erzwingt, indem es Sand in das Getriebe des Veränderungsprozesses streut. Aus diesem Grund muss Alex der »Wiedervereinigung« symbolisch Einhalt gebieten.

Überhaupt musste der Prozess der deutschen Wiedervereinigung gebremst werden, damit die Entwicklung, die der Wiedervereinigung hätte vorausgehen können und deren Ergebnis sie hätte sein können, nachgeholt werden konnte. So wie der Indianer in unserer Eingangsgeschichte sich die Zeit nehmen musste, um seiner Seele die Gelegenheit zu geben, sich mit ihm wiederzuvereinen.

Für Alex kam hinzu, dass es für ihn dabei unbewusst auch um die »Wiedervereinigung« mit seinem Vater ging. Denn diese ist, durch den Fall der Mauer, mit einem Schlag aus dem Bereich des Unmöglichen in den Bereich des Möglichen gerückt.

Doch so viel Neuerung auf einmal kann Alex nicht verkraften. Es ist für ihn buchstäblich eine Reizüberflutung, so wie sein erster (Sexshop-)Besuch im »anderen Land«. Freud hat in *Jenseits des Lustprinzips* darauf hingewiesen, dass vor jeder »Lust« erst einmal ein »Reizschutz« bestehen muss. Erst, wenn es im Seelischen eine Form gibt, die wie eine Insel davor schützt, dass man im Meer der Reize untergeht, ist im Schutz dieses umgrenzten Rahmens so etwas wie »Lust« überhaupt erst möglich. Diese Überlegung ist eng damit verknüpft, dass Freud ein »Realitätsprinzip« postulierte. Das »Realitätsprinzip« gebietet es Alex, sich dagegen zu versperren, dass alle Säulen, an denen sich seine Identität ausgebildet hat, weggebrochen sind, kaum dass seine Identitätsbildung das Stadium des Vorgestaltlichen verlassen hat. Alles andere hätte, angesichts seiner gerade gebildeten, aber noch instabilen Identität im Alter von Anfang 20, einen narzisstischen Zusammenbruch bewirkt.

Ein seelischer Organismus mit Grenzen, die »nichts mehr wert« sind, wie die Grenzen der DDR nach dem Mauerfall, ist nicht mehr lebensfähig. So betrachtet, steht die Simulation der DDR im Plattenbau-Biotop im Dienste des »Realitätsprinzips« und sichert das psychische Überleben nicht nur von Frau Kerner und Alex, der mehr und mehr merkt, dass die DDR, die er seiner Mutter konstruierte, die geworden ist, die er sich für sich selbst gewünscht hat.

Zugleich ließe sich die Inszenierung, deren Regisseur Alex ist, in der Sprache der Psychiatrie beschreiben – aber nur beschreiben und nicht klinisch diagnostizieren! Wenn Alex an das glaubt, was er inszeniert, geht ihm die Unterscheidung zwischen Realität und Inszenierung verloren. Das bedeutet, er entwickelt einen Wahn. Der Zenit des Wahns ist wohl erreicht, als es im Wortgefecht mit Rainer aus ihm herausbricht: Seine Mutter setze sich – im Gegensatz zu Rainer – aktiv für die Verbesserung der Gesellschaft ein, wobei er sich auf ihre »Eingaben« bezieht, die an den Otto Versand gesandt werden. Psychologisch noch in der DDR lebend, verleugnet Alex die aktuelle Realität. Die Verleugnung der Realität ist der Hauptmechanismus der »Psychose«, während die »Verdrängung« als Hauptmechanismus der Neurose damit auskommt, »nur« einen Teil der Realität ins Unbewusste zu verschieben. Paradoxerweise führt die Verleugnung gleichermaßen in »psychotische« Verhältnisse hinein, wie sie davor schützt. Als »Übergangsphänomen« im Dienste des Reizschutzes bewahrt hier der Wahn davor »verrückt« zu werden und wird so zugleich zum Antidot gegen die Psychose.

Zum Antidot gegen die Psychose eignet sich ein wahnhafter Glauben auch deshalb, weil zwischen beidem, wie Freud in zahlreichen kulturpsychologischen Schriften herausstellte, eine strukturelle Ähnlichkeit besteht. So treffen der wahnhafte Glauben und die Realität in jener Schlüsselszene des Films zusammen, als Frau Kerner zum ersten Mal das Krankenbett verlässt und in tranceähnlicher Stimmung auf die Straße tritt, wo ihr einer religiösen Offenbarung gleich, der übermannsgroße Lenin mit ausgestrecktem Arm am Himmel erscheint.

Die Inszenierung einer untergegangenen Realität als Gruppengeschehen

Welchen Umständen ist es nun zu verdanken, dass der wahnhafte Glaube ein »Übergangsphänomen« geblieben ist? Hier hilft der Gedanke der Matrix von Foulkes weiter. Nebenbei bemerkt: Das Sweatshirt von Denis wird von vielen Zuschauern als »Matrix«-Sweatshirt (Film von Andy und Larry Wachowski aus dem Jahr 1999) erlebt. In der »Matrix« sind die einzelnen Mitglieder einer Gruppe »Knotenpunkte«, in denen sich interindividuelle seelische Tendenzen verdichten. Die Gruppe als Ganzes ist mit Salber gesprochen eine »Wirkungseinheit«, wobei der einzelne als Repräsentant der ganzen »Wirkungseinheit« anzusehen ist. Vom Gedanken der Matrix her verbietet es sich, die Inszenierung des Fortbestandes der DDR als den »persönlichen« Wahn von Alex aufzufassen. Es handelt sich hier vielmehr um ein Gruppengeschehen, wobei Alex lediglich ausführendes Organ seines »Kollektivs« ist – ob man dieses nun im Hinblick auf »Familie«, »Hausgemeinschaft« oder das Gesamtbiotop »DDR« ausdehnt. Man könnte auch sagen: Alex ist der Regisseur eines »Filmes« im Film. Und Filme werden auch bekanntlich nicht von einer Person gedreht, sondern immer von einem »Kollektiv«. Doch letztlich ist es das Leben selbst, welches die Filme dreht.

So wie im »Übergangsphänomen« das Alte »neben« dem Neuen existiert, so verdichtet sich in Alex ein psychologischer Grundzug der deutschen Befindlichkeit im Zusammenhang mit der Wiedervereinigung: Die psychische Notwendigkeit, dem Alten einen »gebührenden« Abschied zu bereiten, es betrauern zu können, um auf diese Weise erst bereit für das Neue zu werden. Auch wenn die von den »Ossis« geforderten Anpassungsleistungen an die neuen Verhältnisse jene der »Wessis« bei weitem übersteigen, so haben auch Letztere etwas zu betrauern, da die »alte Bundesrepublik« ebenso untergegangen ist wie die DDR. So enthält der Witz sehr viel Weisheit, in dem der DDR-Bürger zum Bundesbürger sagt: »Wir sind ein Volk« und der Bundesbürger antwortet: »Wir auch!«

Welche psychischen Grundbefindlichkeiten gegenüber dem Veränderungsprozess namens Wiedervereinigung verdichten sich nun in den anderen Mitwirkenden von *Good Bye, Lenin!*, wenn man den Gedanken der Matrix als Wirkungseinheit anlegt? Es ist sicher nicht schwer, in Ganske die Repräsentanz des größten Widerstandes gegen die Veränderung zu sehen. Klapprath hingegen verkörpert die fundamentale Verzweiflung an der Umwertung aller Werte – was sich kurz zuvor noch höchster Wertschätzung erfreute, ist plötzlich nichts mehr wert. Rainer dürfte für die Wessi-Tendenz stehen, die ganze Angelegenheit »psychästhetisch« abzuhandeln. Ohne wirklichen Bezug zur psychischen Befindlichkeit seiner ostdeutschen »Brüder und Schwestern« kauft er sich einen Trabi als Kultobjekt und kokettiert so mit einer Scheinnähe zur DDR, während er in Wirklichkeit in den Osten gekommen ist, da er sich hier »Schnäppchen« versprochen hat. Ariane hingegen nimmt eine sehr pragmatisch-vermittelnde Position ein: Einerseits ist sie so etwas wie das Standbein ihres Bruders in der Realität, andererseits macht sie dessen »Wahn« mit. Bei ihr scheint die Adaption an die veränderte Realität am besten geglückt zu sein.

Die Beendigung der Inszenierung

Die integrativen Kräfte der Gruppenmatrix werden in dem Maße auf den Plan gerufen, indem sich der wahnhafte Charakter von Alex' »Spiel« entfaltet. Es ist eine kollektive Anstrengung nötig, um die gerufenen Geister wieder in die Flasche zurückzudrängen. Hierzu braucht die Gruppe außerdem Hilfe »von außen«, die in Gestalt von Lara auf den Plan tritt. Diese ist dafür insofern prädestiniert, als dass sie Russin ist. Ihre Verbindung mit Alex erscheint synonym für die deutsch-sowjetische Freundschaft; für Alex scheint sie das zu sein, was Gorbatschow für die Deutschen ist: Eine Art außenstehender Geburtshelfer, der den Deutschen auf die Sprünge half, zu sich selbst zu kommen. Im Rahmen der Familie Kerner trägt Lara, fast im Stile einer guten »Gruppenanalytikerin«, dafür Sorge, dass sich die »psychotischen« Tendenzen der Gruppe zwar äußern dürfen, nicht aber das gesamte Regiment übertragen bekommen. Es ist also eine integrativ wirkende Gruppenmatrix, verdichtet in der Gestalt von Lara, welche Alex »Psychose zur Psychoseabwehr« zu einem Übergangs-, anstelle eines Dauerphänomens macht. Des Weiteren sind die integrativen Kräfte der Gruppenmatrix auch in Alex' Schwester Ariane verdichtet, welche den Kontakt zum Vater wiederherstellt und so hilft, den ausgeschlossenen und verleugneten Dritten wieder zu integrieren.

Es lohnt sich, näher zu betrachten, wie Lara Alex geholfen hat, wieder zurück in die Realität zu finden. Einerseits verhält sie sich loyal gegenüber Alex, andererseits sagt sie ihm klar, dass sie seinen Umgang mit seiner Mutter – zumindest im späteren Teil der Inszenierung – für »brutal« und »gruselig« hält. Indem sie, bei aller Kritik, zugleich das liebevolle Bemühen von Alex um seine Mutter anerkennt, hilft sie ihm, sich allmählich mit dem Gedanken anzufreunden, seine Mutter über die wahren Verhältnisse aufzuklären.

Als Alex hierzu in der Datschen-Szene ansetzt, kommt ihm seine Mutter allerdings mit einem Geständnis ihrerseits zuvor: Sie eröffnet ihren Kindern, sie über den Verbleib des Vaters belogen zu haben. Diese Eröffnung trifft Alex so schwer, dass er sich spontan von seiner Mutter abwendet. Indem seine Fantasien über den Vater als Hamburger fressendes, bis zur Besinnungslosigkeit vögelndes Monster mit eigenem Swimmingpool zusammenbrechen, verändert sich auch sein Verhältnis zur Mutter. Seine Identifikation mit der mütterlichen Welt gerät ins Wanken. Der Zusammenbruch von Alex' psychischer Abwehr gibt auch Gelegenheit, die Vermutung anzustellen, ob er unbewusst nicht schon länger »geahnt« hat, dass die erzählte Geschichte seiner Mutter über den Vater nicht die ganze Wahrheit ist. Darauf deutet auch die von Lara monierte »Brutalität« seines Vorgehens hin, die sich z.B. am Umgang besonders mit seinen jungen »Schauspielern« manifestiert, die er häufig nach ihrem Auftritt am Krankenbett der Mutter sehr rüde aus dem Zimmer drängt. Anscheinend zielt seine »Brutalität« darauf ab, die Mutter nach allen Regeln der Kunst im Zustand einer Behinderten zu halten. Man könnte meinen, Alex habe sich auf diese Weise unbewusst für die Lüge der Mutter rächen wollen – was als realer Kern seiner Schuldgefühle angesehen werden kann.

Fortan ist Alex nicht mehr Herr seiner Inszenierung. Zur treibenden Kraft wird nun Ariane, über die der Kontakt zum Vater wiederhergestellt ist. Mit eruptiver Kraft holt sie die Briefe des Vaters aus ihrem Versteck hervor und macht sich auf diese Weise zur Anwältin der Aufklärung. Doch auch sie kann sich der Wahrheit nicht in letzter Konsequenz stellen: Sie schickt Alex nach Wannsee zum Vater und wendet sich ab, als sie diesem auf dem Krankenhausflur begegnet. So wird vor allem der Schlussakt der Inszenierung und damit die Wiederherstellung des Realitätsbezugs zum Teamwork. Wiederum spielt Lara die entscheidende Rolle dabei. Ihr durch die Milchglasscheibe des Krankenhauszimmers sichtbarer Dialog mit Frau Kerner lässt für den Zuschauer den – wenn auch nicht ganz eindeutigen –

Schluss zu, dass Lara Frau Kerner über die wahren Ereignisse aufgeklärt hat, nachdem Alex kurz zuvor dazu nicht in der Lage war, was seiner Gekränktheit über die Lüge der Mutter, den Verbleib des Vaters betreffend, geschuldet sein dürfte.

Für Alex geht es jetzt primär darum, unter Wahrung seines Gesichts, aus der Inszenierung wieder herauszukommen. Das »Kollektiv« ist klug genug, ihm dies zu ermöglichen, handelte es sich doch um eine Inszenierung, deren wahrer Regisseur nicht Alex, sondern die Matrix des »Kollektivs« war, um einen Übergang von der alten in die neue Zeit zu schaffen. Und ein »würdiger Abschied« ist hierfür unabdingbare Voraussetzung – dass die DDR als Staat keinen würdigen Abschied hatte, kann als Geburtsfehler der Wiedervereinigung angesehen werden. *Good Bye, Lenin!* musste u. a. deshalb gedreht werden, um dies wenigstens im Nachhinein zu berücksichtigen.

Der Film liefert ein Modell dafür, wie ein würdiger Abschied von der DDR hätte vonstatten gehen können. So kommt es zu einer berührenden Abschiedszene am Krankenbett der kurz vor ihrem Tod stehenden Mutter, in der das »Kollektiv«, vor dem Fernseher versammelt, dem vermeintlichen neuen DDR-Staatsoberhaupt Sigmund Jähn lauscht. Die Blicke, die dabei ausgetauscht werden, machen klar, dass jeder weiß, was »gespielt« wird – bis auf Alex. Er ist der einzige, für den es weiterhin ernst bleibt. Dabei machen die liebevollen Blicke seiner Mutter klar, dass sie ihm seine Lüge verziehen hat. War zunächst die Mutter in der gleichen Rolle wie der Held aus dem Film *Die Truman Show* von Peter Weir (1998), der als einziger nicht schauspielerte, so ist es nun Alex. Die »Crew« des von Alex gedrehten Filmes verzichtet jedoch darauf, ihren Regisseur Alex »brutal« davon in Kenntnis zu setzen, dass er der einzige ist, der die Inszenierung nicht durchschaut. Wohl wissend, dass dies Alex zutiefst verletzt hätte. Schließlich brauchte er seine Zeit, um sich wiederum »trauernd« von seinem eigenen Film verabschieden zu können. Dazu gehört, dass er erst seine Mutter im nächtlichen Berliner Himmel beerdigen muss, im Rahmen einer »Trauerfeier« auf dem Dach des die Kernersche Wohnung beherbergenden Plattenbaus. Ein letztes Mal muss Alex die Welt seiner Mutter und seines »sozialistischen Vaterlandes« noch einmal überhöhen, bevor er bereit ist für die neue Realität.

Zusammenfassung

Insgesamt betrachtet macht sich *Good Bye, Lenin!* um die Seelenhygiene sowohl der Ostdeutschen, als auch der Westdeutschen verdient. Seine Komplexentwicklung dreht sich um die Verarbeitung der Trauer, welche aus den massiven und abrupten Veränderungen der den Alltag organisierenden Verhältnisse in der DDR resultiert. Die Trauer wird verarbeitet, indem in gruppaler Aktion ein Übergangsraum geschaffen wird, der es ermöglicht, vorübergehend in der »alten« und der »neuen« Welt zugleich zu leben. Um die Trauer überhaupt aushalten zu können, wird dabei der Humor als »Antidot« eingesetzt, um nicht in Melancholie und Depression zu versinken. Insofern könnte man auch von »Galgenhumor« sprechen, da eine derart massive Veränderung der Verhältnisse wie bei der Wiedervereinigung – in nachträglicher Betrachtung – nicht gewünscht war. Letzthin ist dies ein Befund, der für Ost und Welt gleichermaßen gilt. Am liebsten hätte man sich die angenehmen Seiten der jeweils anderen Seite einverleibt, während alles so bleibt, wie es war. Indem der Humor hilft, die Trauer auf Distanz zu halten, ermöglicht er zugleich, die Trauer überhaupt aushalten zu können.

Good Bye, Lenin! ist eine echte Tragik-Komödie, welche den Zuschauer in beinahe jeder Szene auf eine Achterbahn der Gefühle schickt, deren widerstreitende Tendenzen einander so nah sind, wie die im Bild des lachenden Mundes und des hängenden Mundwinkel auf der Smiley-Tasse des Arztes im Krankenhaus. Einzig die »Montagestrecken« zwischendurch geben dem Zuschauer die Gelegenheit zur Erholung. *Good Bye, Lenin!* parodiert mangelnden Mut zur Veränderung, angesichts von Veränderungen, die den Menschen so unfassbar erscheinen, wie dem Indianer aus unserer Anfangsgeschichte die Geschwindigkeit, mit der der LKW den Berg hinauf fuhr. Man denke nur einen Moment daran, dass in den heutigen, »globalisierten« Zeiten das Verschwinden riesiger »Kollektive« wie z.B. einer Firma Mannesmann, einer Firma AEG usw. von jetzt auf gleich nahezu an der Tagesordnung ist – und wie viel Angst solche Vorgänge auslösen, wobei die Angst wiederum in kollektiver Aktion verleugnet wird.

Literatur

Bion, W. R. (1990): Erfahrung in Gruppen. Geist und Psyche, Frankfurt a. M. (Fischer Taschenbuch Verlag).
Diderot, D. (1981): Das Paradox über den Schauspieler. In: Diderot, D.: Erzählungen und Gespräche. Frankfurt a. M. (Insel-Taschenbuch Verlag), S. 289 – 362.

Foulkes, S. H. (1986): Gruppenanalytische Psychotherapie. Frankfurt a. M. (Fischer Taschenbuch Verlag).
Freud, S. (1982): Trauer und Melancholie, Studienausgabe Bd. III (Fischer Taschenbuch Verlag).
Freud, S. (1982): Jenseits des Lustprinzips, Studienausgabe Bd. III (Fischer Taschenbuch Verlag).
Green, A. (1993): Die Tote Mutter. Psyche 3, 205 – 240.
Salber, W. (1981): Wirkungseinheiten. Bonn (Bouvier Verlag).
Salber, W. (1971): Film und Sexualität. Bonn (Bouvier Verlag).
Winnicott, D. W. (1985): Von der Kinderheilkunde zur Psychoanalyse. Frankfurt a. M. (Fischer Taschenbuch Verlag).

Children of a Lesser God

USA, 1986, 119 Min.
Regie: Randa Haines
Hauptdarsteller: Marlee Matlin, William Hurt

Thomas Auchter

Der Film *Children of a Lesser God* basiert auf einem Theaterstück des amerikanischen Autors Mark Medoff von 1980. 1986 wurde das Stück unter der Regie der amerikanischen Regisseurin Randa Haines mit der gehörlosen 19-jährigen Schauspielerin Marlee Matlin und William Hurt in den Hauptrollen verfilmt. Marlee Matlin erhielt 1987 für ihre Darstellung der Sarah den Oskar als beste Schauspielerin. Sie ist die bis dahin jüngste Gewinnerin dieser Auszeichnung.

Marlee Matlin wurde infolge einer Infektionskrankheit im Alter von 18 Monaten gehörlos. Schon mit acht Jahren stand sie in dem Stück *Der Zauberer von Oz* auf einer Bühne. Sie begann ein juristisches Studium. Aber mit 19 Jahren spielte sie wieder in verschiedenen kleinen Rollen in Chicago Theater. *Children of a Lesser God* ist ihre erste große Filmrolle. Weitere Filme folgten.

Nach den Dreharbeiten zu *Children of a Lesser God* lebte Marlee Matlin für zwei Jahre mit ihrem Filmpartner William Hurt zusammen, dann trennte sich das Paar wieder.

Als ich 1987 diesen Film zum ersten Mal sah, faszinierte er mich derart, dass mir klar war, damit werde ich mich irgendwann psychoanalytisch auseinander setzen. 1988 fiel mir dann eher zufällig das Buch von Harlan Lane (1988): *Mit der Seele hören. Geschichte der Taubheit* in die Hände. Es brauchte dann noch etwa zehn Jahre, in denen ich immer wieder Einfälle dazu notierte, bis ich dann daraus 1998 einen Vortrag auf der DPV-Tagung in Köln (Auchter 1997) und eine Fachveröffentlichung in der damals neuen Zeitschrift für Psychoanalyse und Kultur *Freie Assoziation* (Auchter 1998b) machte.

Der Film spielt im Wesentlichen in der Governor-Kittridge-Gehörlosenschule. Diese amerikanische Internatsschule liegt idyllisch auf einer vorgelagerten Insel im Meer. Sie ist jedoch wie fast alle Stätten der Versehrtheit, des Krankseins, des Alterns und des Sterbens zugleich vollkommen abgelegen. Sie ist durch das Wasser – das in diesem Film eine wichtige Symbolik besitzt – von der Welt der Hörenden und Lautsprechenden abgeschnitten. Es gibt keine Brücke dazwischen, man muss zur Insel mit einer Fähre übersetzen.

In dieser Internatsschule lebt seit ihrem fünften Lebensjahr die heute 26-jährige Sarah Norman, von Geburt an gehörlos. Sarah hat sich seit längerem in ihr narzisstisches Schneckenhaus zurückgezogen und in ihrem Opferstatus eingerichtet. Sie hofft, sich mit ihrem Unberührbarmachen vor weiteren beschämenden Kränkungen schützen zu können. Bevor sie erneut von anderen verletzt wird, attackiert sie andere aggressiv und stößt sie von sich weg.

In die abgeschlossene Welt dieser Schule und Sarahs kommt der etwa 30-jährige engagierte Gehörlosenlehrer James Leeds.

Die Filmfassung konzentriert sich dermaßen auf die Person von Sarah, dass die Persönlichkeit und die tieferen Motive für das Verhalten von James weitgehend unverständlich bleiben. Das Theaterstück arbeitet dagegen die psychodynamischen Hintergründe von beiden Protagonisten sehr viel deutlicher heraus.

Kurze Zeit nachdem ihre Eltern die fünfjährige Sarah auf das Internat geschickt haben, trennt sich der Vater von der Mutter, und seit über zwanzig Jahren besteht keinerlei Kontakt mehr zu ihm (Medoff 1982, S. 7). Ihr Vater habe Sarah mit ihrer Behinderung nicht annehmen können, weil er das Gefühl hatte, ein Versager zu sein: »Mein Vater hat uns verlassen, weil ich gehörlos bin« (Medoff, S. 38). »Ja, ich habe dich gehasst«, gibt ihre Mutter zu, »weil Du ihn vertrieben hast« (Film).

Selbst ihre Mutter hält Sarah in ihrer Kindheit wegen der Gehörlosigkeit für gleichzeitig geistig zurückgeblieben (Medoff, S. 27). Spätestens seit ihrem zwölften Lebensjahr jedoch weiß Sarah, dass sie keinerlei geistige Behinderung hat, sondern eine normale, ja überragende Intelligenz (Medoff, S. 7, 17). »Sie war unsere begabteste Schülerin«, erklärt Direktor Franklin (Film). Als James ihre Mutter fragt, ob Sarah jemals versucht habe, zu sprechen, antwortet diese: »Es sah schrecklich aus, man hat sich über sie lustig gemacht. Danach hat sie es nie wieder versucht« (Film). Der Film zeigt Sarah als sehr schöne Frau, bis sie eines Tages dem Drängen von James nachgibt und Worte zu sprechen versucht. Bei dieser Selbstquälerei verzerrt sich ihr Gesicht in fürchterlicher Weise. Ihre Mutter meint: »Sie hörte damit [den Sprechversuchen] auf, als es ihr wichtig wurde, welche Wirkung sie auf meine Freunde hatte und vor allem auf die Freunde ihrer [älteren] Schwester [Ruth]« (Medoff, S. 27). »Sex war etwas«, betont Sarah (Medoff, S. 30), »was ich genauso gut konnte wie hörende Mädchen. Besser!« (Medoff, S. 11).

James ist der Sohn einer jüdischen Mutter und eines katholischen Vaters. Als sein Vater Atheist wird, entwickelt seine Mutter einen religiösen Wahn. »Ich sollte Anhänger ihres Glaubens sein, ausgestattet mit einer halbjungfräulichen Herkunft und Heilungskräften« (Medoff, S. 17). Die Mutter versucht also krankhaft-unbewusst, James als Selbst-Objekt zu benutzen. Nachdem der Vater – James ist zu der Zeit Mitte zwanzig – von heute auf morgen die Familie verlassen hat, lebt James noch drei Jahre mit seiner Mutter zusammen (Medoff, S. 44). Als er sich eines Tages weigert, weiterhin die Wahnideen seiner Mutter zu teilen, begeht diese Selbstmord (Medoff, S. 44).

Der Vater von James war Oberst in der Armee und ein begeisterter Vietnam-Kämpfer (Medoff, S. 9). James ist darum bemüht, sich möglichst radikal von der beängstigenden (Medoff, S. 9) destruktiven Aggressivität seines Vaters abzugrenzen. Er tritt ins Friedenscorps ein und »rettete Ecuador« (Medoff, S. 6). Zwischen Vater und Sohn gibt es ein massives Kommunikationsproblem: »Mein Vater und ich haben jahrelang nicht mehr mit einander gesprochen« (Medoff, S. 42).

Das »Helfersyndrom« von James, das im Film deutlich herausgearbeitet wird, hat also mindestens zwei unbewusste Wurzeln. Er versucht unbewusst einerseits die irrationale Delegation seiner Mutter in ihrem religiösen Wahn zu erfüllen und sich andererseits zugleich von der Destruktivität seines Vaters abzugrenzen. In seinem fast zwanghaften »Helfer-wahn«, mit dem er Sarah und anderen Internatschülern begegnet, manifestiert sich jedoch auch etwas von dem Selbst-Objekt-Missbrauch durch seine Mutter und seiner unbewussten Identifikation mit den destruktiven Aspekten seines Vaters. In seinem unbewussten Versuch, Sarah zu seinem Selbst-Objekt zu machen, verkehrt James ins Gegenteil, was er zuvor passiv durch seine Mutter erleiden musste.

Sarah resümiert: »Wir sind gar nicht so verschieden voneinander. Wir haben beide Eltern, die wohl besser dran gewesen wären, wenn sie uns nicht gehabt hätten« (Medoff, S. 45).

Ich möchte den Film vor allem unter dem Gesichtspunkt der dargestellten zentralen Beziehung beziehungsweise Beziehungsentwicklung betrachten. Da ist zum Ersten die Liebesbeziehung zwischen Sarah und James, und da ist zweitens die pädagogisch-therapeutische Beziehung zwischen der gehörlosen Schülerin Sarah Norman und dem hörenden Lehrer James Leeds. Eine psychoanalytische Untersuchung des Filmes fördert darüber hinaus bemerkenswerte Analogien zwischen dem konfliktreichen Beziehungsprozess zwischen den Protagonisten und den Chancen, Schwierigkeiten und Grenzen eines psychoanalytischen Behandlungsprozesses zutage (Auchter 1998a, 1998b).

Zwischen James und Sarah entfaltet sich ein unproduktiver Machtkampf, solange er sie nach seinem Bilde formen will, sie zum Lautsprechen bringen will, an ihrer Stelle spricht oder übersetzt. Gegenüber diesen, seinen psychischen Kolonialisierungsversuchen kann Sarah zunächst nur mit narzisstischem Rückzug, destruktiver Aggressivität oder Flucht reagieren.

Erst als James damit aufhört, Sarah als Selbst-Objekt zu behandeln, kann die Beziehungsversteinerung zwischen ihnen erweichen. James fängt langsam an zu begreifen, wie seelisch versehrt er selbst ist und wie bedürftig. »Ich liebe dich, ich brauche dich«, sagt er an einer Stelle des Films. Sarah nimmt im Verlauf der Handlung ihre verletzende und abstoßende Aggressivität, die sie schützen soll, wahr, und sie erwirbt die »Fähigkeit zur Besorgnis«. »Ich habe meine Aggressivität benutzt, um Dich von mir fortzustoßen, damit ich Dich nicht weiter verletze«, betont sie am Filmende.

Die asymmetrische Abhängigkeit zwischen der »Schülerin« und dem »Lehrer« wird peu a peu aufgehoben zugunsten der Wahrnehmung, dass beide Bedürftige und beide Lernende sind. Zwischen »Nichthören« und »Hören« entsteht ein intermediärer Raum, ein Möglichkeitsraum, in dem eine kreative Entwicklung jedes Einzelnen von den beiden und der Beziehung zwischen ihnen möglich zu werden scheint.

Der Film reflektiert unbewusst in beachtenswerter Weise die Diskussion innerhalb der Psychoanalyse um die sogenannte objektrelationale oder intersubjektive Perspektive des Behandlungsprozesses. Darin werden die Persönlichkeit des Therapeuten und ihre Grenzen zu einem immer bedeutsameren Faktor der therapeutischen Beziehung. Wenn ich hier und im Folgenden aus sprachökonomischen Gründen die männliche Form »Therapeut« benutze, sind immer die Frauen mitbedacht!

Gestatten Sie mir zunächst einige Anmerkungen zur Thematik und Problematik der Gehörlosigkeit.

Wie ein roter Faden zieht sich etwa seit dem 16. Jahrhundert durch den historischen Diskurs bezüglich der Gehörlosen der Konflikt zwischen den sogenannten »Oralisten«, also denen, die versuchen, die Gehörlosen an die

Lautsprechenden anzupassen, sie zur Wortsprache zu zwingen, einerseits, und den Unterstützern der Gebärdensprache als der natürlichen Ausdrucksweise Gehörloser (Lane 1988, S. 190; Sidransky 1992, S. 13) andererseits. Dieser Konflikt bildet ja auch die Hintergrundfolie des Filmes.

Es ist in diesem Zusammenhang vielleicht eine interessante Anmerkung, dass es nicht eine universelle Gebärdensprache gibt, sondern nationale Gebärdensprachen und sogar Dialekte. Die spätertaubte Renate S. bedauert in ihrem eindrucksvollen Lebensbericht *Hinter Glas*, dass der Film *Gottes vergessene Kinder* ohne deutsche gebärdensprachliche Übersetzung gelaufen sei. Damit waren die deutschen gehörlosen Schicksalsgenossen von Sarah vom unmittelbaren Verständnis des Filmes ausgeschlossen (zit. n. Holdau-Willems 1996, S. 75).

»Gehörlosigkeit ist nicht einfach das Gegenteil von Hörenkönnen, wie Du glaubst. Sie umfasst einen Raum der Stille vollgefüllt mit Klängen [full of sound]« (Medoff, S. 30), sagt Sarah zu James im Theaterstück. Der Film drückt diesen »Raum der Stille vollgefüllt mit Klängen« vor allem in der zweiten und dritten Unterwasserszene aus. Die erste Unterwasserszene – nur mit Sarah – dagegen ist unterlegt mit ganz leisen Tönen, fast stumm, die zweite – mit beiden – voll von Klängen und die dritte, in der James alleine im Schwimmbad ist, auch voller lauter Klänge. »Es sind die Laute des Frühlings, die das Todesschweigen des Winters aufbrechen«, benennt Sarah diese Klänge im Theaterstück (Medoff, S. 30). Und sie fährt fort: »Wir mögen das Wort ›taubstumm‹ nicht ... Wir sind gehörlos oder hörbehindert, aber wir sprechen oder wir sprechen nicht« (Medoff, S. 70). Das »-stumm« stimmt nur aus der Perspektive des Lautsprechenden, es verleugnet das »Reden« in der Gebärdensprache und ist somit entwertend und stigmatisierend für Gehörlose.

Die Relativität der Begriffe »gesund« oder »normal«, »behindert« oder »nichtbehindert« macht in wunderschöner Weise die Film-Szene deutlich, in der James auf der Party bei Orin als einziger Hörender in einer Gruppe von Gehörlosen steht, die sich in atemberaubender Geschwindigkeit in der Gebärdensprache unterhalten (vgl. Medoff, S. 66). James fühlt sich aus dieser Sprachgemeinschaft ausgeschlossen – so wie gewöhnlich die Gehörlosen!

Die Gebärdensprache ist keine pathologische Privatsprache, und keinesfalls minderwertiger als die Lautsprache. Sie ist eine eigenständige höchst differenzierte Ausdrucks- und Kommunikationsform unter den außergewöhnlichen Bedingungen der Gehörlosigkeit. Hörende können diese Kommunikationsform auch benutzen oder sich aus der Kommunikation mit den Gehörlosen ausschließen.

Alle Menschen äußern sich ursprünglich als Babys in Gebärden – ihr Körper »spricht« – lange bevor sie in der Regel eine bestimmte Wortsprache erlernen. Und alle verbalen Äußerungen sind ständig mehr oder weniger, auch kulturbedingt, von nicht-verbalen Gebärden begleitet. Die Körpersprache ist eine Ausdrucks- und Wahrnehmungsform, die wir alle am Anfang unseres Lebens einmal beherrschten, als Hörende jedoch nie systematisch ausbilden mussten. Sie ist deshalb im Laufe unserer Entwicklung in die Tiefen unseres Unbewussten abgesunken. Und manche Menschen geben viel Geld aus, um sie in Workshops und Seminaren wieder auszugraben.

Der gehörlose »Lippenleser« muss – wie der Film ja auch sehr deutlich vor Augen führt – dem Sprechenden im Sinne des Wortes alles »von den Lippen ablesen«. Es handelt sich um eine Einbahnkommunikation. Der Gehörlose bleibt bei dieser Kommunikationsform für immer der »Hörige« gegenüber einem Mündigen. Die Gesellschaft, die sich weigert, die Gebärdensprache zu erlernen, bürdet den Gehörlosen allein die Last der Anpassung auf. Die Gebärdensprache dagegen erlaubt eine wechselseitige Kommunikation unter gleichberechtigten Gebärdenden. Für den Gehörlosen bleibt die Wortsprache graduell unterschiedlich für immer eine unerreichbare Fremdsprache. Jeder Hörende kann die Gebärdensprache zu seiner eigenen Fremdsprache machen, was allerdings nur wenige tatsächlich tun.

Übertragen auf die psychoanalytische Situation lautet die Frage: Betrachten wir Psychoanalytiker die neurotischen, psychosomatischen und psychotischen »Privatsprachen« unserer Patienten primär als »Störungen«, als zu beseitigende Symptombildungen, als Kommunikationsdefizite? Oder können wir sie zuerst als sinnvolle Regulationsversuche und zu einer bestimmten Zeit bestmögliche Notlösungen ansehen? Also als etwas, das uns in erster Linie etwas von den Bewältigungskompetenzen, den Coping-Fähigkeiten der Patienten verdeutlicht? Und gilt es nicht auch hier in der Psychotherapie, einen »dritten Weg«, einen gemeinsamen Raum, eine spezifische gemeinsame Sprache zwischen dem individuellen Patienten und dem individuellen Psychoanalytiker zu entwickeln?

Die Bilder, die Eltern sich von ihren Kindern machen, können entwicklungsfördernde Blaupausen für deren Selbstreifung sein, oder gefängnisartige Klischees für eine pathologische Selbstentfremdung (vgl. Dornes 1995, S. 36ff.). Vor demselben Dilemma stehen wir Psychoanalytiker doch auch immer wieder mit den Bildern, die wir uns unvermeidlich von unseren Patienten machen. Denn wir – Psychoanalytiker wie jeder andere Mensch – können einen anderen Menschen weder wahr-nehmen noch verstehen, ohne uns ein Bild von ihm zu machen.

James bemüht sich im Film in immer neuer Weise, in die Welt der Gehörlosen einzutauchen. Das kann jedoch nicht gelingen, indem er sich – wie in einer Filmszene – alleine die Ohren zuhält. In der nächtlichen Begegnung im Schwimmbad zwischen Sarah und James wird szenisch auf das erstrebte Ziel verwiesen. Unter Wasser herrscht für beide Gleichberechtigung, beide können hier weder hören, noch sprechen – und sie finden einen dritten Weg der Kommunikation, die Sprache ihrer Körper. Das Wasser symbolisiert ein Medium, den »Möglichkeitsraum« [»potential space«] des Psychoanalytikers Donald W. Winnicott (1971). Im »Möglichkeitsraum« (Auchter 2004) wird eine neue Beziehungserfahrung möglich, die das Begegnen zweier gleichwertiger Subjekte und die Chance ihrer Weiterentwicklung begründet.

Und doch bleibt da eine unaufhebbare Spannung. So beklagt James in einer Szene nachvollziehbar, dass Sarah ihn niemals mit seinem Namen wird liebevoll anreden können. »Ich liebe Dich, James«, wird er niemals von ihr in der Wortsprache hören können!

Eine eindrückliche Sequenz verdeutlicht die Spannung zwischen dem Bedürfnis nach Subjektivität und dem nach Intersubjektivität, und den unterschiedlichen Stand der Fähigkeit von Sarah und James mit dieser Spannung umzugehen. James versucht, sich in Johann Sebastian Bachs Doppelkonzert zu vertiefen, und Sarah, die ihn von Ferne dabei beobachtet, freut sich über sein tiefes Involviertsein. Plötzlich schaltet James die Musik aus und meint: »Ich kann die Musik nicht genießen. Ich kann es nicht, weil Du es nicht kannst« (Film). Sarah betont an dieser Stelle im Theaterstück: »Wir können uns doch an unterschiedlichen Dingen erfreuen«. »Ich kann begreifen, was Musik für dich bedeutet. Und das macht mich sehr glücklich«. »Aber«, antwortet ihr James (Medoff, S. 59ff.), »mich macht das unglücklich für Dich, verdammt«. Das ist wieder eine beispielhafte Situation, in der James für Sarah fühlen will, sie zum Selbst-Objekt zu machen versucht, indem er den Unterschied zwischen beiden ausblenden will. In dieser Interaktion wird sichtbar, wie weit Sarah James in der Akzeptanz ihrer beider Andersartigkeit voraus ist.

Nach ihrer »Unabhängigkeitserklärung« im Film, zeigt Sarah James die Gebärdengeste: »Vereint sein in einer Beziehung, jeder für sich und doch eins [alone together]. Das will ich«.

Der gegenseitige Respekt vor der Andersartigkeit des Anderen und deren Akzeptanz ist unabdingbare Voraussetzung jeder wirklichen Beziehung zwischen Menschen. Das gilt natürlich auch für jedes »psychoanalytische Paar«!

Sarah beginnt im Verlauf der Handlung langsam zu begreifen, dass ihre Macht bisher vor allem darin bestand, den anderen von sich wegzustoßen, in Identifikation mit dem Aggressor. Sie kann am Ende wahr-nehmen, wie aggressiv sie sein kann. »Ich habe von Dir – James – gelernt, wie verletzend ich sein kann – um«, wie sie aber formuliert: »nicht zu verwelken und nicht vom Wind weggeweht zu werden« (Medoff, S. 89). Sarah gewinnt mit der Anerkennung ihres Täterstatus Zugang zu mehr Autorenschaft für ihr eigenes Leben und damit zu ihrer »Fähigkeit zur Besorgnis«, wie Donald W. Winnicott das genannt hat, zu ihrer bewussten Verantwortung für ihr Handeln.

So wird die asymmetrische Abhängigkeit zwischen James und Sarah schließlich aufgehoben zugunsten der Einsicht, dass beide Lernende und beide Werdende sind. Beide artikulieren nach ihrer vorübergehenden Trennung am Ende des Films ihre Angst vor der (Wieder-)Begegnung: »Ich hatte Angst« – »Ich hatte auch Angst«. Beide formulieren ihr Bewusstsein um ihre aktive und passive Verletzung und ihre Traurigkeit darüber: »Es tut mir leid, dass ich Dir weh getan habe«, betonen beide wechselseitig.

James fragt: »Glaubst Du, dass wir einen Ort finden, an dem wir uns treffen können?« Weder den Raum der Stille, des Schweigens, noch den Lautraum der Wortsprechenden, sondern einen anderen, einen dritten?

Am Ende der Theaterfassung betont James: »Ich möchte lernen, mich mit Dir auszutauschen, in welcher Sprache es auch sei. Einer, die wir beide lernen können und in der wir uns unterhalten können« (Medoff, S. 31). In der Alltagsrealität wird es unumgänglich sein, dass jeder sich ein Stück auf die Ebene des anderen begibt und auf ihn zu bewegt – ohne die Treue zu sich selbst aufzugeben.

Das Theaterstück schließt mit dem gemeinsamen Satz von James und Sarah: »Ich werde Dir helfen [können], wenn Du mir zu helfen vermagst« (Medoff, S. 91). Der Film endet mit der Wiederholung der Gebärdengeste: »alone together«, »Jeder für sich allein und doch eins«.

Übertragen geht es also um eine psychoanalytische Haltung, die weniger vom »furor sanandi« (Freud 1915a, S. 320f.), also von einem Heilungseifer des Therapeuten, als vielmehr von der »Unaufdringlichkeit des Analytikers« – eine Formulierung von Michael Balint (1970) – geprägt ist. Eine Haltung, die den Patienten nicht zum Objekt der therapeutischen Bemühungen, sondern zum Subjekt des gemeinsamen therapeutischen Forschungs- und Entwicklungsprozesses macht.

Schon Sigmund Freud (1919a, S. 190) hob hervor: Der »Kranke soll nicht zur Ähnlichkeit mit uns [Therapeuten], sondern zur Befreiung und Vollendung seines eigenen Wesens erzogen werden«. Und Donald W. Winnicott (1958, S. 291) vermerkte: »Ein Analytiker mag ja ein guter Künstler sein, aber ... welcher Patient will das Gedicht oder das Gemälde eines anderen sein?« (vgl. Auchter 1997). Ich finde, der Film wirft unter anderem genau diese Frage auf!

Literatur

Auchter, T. (1997): Beinahe eine Psychoanalyse. Anmerkungen zum amerikanischen Theaterstück *Children of a Lesser God (Gottes vergessene Kinder)*. In: Janssen, P. u. a. (Hg.) (1997): Psychoanalyse und Kunst. Tagungsband der DPV-Frühjahrstagung, S. 335–354.
Auchter, T. (1998a): »Dem Patienten zurückgeben, was er selber eingebracht hat« – wider den therapeutischen Macho. In: Vandieken, R.; Häckl, E. & Mattke, D. (Hg.) (1998): Was tut sich in der stationären Psychotherapie? Gießen (Psychosozial-Verlag) S. 282–303.
Auchter, T. (1998b): Gottes vergessene Kinder. Lernstück für Psychoanalytiker(innen)? Freie Assoziation 1, 161–177.
Auchter, T. (2004): Zur Psychoanalyse des Möglichkeitsraumes »Potential Space«. Freie Assoziation 7, 37–58.
Balint, M. (1970): Therapeutische Aspekte der Regression. Stuttgart (Klett-Cotta).
Dornes, M. (1995): Gedanken zur frühen Entwicklung und ihrer Bedeutung für die Neurosenpsychologie. Forum der Psychoanalyse 11, 36–49.
Holdau-Willems, G. (1996): Hinter Glas. Gehörlos – Mit der Behinderung leben. Lahr (Ernst Kaufmann).
Lane, H. (1988): Mit der Seele hören. Die Geschichte der Taubheit. München/Wien (Carl Hanser Verlag).
Medoff, M. (1980, 1982): Children of a Lesser God. Oxford (Amber Lane Press).
Sidransky, R. (1992): Wenn ihr mich doch hören könntet. Kindsein in einer stummen Welt. Bern/München/Wien (Scherz).
Winnicott, D.W. (1958): Through Paediatrics to Psychoanalysis. Collected Papers. London (Tavistock Publications).
Winnicott, D.W. (1971): Playing and Reality. London (Tavistock Publications).

In the Mood for Love

Hongkong 2000, 98 Min.
Regie: Wong Kar-Wai
Hauptdarsteller: Maggie Cheung, Tony Leung, u.a.

Brigitte Ziob

Der Film *In the Mood for Love* handelt von der tragischen Liebesgeschichte zwischen der Sekretärin Li Zehn und dem Journalisten Chow, vor dem Hintergrund eines gesellschaftlichen Umbruchs. Der Film spielt in Hongkong im Jahr 1962 in der Shanghai-Community, die sich seit 1949 nach der kommunistischen Machtübernahme in China dort angesiedelt hatte. In Hongkong treffen Li und Chow auf eine Welt, die sich schon der westlichen Kultur geöffnet hat und in der sich die kleine Diaspora in wenigen Jahren aufgelöst haben wird.

Zu Beginn meiner Überlegungen möchte ich auf das Zitat aufmerksam machen, das dem Film vorangestellt ist: »Es war eine peinliche Situation. Sie hielt ihren Kopf gesenkt und wartete. Er wagte es nicht, sich zu nähern. Sie drehte sich um und ging«.

Dieses Zitat wirkt wie eine Regieanweisung für den ganzen Film und weist schon früh auf das tragische Scheitern einer großen Liebe hin.

Die Hauptfiguren

Die Hauptfiguren des Films sind die Sekretärin Li Zehn und der Journalist Chow. Beide sind von ihrem Ehepartner verlassen worden. Die abwesenden Ehepartner sind zwei weitere wichtige Figuren des Films, die gerade durch ihr Fehlen präsent sind. Der Verlust des jeweiligen Beziehungspartners in der neuen Umgebung stellt einen tiefen Einschnitt in das Leben der Hauptfiguren dar und versetzt sie in eine schwere Identitätskrise.

Dabei fällt auf, dass die Personen keine Backstory haben. Es ist, als ob sie von der eigenen Vergangenheit abgeschnitten sind, ein Schicksal, das viele Emigranten miteinander teilen. Ausgleich schafft das enge Zusammenrücken der Shanghai Community. »Wir sind doch alle eine Familie«, sagt die Vermieterin zu Li Zehn, als sie das Zimmer für sich und ihren Mann anmietet. Das Gemeinschaftsleben in der engen Wohnung kann als Versuch verstanden werden, die traditionellen Werte von Shanghai nach Hongkong zu transportieren und dort lebendig zu halten. Dabei geht es um Normen wie die Unterordnung des Einzelnen unter die Interessen der Gruppe, um Anpassung und um die Einhaltung gemeinschaftlich vollzogener Rituale. Im Film stehen dafür die gemeinsam eingenommenen Mahlzeiten und das abendliche Mahjong-Spiel. Das Eingebunden-Sein in die Gruppe bedeutet zum einen Sicherheit und Zugehörigkeit, andererseits ein hohes Maß an sozialer Kontrolle. Die Ehepartner von Li Zehn und Chow haben sich der Enge dieser Tradition entzogen und sind zusammen nach Japan gegangen.

Der Film zeigt den Versuch von Li Zehn und Chow, den inneren Konflikt zwischen der Wahrung der Tradition, die fest im Über-Ich verankert ist, und der zunehmenden Liberalisierung einer vom Westen beeinflussten Gesellschaft zu lösen. Dabei bewegen sie sich zwischen dem Schuldgefühl, die alten Regeln zu verletzen, und dem Schamgefühl, die Anpassung an die neue Zeit nicht leisten zu können.

Formale Aspekte des Films

Die ästhetische Schönheit des Films beinhaltet immer wieder zwei Elemente, die mit dem Grundkonflikt der Geschichte korrespondieren. Die horizontalen und vertikalen Geraden des Dekors stellen in ihrer strukturierenden Form Ordnung her. Die blumigen Tapeten, die wehenden Vorhänge bilden dazu einen Gegensatz, indem sie die strenge Form auflockern und in Bewegung bringen.

Die Erzählstruktur des Films lebt von der Wiederholung. Wir sehen immer wieder dieselben Orte, die Treppe, den engen Flur, das Büro, die Nudelküche, in denen alltägliche Handlungen ritualisiert ablaufen. Dennoch ergeben sich in der Wiederholung kleine Veränderungen, die für die Entwicklung der Gefühle der Hauptpersonen stehen, wie zufällige Berührungen, ein Lächeln, ein sehnsüchtiger Zug an der Zigarette …

Alles im Film scheint symbolisch die innere Welt der Hauptfiguren zu beschreiben, die versuchen durch die Wahrung der Form, so wenig wie möglich von ihren Gefühlen preiszugeben. Eine besondere Rolle spielt dabei die Musik, die sich in einem Spektrum von traditioneller chinesischer Musik bis zu südamerikanischer Latino-Musik bewegt und die Stimmung zwischen Tradition und wachsender Individualität ausdrückt.

Li Zehn und Chow leben in einer hermetischen Welt, die durch ihre räumliche Enge, den doppelt verhangenen Fenstern, den Blick nach außen versperrt. Nach innen lässt der enge Gang der Wohnung zwar Einblicke in die anliegenden Zimmer zu, was eine familiäre und vertraute Atmosphäre schafft, andererseits permanente soziale Kontrolle bedeutet.

Der Abstieg in die Depression

Durch die Abwesenheit der Ehepartner fallen Li Zehn und Chow aus ihrem bisherigen Leben. Während sie gemeinsam mit den Ehegatten an den abendlichen Mahjong-Spielen teilnehmen konnten, versuchen sie nun, den drängenden Fragen der Nachbarn durch Rückzug zu entgehen.

Die Depression und die innere Leere als Reaktion auf den Verlust des Partners zeigen sich zunächst in leeren Spiegeln, die für den Objektverlust stehen – es gibt kein Gegenüber mehr. So steigen sie alleine hinab in die Nudelküche. Die Einsamkeit wird spürbar durch die Entschleunigung der Bilder, die die Zeit langsamer vergehen zu lassen scheint. Die melancholische Stimmung wird durch den in Zeitlupe fallenden Regen noch verstärkt.

So verführerisch schön Li Zehn in ihren eleganten Kleidern wirkt, so sehr wirkt sie auch erstarrt, wenn sie auf ihre Suppe wartet und alles um sie herum in Bewegung ist, sogar die Lampen, die schwingen, sie selbst sich aber nicht rührt. Sie ist eingezwängt in ihr schönes Kleid mit hohem Kragen, das ihr wenig Spielraum lässt und sie zwingt, die Haltung zu wahren.

Mit dem Schwingen der Lampe deutet sich eine Entwicklung an, die der Titel des Films *In the Mood for Love* ankündigt. Chow wartet darauf, dass Li wieder aus der Nudelküche auftaucht. Begleitet von chinesischer Walzermusik, den langen Einstellungen auf Li Zehns hohe Absätze, der Inszenierung der Mitte ihres Körpers, verhüllt von schönen Kleidern wirkt sie unwirklich – eine unerreichbare Schönheit. In Chows Augen wird Li zu einer Ikone, zu einem Bild von einem idealen Objekt, das er in einem sehnsüchtigen Zug an der Zigarette in sich hineinsaugt. Sie steht für die alte Welt der Tradition, die in der neuen Umgebung vom Untergang bedroht zu sein scheint.

Die Begegnungen bekommen eine erotische Komponente. Es entsteht ein Raum zwischen Verführung, Versuchung und Ausweichen und gibt beiden in ihrer Einsamkeit und Isolation eine Richtung: Die schmerzliche Sehnsucht nach Liebe, nach einem Objekt, und Hoffnung auf das Ende der Einsamkeit.

Neben der sehnsüchtigen Anziehung zwischen beiden steht die wechselseitige Wahrnehmung des eigenen Erlebens von Einsamkeit und Traurigkeit im jeweils Anderen. Durch das kurze Aufheben der intimen Schranke des inneren Gefühlszustandes der narzisstischen Kränkung, dass man unfreiwillig in diese Situation hineingeraten ist, entsteht ein Gefühl der Beschämung. Man erkennt sich selbst im Anderen. Als ob sie dieser Erkenntnis ausweichen möchte, drückt sich Li Zehn an die Wand. Diese Geste könnte noch eine weitere Bedeutung haben, nämlich die, dass sich Li vor den Projektionen von Chow schützen möchte, der sie in der Idealisierung nicht als reale Person wahrnehmen kann, die sie ist, wenn sie z.B. gelassen den Ehebruch ihres Chefs managt.

Die Verlassenen, die sich schamhaft der Gruppe entziehen, versuchen Gewissheit über ihre Ahnungen zu bekommen: Sie treffen sich in einem westlichen Restaurant, einer neuen Welt. Im Gespräch stehen plötzlich Handtasche und Krawatte, die vorher immer wieder beiläufig Bedeutung hatten, in der indirekten Suche nach der Wahrheit als Symbol dafür, dass die abwesenden Ehepartner eine sexuelle Beziehung miteinander haben. Ihre Gefühle dazu versuchen sie, voreinander zu verbergen. Dennoch findet eine Annäherung statt.

In der Restaurantszene wird erstmalig die Latino-Musik von Nat King Cole gespielt, die im weiteren Film immer wieder auftaucht und die wachsende Annäherung der beiden artikuliert. Diese Musik besingt individuelles emotionales Erleben, was für beide neu ist und für das es noch keine gemeinsame Sprache gibt. Ihr Gefühlszustand offenbart sich in der Szene, in der sie beide zusammen nach Hause gehen, wie ein verliebtes Paar. Diese Stimmung transportiert sich nicht durch eine Berührung, sondern durch das leichte Schwingen von Lis Handtasche zur Musik.

Die Rollenspiele

In Rollenspielen versuchen Li Zehn und Chow zu rekonstruieren, wie der Betrug durch die Ehegatten geschehen konnte. Dies legitimiert sie vor ihrem inneren Gewissen, den Kontakt zueinander zu intensivieren. Die Doppelgänger-Funktion des gespielten Paares eröffnet ihnen einen Entwicklungsraum, in dem sie sich spielerisch mit den Regeln der neuen Welt vertraut machen können. Sie essen Steaks mit Messer und Gabel, statt Nudelsuppe mit Stäbchen.

Denn es geht auch um die Integration von Neuem, repräsentiert durch die Siemens-Uhr, die für die neue Zeit steht. Dem untreuen Paar ist der Aufbruch in diese neue Zeit gelungen, wodurch sie sich der Gruppennorm entzogen haben und nun individuelles Glück in der neuen Welt suchen. Für den Anschluss an die gesellschaftliche Veränderung stehen die offen getragenen Haare und das ausgeschnittene Etuikleid von Chows Frau und die Arbeit von Li Zehns Ehemann im Ausland, was ihm Zugang zu einer neuen Welt verschafft, wo sich alles beschleunigt, sogar das Reiskochen.

Aber Li Zehn und Chow finden in der Projektion der Beziehung der beiden Ehepartner auch eine intime Sprache, mit der sie die Gefühle eines verliebten Paares aussprechen können, ohne sich direkt zu offenbaren. Im Spiel mit dem Verbotenen gleiten sie unbemerkt in eine eigene Liebesbeziehung.

Ihre Gefühle füreinander zeigen sich in kleinen Gesten, wenn Li spielerisch vertraut mit dem Finger über Chows Bauch streicht, eine eindeutig sexuelle Geste, eine Ermunterung, die Chow nicht aufnehmen und beantworten kann. Das kurze Sichtbarwerden der Zuneigung findet keine Antwort. Im Wahren des Gesichts durch die Zurückhaltung der Gefühle kommt es zu einer peinlichen Situation, in der sie nicht zueinander finden. Es gibt aber auch einen anderen Aspekt der peinlichen Situation: Li und Chow finden nicht zufällig zueinander, sondern als Opfer einer gescheiterten Beziehung, was dazu führt, dass die Kränkung durch die untreuen Ehepartner immer wieder im Raum steht und sie erneut beschämt. Ihre Beziehung ist determiniert durch das, was die Anderen ihnen vorgelebt haben. Li Zehn sagt an einer Stelle: »Wir werden nicht so sein wie die«, die sich durch den Ehebruch ihnen gegenüber schuldig gemacht haben. Sie haben damit auch die Regeln der Gruppe gebrochen, die als Über-Ich fungiert. Diese Regeln haben Li Zehn und Chow noch sehr verinnerlicht, da sie die Verbindung zu ihrer alten Welt und ihrer kulturellen Identität bedeuten. Um sich abzuheben, müssen Li und Chow einen eigenen Weg finden, der sich in der gegenseitigen Überhöhung und Idealisierung darstellt, und sie immer wieder in Situationen von sehnsüchtigem Verzicht bringt, wenn Li ihre Hand wegzieht oder Chow den erwarteten Kuss nicht geben kann.

An einer Stelle sagt Chow in Bezug auf das Schreiben von Kung-Fu-Geschichten: »Mir ist kein guter Anfang eingefallen«. Er vermeidet die Konfrontation mit der Realität, die ihn in seinem idealisierenden Anspruch kränken könnte. Dies trifft auch auf die wachsende Beziehung mit Li Zehn zu. Er findet dafür keine Worte. Das, was sich zwischen ihnen entwickelt, muss verborgen bleiben.

Sie treffen sich auf der menschenleeren Straße, die nicht nur ein Bild für die sich auflösende Shanghai-Community, sondern auch ein Bild für die innere psychische Situation der Hauptfiguren ist, in der es keinen Raum für ihre Liebe zu geben scheint. Die Gitter der Fenster lassen das Gefühl eines Gefängnisses entstehen, eines inneren Raumes, der außerhalb der internalisierten reglementierten Objektbeziehung schon einen geliehenen Schirm zum Indiz von Unsittlichkeit macht, oder eine bunte Krawatte zum Zeichen von ehelicher Untreue.

Die Schaffung eines gemeinsamen kreativen Raums

Durch die schwingende Lampe, die übergeht in die schwingende Handtasche, wird eine Entwicklung angestoßen. Es gelingt Li und Chow, etwas Eigenes zu schaffen, einen schöpferischen Raum, im gemeinsamen leidenschaftlichen Schreiben von Kung-Fu-Geschichten, die im kommunistischen China als subversiv verboten waren, und damit eine Form für ihre Beziehung zu finden, in der sie sich nah sein können, ohne die Traditionen zu verletzen. Und ohne sich offenbaren zu müssen, werden sie zu einem Paar, was sich in der Doppelung der Lampen zeigt.

Über die kreative gemeinsame Arbeit und die Anbindung an ein Objekt, finden sie wieder zu innerer Lebendigkeit, womit die Depression überwunden scheint. In der Filmsprache wird dies dargestellt durch die Spiegel, die bisher leer waren und nun das Gesicht des anderen zeigen. In schönen Shots auf die in voller Blüte stehenden Blumen auf Li Zehns Kleidern, ihre gleitende Hand auf dem Treppengeländer, den eiligen Schritt und die wehenden Vorhänge im Hotel findet ihre Verliebtheit einen Ausdruck.

Unterbrochen wird ihre Gemeinsamkeit durch die Vermieterin, die als Schwellenwächterin die Einhaltung der Normen einfordert. Sofort zieht sich Li Zehn wieder in ihr altes Regelsystem zurück. Chow, der durch die Integration des Neuen nicht mehr zurück kann, beschließt nach Singapur zu gehen. Er kann die Veränderung nur als Räumliche sehen und nicht als Beziehungsqualität. Für sich selbst fällt ihm ein neuer Anfang ein, für sie beide als Paar nicht. Ein zaghafter Versuch, Li Zehn zum Mitkommen zu bewegen, versandet in dem vagen Satz: »Wenn es noch ein Schiffsticket gäbe, wärest du bereit, mit mir zu kommen?«

Im Rollenspiel proben beide den Abschied. Li Zehn kann im Angesicht der Unabänderlichkeit des erneuten Verlusts die innere Kontrolle verlieren und erstmals ihre Gefühle zeigen, was eine Entwicklung aus ihrer emotionalen Erstarrung bedeutet. Im Rollenspiel kann sie Chow fragen, was wäre, wenn es noch ein Schiffsticket für sie gäbe? Aber da ist sie schon allein.

Schlussbemerkungen

Das Scheitern der Liebesgeschichte zwischen Li Zehn und Chow hat für sie beide dazu geführt, dass sie eine Entwicklung vollzogen haben, die notwendig aber auch schmerzhaft ist. Die gegenseitige Idealisierung als Projektion der wahren und reinen Liebe steht für die Sehnsucht nach einem frühen Zustand, den wir als ozeanisches Gefühl oder symbiotische Phase beschreiben.

Damit erzeugt *In the Mood for Love* ein wehmütiges Gefühl nach etwas Verlorenem, was Wong Kar-Wai, der seine frühe Kindheit in der Shanghai-Community in Hongkong verbrachte, mit der Auflösung dieser Gesellschaft verbindet. Wie die unerfüllte Liebe geht die verlorene Heimat in schönen Bildern unter, was uns Zuschauer mit Wehmut und Traurigkeit erfüllt und vielleicht an den eigenen Verlust einer vertrauten Welt erinnert. In einem spielerischen kreativen Prozess gelingt es den beiden Protagonisten, der Sehnsucht eine Gestalt zu geben, in dem Schreiben von Kung-Fu-Geschichten, den Mythen ihrer Vergangenheit. Nach Winnicott stellen die Spielerfahrung und Kulturerfahrung eine Verbindung zu Vergangenheit, Gegenwart und Zukunft her. Sie erwachsen direkt aus der frühen Beziehung, in der sich die Mutter auf die Bedürfnisse des Kindes einstellt als Bedingung für die Entwicklung von Vertrauen und Verlässlichkeit, was dem Kind dann ermöglicht, sich langsam vom primären Objekt zu trennen. Gleichzeitig wird eine Verbindung zum primären Objekt aufrechterhalten, indem das Kind, der Jugendliche und später der Erwachsene den potenziellen Raum mit kreativem Spiel, mit Symbolen und dem, was dann allmählich das kulturelle Erbe ausmacht, auffüllt (Winnicott 1974, S. 78). Gemeinsam können sie durch die kreative Rekonstruktion von Vertrautem ihrer Sehnsucht nach Heimat und frühen Erfahrungen Ausdruck verleihen und sich aus der depressiven Starre befreien und damit zum eigenem Leben zu gelangen.

»Diese Ära ist zu Ende«, sagt Chow, der den Anschluss an die neue Zeit gefunden hat. Die Einblendung des Besuchs von Charles de Gaulle in Kambodscha zeigt in einem harten Schnitt, dass in Asien eine Epoche unwiederbringlich vorbei ist. Wie in einer alten Fabel beschrieben, flüstert Chow sein Geheimnis in die Mauern von Angkor Wat, die steingewordene jahrhundertealte buddhistische Tradition.

Wie hinter Glas heißt es am Schluss, versucht Chow sich an die Figuren der alten Zeit zu erinnern. Wenn es bräche, wäre es für ihn möglich, einen neuen Anfang zu machen. Aber es soll nicht brechen, damit die Trauer bestehen bleibt und die Erinnerung konserviert.

Literatur

Winnicott, D.W. (1974): Vom Spiel zur Kreativität, Stuttgart, (Klett-Cotta).

Intime Fremde

Frankreich 2003, 104 Min.
Regie: Patrice Leconte
Darsteller: Sandrine Bonnaire, Fabrice Luchini u. a.

Sabine Wollnik

Intime Fremde ist der 16. Film des 1947 in Paris geborenen Regisseurs und Drehbuchautors Patrice Leconte.

Patrice Leconte hat sehr unterschiedliche Filme gedreht, in den 70ern vor allem Komödien. Die bei Cineasten bekannteren Filme des Regisseurs sind: *Die Frau auf der Brücke, Der Mann der Friseuse, Die Verlobung des Monsieurs Hire* und *Ridicule*. Für letzteren Film erhielt er sogar eine Oscarnominierung.

In *Intime Fremde* variiert der Regisseur ein Thema, das er immer wieder in seinen Filmen dargestellt hat, nämlich Paarkonstellationen. Patrice Leconte gilt als Spezialist für das Zweideutige, das Geheimnisvolle mit erotischem Unterton.

Sandrine Bonnaire, die Hauptdarstellerin, beschrieb den großen Spaß am Spiel beim Drehen des Filmes. Es spielen aber nicht nur zwei Schauspieler, ein Mann und eine Frau, sondern der Regisseur und die Schauspieler spielen auch mit uns, dem Publikum. Meine Filminterpretation wird sich beschäftigen mit dem Spiel, mit Paarbeziehungen und deren Ver- und Entwicklungen und der Rolle der Zuschauer.

Der Film beginnt mit einer verstörenden Musik, Streicher variieren ein Motiv, das demjenigen aus Hitchcocks Film *Vertigo* nachempfunden ist. Die Kamera schwenkt auf die kleinen Stiefel einer Frau. Mit schnellen Schritten steuert sie auf ein Ziel zu. Der Betrachter sieht einen engen, dunklen Gang, von dem viele Türen abgehen. Hinter welcher lauert Blaubarts Geheimnis? Die dunkel schimmernde Tapete wirkt wie eine Hautoberfläche. Die Bilder sind mit Bedeutung aufgeladen. Assoziationen an Filme von David Lynch oder Roman Polanski werden geweckt. Eines ist aber jetzt schon anders, und hier variiert der Regisseur das Thema. Am Ende des Ganges leuchtet helles Licht, es wird einen Ausweg geben.

Es folgt ein abrupter Schnitt und in einer groben Körnung entwickelt sich eine ganz andere Szene. Ein Rolls Royce fährt auf ein schlossähnliches Anwesen zu, eine Frau und ein Mann steigen aus. Er fragt aufgeregt nach dem Namen ihres Liebhabers, eines Paters, der sich von ihm in der Eigenschaft unterscheidet, dass er ihr zuhört. Die Irritation über den schnellen Schnitt löst sich auf. Eine Concierge sieht diesen Kitschfilm über eine Dreiecksbeziehung im Fernsehen.

Anna Delambre, der Protagonistin, wird der Weg erklärt. Die vielfältigen Eindrücke und Assoziationsketten haben auch den Zuschauer verwirrt. Anna geht statt nach links zum Psychoanalytiker nach rechts zum Steuerberater, sie kommt vom richtigen Weg ab und doch auf den rechten Weg.

Die schwankende Kamera und die schnellen Schnitte verstärken den Effekt der Verunsicherung. Man befindet sich im Strudel einer Gefühlsverwirrung, wie ihn vielleicht auch Anna erlebt. Wird sie deshalb orientierungslos? Weckt nicht jede intime Begegnung diese Themen, die der Regisseur in schnellen Szenen und durch die Musik angespielt hat? Gleich zu Beginn ist der Zuschauer vielfältigen Assoziationen ausgesetzt, wie wohl auch Anna Delambre. Die Annäherung an eine neue Beziehung ist mit verschiedenartigen Themen verbunden. Es geht um Versteck und Geheimnis, Lüge und Verrat, die Macht der Kindheitstraumen, die in aktuellen Beziehungen und im gegenwärtigen Leben reinszeniert werden. Es geht um Begrenzung und Entgrenzung, Intimität und Distanz. Und vor allem geht es im Film um das Spiel, in dem ein Ausweg aus diesem Dilemma gefunden wird. Werden nicht auch diese Themen in der analytischen Beziehung verhandelt, und finden hier nicht auch im günstigen Fall Therapeut und Patient zu einem spielerischen Modus, sodass der Analytiker für den Patienten zu einem Verwandlungsobjekt wird, und der Patient einen Ausweg aus Dunkelheit und Verschlossenheit findet? Wird nicht auch der Analytiker durch die Begegnung verwandelt, so wie der Steuerberater William Faber durch die Begegnung mit Anna Delambre?

Die ironischen Seitenhiebe auf den Analytiker gehören zum Spiel des Regisseurs. Alle Vorurteile werden bestätigt, der Analytiker ist etwas von oben herab, distanziert, natürlich schwarz gekleidet, und vor allem geldgierig. Der Steuerberater entpuppt sich als das geeignetere Verwandlungsobjekt. Verwirrung und Spiel sind Methode: Beide Schauspieler sind gegen ihre Rollenklischees besetzt. Sandrine Bonnaire, die Spezialistin für verschlossene Frauenrollen, muss in der Rolle der Anna sexuell offenherzig Details ihres Liebeslebens beschreiben. Luchini, ein Sprachkünstler, ist der schweigsame Zuhörer, dessen minimales Minenspiel die Kamera in Großaufnahme zeigt. Schon durch diese Übernahme neuer Rollen und Positionen können sich neue Einstellungen entwickeln, die zu einem Ausweg aus den engen, dunklen Gängen der Lebensentwürfe führen. Anna kann sich nicht nur verbal immer offenherziger zeigen, sondern entkleidet sich im Film immer weiter, so wie sie sich affektiv öffnet und dem falschen Analytiker zunehmend vertraut. Der vertrocknete Steuerberater, der wie eingerostet ein Leben im Leben der Eltern führt, gerät in Bewegung, wobei körperliche und seelische Prozesse parallel verlaufen. Dem späteren Umzug geht der Tanz voraus.

Welche Momente führen in die Entwicklung? Zuallererst einmal das Spiel. Was bedeutet psychoanalytisch das Spiel?

Spielen ist eine Grundform des Lebendigseins. Freud beschrieb das kindliche Spiel als eine Möglichkeit, die Ereignisse des Tages zu verarbeiten. Also ist Spielen eine Verarbeitungsform. Besonders der englische Psychoanalytiker Winnicott beschäftigte sich mit der menschlichen Möglichkeit zu spielen. Spielen geschieht an einem imaginären Ort der Begegnung zweier Menschen, in einem Zwischenbereich, dem Möglichkeitsraum. Dieser befindet sich in einem Grenzbereich zwischen innerer und äußerer Realität. Kreative Prozesse finden hier statt.

Wer sind die zwei Protagonisten, die sich hier in das vertrackte Spiel des Lebens verwickeln? Zuerst einmal Anna Delambre, gespielt von Sandrine Bonnaire. Anna? Spielt nicht erneut der Regisseur mit dem Zuschauer und dessen Assoziationen, Anna O., die berühmte Hysterika aus Freuds und Breuers Studien über Hysterie. Anna, eigentlich Bertha Pappenheim, später eine bahnbrechende Sozialarbeiterin und Frauenrechtlerin, suchte Breuer als 21-jährige auf. Sie litt unter schweren, hysterischen Symptomen. Als intelligente und gebildete junge Frau litt sie nach Verlassen der Schule an einer geistlosen Existenz und sexueller Versagung. Ersatz suchte sie »in leidenschaftlicher Liebe zu dem sie verhätschelnden Vater« und Flucht in Tagträume, ihr »Privattheater«. Auslöser ihrer Hysterie war die tödliche Erkrankung des Vaters, den sie pflegte. Anna O., bei Breuer in Behandlung, machte eine folgenschwere Entdeckung, die »die Keimzelle der ganzen Psychoanalyse« (Gay 1987, S. 79) enthielt. Sie entdeckte die »talking cure« oder »chimney sweeping«. Das Aussprechen ihrer Fantasien und Erinnerungen weckte starke Emotionen und erwies sich als kathartisch. Zusammenhänge zu Anna

Delambre sind frappierend. Auch hier, im Büro des Steuerberaters, ist Anna die Aktive, die Termine, Inhalte und Art der Rede bestimmt. In ihrer Koketterie, Theatralik, Ungreifbarkeit und Affektindifferenz – sie erzählt die erstaunlichsten sexuellen Begebenheiten reichlich ungerührt – ist sie die typische Hysterika. Fantasie und Realität verschwimmen. Ist nun alles wahr, was Anna erzählt, oder doch mehr eine Schilderung ihres Tagtraumtheaters, wie es der Analytiker vermutet? In diesem kleinen Kammerspiel ist auch ihr Gegenüber, der Steuerberater, nach den klassischen Klischees besetzt: ein etwas zwanghaft, depressiver Mann. Eine Konstellation also, wie man sie in vielen Ehen vorfindet, mit oft unglücklichem Verlauf. Die zwei aber spielen sich nicht ins Desaster, sondern frei.

Schauen wir zunächst auf die Garderobe von Anna Delambre. Mit einem Blick auf ihre kleinen Stiefelchen beginnt der Film. Annas Kleidung fällt auf in dem dunklen Interieur, das der Film zu Beginn zeigt. Wie schreibt der französische Psychoanalytiker Lucien Israel über die Hysterika: »Das Kleid zeigt, dass es etwas zu verbergen hat. Was es verbirgt, zeigt es nicht, aber es weist darauf hin, dass da etwas ist, das versteckt ist oder versteckt werden soll ... Man glaubt die Haut zu sehen und sieht in Wirklichkeit nur den Stoff« (Israel 1983, S. 59). Zu Beginn des Filmes trägt Anna, sogar während der Konsultation nicht nur Stiefel, einen langen Mantel, den sie nach der kühlen Begrüßung durch den vermeintlichen Analytiker sogar bis oben schließt, sondern sogar noch Schal, Handschuhe und einen Hut. Etwas geschieht aber in der Beziehung, eine Verwandlung, denn Anna kann allmählich die Maskerade fallen lassen und sich wirklich zeigen. Die Hysterika stellt aber auch etwas zur Schau, und dann wären wir vom Kammerspiel mit der theatralischen Inszenierung gleich beim Kino, in dem wir alle zu Voyeuren werden. Zum Voyeur der erzählten Eheszenerie werden nicht nur der vermeintliche Analytiker William Faber, sondern natürlich auch wir, die Zuschauer, und da alles nur erzählt wird, ist viel Raum für eigene Fantasien. An dieser Stelle kann der Regisseur es natürlich wiederum nicht lassen und auf Hitchcocks Film *Das Fenster zum Hof* anspielen, eine profunde Reflexion über das Filmemachen und die Rolle des Zuschauers. Auf verschiedenen Ebenen spielt Hitchcock Bindungsängste und aggressive Fantasien in Liebesbeziehungen durch. Auch bei Hitchcock gibt es eine Entwicklung in der Beziehung. Wie gestaltet sich dies bei Patrice Leconte?

Die Begegnungen zwischen Anna und William finden auf einem Hintergrund von Dreieckskonstellationen statt. Alle Protagonisten befinden sich in mehr oder weniger unglücklichen, unlebendigen Dreieckssituationen.

William Faber lebt in der Wohnung seiner Eltern neben deren verlassenem Schlafzimmer in der Position eines Kindes – er sammelt Blechspielzeug. Er scheint gefangen zu sein als Dritter in einer unglücklichen Ehe und hat bisher keinen Ausweg gefunden. Der Vater liebte wohl nicht die Mutter, sondern vielleicht eine unglückliche Frau, deren Bild in Williams Büro hängt – ist dies einen Projektion Williams eigener Depressivität – oder seine Sekretärin Madame Mulon, die William geerbt hat, ebenso wie das ungelöste elterliche Problem. Seine eigene Ehefrau hat ebenfalls ein ungelöstes Problem von Entwicklung und Kreativität. Anstatt Bücher zu schreiben, verwaltet sie diese und arbeitet als Bibliothekarin. Sie kann sich weder von William trennen noch sich für ihn entscheiden, sodass die Situation in einer ungelösten Schwebe bleibt. Sie hat ihn bereits sieben Mal verlassen und auch ihr Versuch, sich über einen Fitnesstrainer in Bewegung zu setzen, scheitert. Jetzt zu Anna. Anna sucht Hilfe. Hintergrund ist eine unglückliche Kindheit, die sich auch bei Anna zu reinszenieren droht. Ihre Mutter hatte vor ihrer Geburt einen Autounfall, bei dem Annas Vater starb. Anna hat von ihrem Vater lediglich ein Foto, das ihn vielleicht zeigt, und sein Feuerzeug geerbt. Zog die Mutter in hypomanischer Abwehr ihrer Depression mit einem Wohnwagen durch Frankreich, hatte wechselnde Männerbeziehungen und beachtete ihre Tochter kaum? Als gutes väterliches, abgrenzendes und Entwicklung förderndes Objekt tauchte ihr Tanzlehrer auf. Kann sie sich deshalb auch auf die Suche begeben, um ein solches Objekt wieder zu finden?

In ihrer ehelichen Situation hat sich der ungelöste, trianguläre Konflikt reinszeniert. Die Ehe ist kinderlos geblieben. Nach anfänglich guter Beziehung holte das Paar im vierten Jahr die Vergangenheit ein. Das vierte Lebensjahr ist das Jahr der ödipalen Auseinandersetzung eines Kindes. Die Beziehungen zu Vater und Mutter in ihren sexuellen und aggressiven Implikationen werden geklärt in einer ersten Entwicklungsrunde. Das Paar und die Urszene müssen anerkannt werden und die Geschlechtsunterschiede. Dann ist ein erster Schritt in Richtung Autonomie möglich.

Anna wiederholt zuerst die eigene kindliche Konstellation. Sie hat ihren Mann angefahren, ihm das Bein verletzt, ein unbewusster Kastrationsversuch? Er jedenfalls ist seitdem impotent. Das Paar regrediert. Marc, der Ehemann, behandelt Anna wie ein Kind und beschneidet ihre Autonomie – er verbietet ihr das Rauchen und Autofahren, kontrolliert sie, erklärt sie zu seinem Besitz. In der Sexualität kommt es zu einer Regression auf kindliche, prägenitale Modi: das Schauen. Er versucht jetzt die Kontrolle über die ödipale

Situation zu erlangen, indem er ihr vorschreibt, mit einem Mann sexuellen Kontakt zu haben. In dieser Situation sucht Anna Hilfe und trifft auf William Faber, der seinerseits, wie beschrieben, in einem ungelösten Problem feststeckt. Über das Spiel im Möglichkeitsraum können sich beide befreien, sie werden füreinander zum Verwandlungsobjekt.

Die Begegnung beginnt mit einer Verkennung. Er hält sie anfangs für ein bekanntes Objekt, eine Klientin. Gegen Ende der ersten Sitzung, als sie nach einem zweiten Termin fragt, bemerkt er seine Verwechslung. In diesem Moment knipst er die Lampe an, ihm ist ein Licht aufgegangen. Er klärt das Missverständnis nicht auf, weil er erkannt hat, dass in der Begegnung für ihn eine Chance liegt, etwas Neues: intime Fremde, fremd und doch vertraut. Das geschilderte Problem ist ihm bekannt, eine Eheproblematik. Etwas ist neu und hat ihn angezogen, Anna hat geweint. Hat sie ihm einen Weg aus seiner eigenen, ungelösten Trauer aufgezeigt, ihm, der festsitzt wie eingefroren, der seine eigene Trauer nicht spüren kann? Sie hat sein Interesse geweckt, seine Neugier angesprochen, mit großen erstaunten Augen betrachtet er sie.

Es ist, als verhindere auch Anna, dass die Verwechslung aufgeklärt wird. Sie lässt ihn nicht zu Wort kommen und das Licht der Erkenntnis dimmen. Hat auch sie die Möglichkeiten erkannt, die in der Beziehung liegen? Sie hat das Interesse des Mannes geweckt. Interesse an ihr hatten weder die Mutter noch ihr Ehemann, wohl aber der Tanzlehrer, der sie in Bewegung gebracht hat.

Welche Funktion hat nun Doktor Monnier außer der einer leichten Karikatur eines Analytikers? Er gibt Orientierung in dem Prozess, schafft Grenzen, wo diese notwendig sind. Er gibt z.B. den Namen der Patientin nicht preis, spiegelt Projektionen zurück, die William auf Anna wirft. Damit treibt er die Entwicklung voran.

Es gibt noch eine andere Figur in dem Spiel, den angstneurotischen Patienten des Doktor Monnier. An zwei Stellen repräsentiert er die abgespaltenen Affekte in der Entwicklung des Paares. Als er wütend-drängend in das Zimmer des Analytikers stürmt, weil er sieben Minuten warten musste, repräsentiert er Williams sehnsüchtige Suche nach Anna. Später in der Aufzugszene repräsentiert er Williams Bindungsängste. Beides wird ausgehalten, einmal vom Analytiker, einmal von Anna.

Welche Momente in der Beziehung sind für Anna wichtig? Sicher Williams Interesse, dann seine Verliebtheit. Sie bleibt autonom, sie kommt und geht, wann sie möchte, und er ist da für sie. Er bleibt stabil in der Bindung.

Er erträgt ihre Affekte: ihre Sexualität, ihre Aggression, ihre Trauer. Sie kann zu ihm kommen mit regennassen Haaren, sich probeweise in seinen Sessel setzen, seinen Papierkorb anzünden. Die Ebene des Spiels bleibt bestehen. Er nimmt ihre Autonomiewünsche hin. Weder rächt er sich, noch reagiert er psychisch mit Impotenz. Er lässt sich nicht kastrieren. An einer entscheidenden Stelle zieht er eine Grenze. Das Spiel kippt, als er als Voyeur in der Eheszene zwischen Anna und ihrem Mann missbraucht werden soll.

Williams Gefühlswelt wird durch die Begegnungen mit Anna geweckt. Zuerst, indem er die Affekte Annas wahrnimmt. Die Kamera hält auf Williams Gesicht, in der Mimik zeigt sich seine erwachende Emotionalität. Ihre Lebendigkeit erweckt seine eigene, eingefrorene. Zuerst tanzt Anna in Williams Büro, dann tanzt er selber. Als Williams Frau ihn verlässt, greift er noch einmal zu seiner alten Bewältigungsstrategie in Abwehr von Trauer. In leicht zwanghafter Manier wischt er Staub und kauft sich ein Blechspielzeug, einen Astronauten. Eine Darstellung seines Versuchs, sich in seinem eigenen Universum einzurichten, geschützt vor der Atmosphäre schwieriger Affekte. Anna aber bringt Bewegung in die Szene, sie lässt eines seiner Blechspielzeuge laufen.

Aus dem Spiel wird ernst, als Annas Mann, Marc, auftritt. Die Ebene der Symbole, die Sprache, wird verlassen in dem Moment, in dem die Realität einbricht. Das Sprachspiel wechselt, und der Modus der sinnlichen Realität überwiegt, als Marc William würgt und ihn später, eben nicht in der Fantasie, sondern auf der Ebene der Realität zum Voyeur der ehelichen, sexuellen Beziehung macht.

William zieht eine Grenze, sieht Anna nicht mehr, genau zwei Wochen und zwei Tage, und trauert. In der Abwesenheit des Objektes, in der Trauer, entsteht eine Entwicklung für beide. William gestattet nicht mehr, dass seine Frau zu ihm zurückkehrt, und das gleiche ambivalente, bekannte Spiel von vorne beginnt. Auch Anna kann sich von ihrem Mann trennen.

In der Schlussszene sehen wir beide in Williams neuem Büro im Süden. Beide habe sich aus depressiven, festgefahrenen, inneren und äußeren Lebensbezügen befreien können. Zwar ist das Mobiliar vertraut, es geht nicht darum die ganze innere Objektwelt zu verändern, aber jetzt haben die Räume helle Wände. William klebt nicht mehr am vertrauten Elend fest, symbolisiert in der reptilartigen Tapete des dunklen Flurs zu seinem alten Büro, sondern hat sich gehäutet. So wie Anna Handschuhe, Schal, Mantel und Hut ablegen konnte. Beide konnten sich verändern.

Literatur

Auchter, Th. & Strauss, L. V. (1999): Kleines Wörterbuch der Psychoanalyse. Göttingen (Vandenhoeck und Ruprecht).
Bollas, Ch. (1997): Der Schatten des Objekts: das ungedachte Bekannte; zur Psychoanalyse der frühen Entwicklung. Stuttgart (Klett-Cotta).
Gay, P. (1987): Freud. Eine Biografie für unsere Zeit. Frankfurt (S. Fischer Verlag).
Hinshelwood, R. D. (1993): Wörterbuch der kleinianischen Psychoanalyse. Stuttgart (Verlag Internationale Psychoanalyse).
Israel, L. (1983): Die unerhörte Botschaft der Hysterie. München, Basel (Verlag Ernst Reinhardt).
Koebner, Th. (Hg.) (2001): Filmklassiker. Stuttgart (Philipp Reclam).
Winnicott, D.W. (1971): Playing and Reality. London (Tavistock Publications Ltd.).

L.A. Crash

USA 2004, 110 Min.
Regie: Paul Haggis
Hauptdarsteller: Don Cheadle, Matt Dillon, Sandra Bullock,
Jennifer Esposito, Thandie Newton, u.a.

Brigitte Ziob

Der Film *L.A. Crash*, ist das Regie-Debüt des Drehbuchautors Paul Haggis, der unter anderem das Drehbuch zu Clint Eastwoods *Million Dollar Baby* geschrieben hat. Mit *L.A. Crash* schaffte er ein packendes und leidenschaftliches Drama mit einer bemerkenswerten Besetzungsliste mit Stars wie Matt Dillon, Sandra Bullock, Don Cheadle usw., die, so wird vermutet, den Film durch Honorarrückstellungen ermöglicht haben. In Deutschland fand *L.A. Crash* zunächst keine große Aufmerksamkeit, was wohl daran lag, dass die Filmkritik ihn zögerlich wahrnahm. Desto größer war das Erstaunen, dass *L.A. Crash* 2006 mit 3 Oskars ausgezeichnet wurde: bester Film, bester Schnitt und bestes Originaldrehbuch.

Der Schauplatz des Films ist Los Angeles, ein Schmelztiegel aus ethnischen Gruppen und Minderheiten, ein Ort großer Gegensätze: Hollywood als Zentrum der amerikanischen Filmindustrie. Nobelviertel wie Ocean Palisades, Santa Monica, Beverly Hills. Ghettos wie Watts und South Central, das 1992 Zentrum von bürgerkriegsähnlichen Rassenunruhen wurde, nachdem vier weiße Polizisten, die den Afroamerikaner Rodney King misshandelt hatten, vom Gericht freigesprochen wurden. In L.A. leben laut Wikipedia Menschen aus 140 Ländern, es werden 224 Sprachen gesprochen, der Anteil der Latinos an der Gesamtbevölkerung beträgt 45 %. In den Ghettos herrschen Armut und Arbeitslosigkeit, steigende Kriminalität und Bandenkriege bewaffneter Gangs. Daraus entwickelten sich No-Go-Areas. Die Angst vor Gewalt und Kriminalität spielt eine so große Rolle, dass die Menschen versuchen, sich sicherer zu fühlen, indem sie sich nur noch mit dem Auto fortbewegen und den Kontakt untereinander vermeiden.

Während der Vorspann läuft, sehen wir die nächtlich erleuchtete Stadt, dann werden die Lichtkegel der Autoscheinwerfer herangezoomt, die auf einem mehrspurigen Highway unterwegs sind. Die Lichtpaare der Scheinwerfer gleiten in einer zufälligen Ordnung aneinander vorbei, ohne sich zu berühren und stellen eine Metapher für die verschiedenen Kulturen dar, die in dieser Stadt nebeneinander existieren, aber kaum Berührungspunkte haben. Die Menschen der Stadt suchen ihresgleichen, um sich sicher zu fühlen. Man denkt an Gated Communities, ans Hochrüsten mit immer größeren Autos, bewachte öffentliche Gebäude.

Auf diesem Hintergrund spielt die Handlung des Films. *L.A. Crash* ist als Episodenfilm so konstruiert, dass er an die serielle Seherfahrung und die horizontale Erzählweise der Fernsehserien erinnert. Die Form des Episodenfilms macht es möglich, zeitgleich verlaufende Handlungen darzustellen, was ein Gefühl für das komplexe Geschehen in der Mega-City erzeugt.

Wie eine Billardkugel auf eine zweite trifft, die sich in Bewegung setzt und weitere Kugeln anstößt, die dann in verschiedene Richtungen rollen, erscheint die Handlung zunächst vollkommen beliebig. Ausgehend von dem Zusammenstoß zweier Autos werden die Ereignisse der letzten 36 Stunden im Leben vollkommen unterschiedlicher Menschen gezeigt, die mit ihren Einzelschicksalen zwar aus der Anonymität heraustreten, die aber nichts miteinander verbindet. Das einzige Verbindungsglied ist die Stadt als gemeinsamer Lebensraum. Das Hauptmotiv des Films ist der alltägliche Rassismus und die zu Grunde liegenden Vorurteile. Jeder der Protagonisten des Films wird in eine Situation manövriert, an der er entweder wächst oder scheitert. Im Folgenden werde ich die einzelnen Handlungsstränge der Episoden kurz skizzieren:

Als Erzähler der Handlung führt Detective Graham Waters durch seinen Eröffnungsmonolog, dass sich in L.A. die Menschen nicht mehr berühren, da sich alle nur noch hinter Glas und Stahl vorwärts bewegen und erst miteinander kollidieren müssen, um überhaupt etwas zu spüren, direkt in das Thema des Films. Er ermittelt gemeinsam mit seiner Kollegin und Freundin Ria in einem Fall, hat gleichzeitig Beziehungsprobleme zu lösen und kümmert sich darüber hinaus um seine drogenabhängige Mutter. Dann sind da die beiden schwarzen jugendlichen Kleinkriminellen Anthony und Peter, der jüngere Bruder von Waters, die herumziehen und plötzlich den Generalstaatsanwalt Cabot und seine Frau Jean überfallen, die wiederum ihre Vorurteile Schwarzen gegenüber bestätigt sieht. Der Iraner Farhad, der sich mit seinem Laden eine bescheidene Existenz aufgebaut hat, in den mehrfach eingebrochen wurde und der sich eine Pistole besorgt, um sich, seine Frau und seine Tochter Dorri zukünftig besser verteidigen zu können. Der Latino Daniel, der bei einem Schlüsseldienst angestellt ist und Überstunden macht, um seiner Tochter Elisabeth und seiner Ehefrau ein Leben in einem besseren Stadtteil zu ermöglichen. Eine weitere Episode zeigt den Streifenpolizisten Ryan, der sich um seinen krebskranken Vater kümmert. Er ist Rassist und gerät in einen Konflikt mit einer schwarzen Krankenkassenangestellten. Bei einer Verkehrkontrolle missbraucht er seine Amtsmacht gegenüber Christine, der Ehefrau des schwarzen Regisseurs, die gerade mit ihrem Mann von einer Preisverleihung kommt. Darüber überwirft er sich mit seinem jungen ehrgeizigen Kollegen, der kein Rassist sein will, der aber später einen fatalen Fehler macht. Dann sind da noch der Chinese, der überfahren wird, und seine Frau, die in den Autounfall zu Beginn des Films verstrickt ist.

Diese Protagonisten bilden das kulturelle Spektrum der Bewohner der Megastadt ab, und eine Verkettung von Zufällen lässt sie aufeinanderprallen und sofort sind sie in Konflikte verstrickt. Dieses Handlungsmuster wird etabliert in einer schnellen Schnittfolge, die den Zuschauer zunächst verwirrt. Dadurch, dass der Schnitt immer in der Bewegung ansetzt und der Film in eine andere Geschichte springt, ist es für den Zuschauer schwer, sich besonders zu Beginn des Films in der komplexen Handlung zurechtzufinden. Es entsteht das Gefühl der Überforderung und Überreizung. Dies korrespondiert mit der Situation der Protagonisten, die in der komplexen Wirklichkeit ihres Alltags immer wieder mit fremden Personen konfrontiert sind und irgendwie darauf reagieren müssen nach dem Grundsatz: Man weiß nie, wen man vor sich hat, und niemand ist so, wie er zunächst erscheint, und die deshalb in kürzester Zeit eine innere Entscheidung treffen müssen, ob sie jemandem trauen können oder nicht.

Und schon die erste Szene zeigt, was passiert, wenn es zum »Crash der Kulturen« kommt: Ein Auffahrunfall führt direkt zum Konflikt der beiden Fahrerinnen und sofort zu Entwertungen wie »Bohnenfresserin«. Schlichten müssen Dritte, es gibt keine Einigung und wir bekommen ein Gefühl dafür, wie tief die Gräben zwischen den einzelnen Kulturen sind.

Die Ressentiments dem Fremden gegenüber finden sich wieder in der drastischen Sprache, die Abwertung, Diskriminierung, Aggression aber auch Angst ausdrückt und die politisch absolut unkorrekt ist. Mit provokanten Äußerungen wie »Planst du hier den Dschihad« oder »Lynch mir einen Nigger« wirkt sie so überzogen, dass sie einerseits die Kluft zwischen den einzelnen Kulturen verdeutlicht, andererseits aber auch komisch wirkt und damit entlastet. Diese Antagonismen finden sich immer wieder im Film. Jemand erscheint gut und bildet die Basis zur Identifikation, erweist sich aber dann doch als jemand anderer und umgekehrt. Schon eingangs finden wir dies wieder in der Szene, in der die beiden jugendlichen Schwarzen über ihr Gefühl der Diskriminierung diskutieren und der Zuschauer sich verständnisvoll auf ihre Seite schlägt, und die sich dann in einer plötzlichen Wende als Kriminelle entpuppen, die eine Waffe ziehen und den Generalstaatsanwalt und seine Frau überfallen.

Fremdenangst und Fremdenhass scheinen ein zeitüberdauerndes menschliches Phänomen zu sein. Die französische Psychoanalytikerin Julia Kristeva schreibt in ihrem Buch *Das Fremde in mir*: »Wer ist ein Fremder? Derjenige, der nicht Teil der Gruppe ist, der nicht ›dazu gehört‹, der andere. Von dem Fremden gibt es, wie häufig angemerkt, nur eine negative Definition« (Kristeva 1990, S. 104). Dies findet sich wieder in Assoziationen zu dem Fremden: Er gilt als Eindringling, als Unbekannter, als ein Esser zuviel, als der Ungeliebte, der sich von seiner Mutter entfernt hat. Die negativen Konnotierungen des Fremden finden ihren Ursprung schon in der frühen Beziehung zwischen Mutter und Kind in dem Konzept der Spaltung. Der Säugling verfügt zunächst über primitive psychische Verarbeitungsmechanismen. Die früheste Verarbeitung von Erfahrungen ist die der Spaltung. Das heißt, dass enttäuschende und liebevolle Erfahrungen mit der Mutter getrennt voneinander gehalten werden. Alles Gute wird ins Ich genommen, alles Schlechte ins Nicht-Ich abgespaltet. Repräsentant für das erste Nicht-Ich ist die Mutter. Sie ist die erste Vertraute, aber sie ist auch gleichzeitig die erste Andere, die Fremde. Die destruktiven und angsterregenden Gefühle, die der Säugling alleine nicht verarbeiten kann, werden dann entweder dem Teilobjekt der fremden Mutter zugeschoben, oder, wenn die Angst vor dem Verlust der Mutter zu groß wird, in das Unbewusste abgelegt. Im achten Monat mit Entwicklung der Fremdenangst entwickelt sich die Fähigkeit zur Unterscheidung zwischen Mutter und Nicht-Mutter und die negativen angstauslösenden Inhalte werden dann projektiv der Nicht-Mutter zugeschoben, was dann zum »Fremdeln« führt. Die Stärke der Fremdenangst beim Kind wird bestimmt durch das Ausmaß an Urvertrauen und dem Gefühl von Sicherheit.

Durch die Spaltung zwischen Ich und Nicht-Ich, dem ein destruktives Potenzial zugeschrieben wird, liegt der Ursprung des inhärent bedrohlichen Anderen. So gesehen stellt der Andere immer eine Konfrontation mit der radikalen Differenz zwischen Ich und Nicht-Ich dar. Abgeschwächt wird die interpersonelle Kluft durch die Bildung von Brücken mittels des Denkens, der Sprache und der Fähigkeit sich zu identifizieren. Gleichzeitig gibt es eine Toleranz für ein normales Maß an Intersubjektivität und Andersheit, auf dem Hintergrund einer gemeinsamen Identität, wie z.B. der kulturellen Identität (Lichtenstein 2004, S. 980ff.).

Den Anderen in seiner eigenen Realität wahrzunehmen scheint selbst zwischen den Figuren von *L.A. Crash* nicht möglich zu sein, die eine nähere Beziehung zueinander haben. Das kulturelle Vorurteil erhält die interpersonelle Kluft, wenn z.B. der farbige Detective seine Latina-Freundin als »Mexikanerin« bezeichnet und nicht verstehen kann, dass sie mit einer Mutter aus El Salvador und einem Vater aus Puerto Rico sich in ihrer Identität verletzt fühlt, während seine Feststellung impliziert, dass für ihn alle Latinos gleich sind, also Mexikaner. Der Detective nutzt das Vorurteil zur Vereinfachung und macht sich nicht die Mühe zu differenzieren. Obwohl er selbst Opfer des Vorurteils seiner Mutter wird, die ihn als Abtrünnigen, als zu den Weißen übergelaufen wahrnimmt, der sich nicht mehr in der mütterlichen Kultur bewegt. Das kulturelle Vorurteil zieht sich durch die einzelnen Episoden, so glaubt der Filmproduzent, dass farbige Schauspieler »schwarz« sprechen, wohingegen es dem farbigen Regisseur nicht auffällt, dass der junge Schauspieler die Sprache der Mittelschicht spricht, da es auch seine Sprache geworden ist.

Die Handlung von *L.A. Crash* springt mit harten Schnitten von einer Episode in die nächste. Das Gefühl des Brüchigen, Willkürlichen fordert vom Zuschauer, dass er sich immer wieder neu positionieren muss, indem er Stellung bezieht und dadurch dem Gefühl der verwirrenden Verunsicherung entgeht. Hier geht es ihm ähnlich wie den Protagonisten des Films. Aus der Situation heraus, dass man nie weiß, wen man vor sich hat, muss man sich ein Urteil über die Situation bilden, das gespeist wird aus den bisherigen Erfahrungen. Durch die Prüfung des Erfahrungsschatzes mit der Realität kommt es zur Anpassung und Ausdehnung des ursprünglichen Urteils und daraus entsteht etwas Neues, was dann als neue Erfahrung integriert werden kann. So überlegt gehen die Protagonisten nicht miteinander um. Sie kompensieren ihre Gefühle von Angst, Ohnmacht, Unsicherheit oder Hilflosigkeit in einer komplexen Wirklichkeit, indem sie Vorurteile bilden und sich damit einerseits ein Ordnungssystem schaffen, eine Vereinfachung und Ökonomisierung der eigenen Handlungsmuster in Bezug auf die Vielfalt und Unübersichtlichkeit des Lebens. Aber das Vorurteil zementiert auch die Kluft zwischen dem Ich und dem Anderen. Dies wird im Film durch die verschiedensten Variationen rassistischer Vorurteile gezeigt. Sie repräsentieren die Nicht-Beziehung zwischen den Ethnien. Da der Fremde, wie vorher schon erläutert wurde, deshalb fremd ist, weil wir in ihm nichts Eigenes erkennen, muss die leere Stelle zwischen dem Ich und dem Fremden geschlossen werden. Denn der Fremde bleibt für mich solange der Fremde, solange ich ihn in seiner ihm eigenen Identität nicht verstehe. Solange stellt er einen Behälter für die eigenen unbewussten Zuschreibungen dar. Sobald ich den Fremden als andere Person anerkennen und begreifen kann, ist er nicht mehr fremd. Durch die Tendenz, alles Gute der eigenen Gruppe und alles Negative der fremden Gruppe zuzuschreiben, wird die leere Stelle gefüllt durch die Projektion eigener negativer Anteile, deren man sich entledigen möchte. Die Projektion stellt einen Verarbeitungsmechanismus in der paranoid-schizoiden Phase dar, in der die Spaltung zwischen guten und schlechten Anteilen aufrechterhalten wurde, was bedeutet, dass das, was man selbst an sich als fremd und unwert wahrnimmt, auf den Anderen projiziert, um sich dessen zu entledigen. Das bedeutet, dass Ambivalenz in Beziehungen noch nicht zugelassen werden kann.

Dem Iraner Farhad fällt es schwer, die komplexe Wirklichkeit, in die er hineingeworfen ist, zu verstehen. Als er sich eine Pistole kaufen will, um sich und seine Familie zu verteidigen, wird er im Waffenladen von dem Ladenbesitzer diskriminiert, der wiederum seine Fremdenangst auf ihn projiziert und ihn nicht wie einen amerikanischen Staatsbürger behandelt, sondern wie einen Fremden, einen Feind der Gesellschaft. Farhads Laden ist nach dem 11. September mehrmals verwüstet worden, da die Leute glaubten, er und seine Familie seien Araber. Farhad entwickelt paranoide Ängste und projiziert wiederum sein Gefühl der Bedrohung auf Daniel, den Inhalt seiner Projektionen entnimmt er aber seinem kulturellen Erfahrungsbereich. So glaubt er, dass der Schlosser Daniel ihn betrügen und eine Tür verkaufen möchte, eine Erfahrung, die er aus seiner Kultur mitbringt. Das Vorurteil, der Schlosser will ihn übervorteilen, führt fatalerweise zu der Katastrophe, die Farhad selbst herauf beschworen hat.

Oder Jean, die aufgrund ihrer Vorannahmen beim Herannahen der beiden schwarzen Jugendlichen Gefahr antizipiert und sich schützend bei ihrem Mann einhängt. Ihre Angst erweist sich als begründet, weil mit dem Überfall genau das stattfindet, was sie befürchtete. Dies verarbeitet sie als Erfahrung und ihre Ängste, Opfer von Gewalt zu werden, führen dazu, dass sie den Latino Daniel, der die Schlösser in ihrem Haus ausgetauscht hat, verdächtigt, die Schlüssel an seine Kumpels weiterzugeben, damit sie einbrechen können, da er »mit seiner Knasttätowierung« bedrohlich auf sie wirkt. Wir erfahren aber bald, dass Daniel ein fürsorglicher Vater ist, der Überstunden macht, um seiner Familie ein sicheres Leben in einem besseren Stadtteil zu ermöglichen. So könnte man sagen, dass Jean dabei ist, ihr Vorurteil gegenüber Fremden zu verfestigen. Sie spricht nicht mit Daniel und so bleibt eine Leerstelle zwischen beiden frei, die sie dann mit ihrer Fantasie aus der vorigen Erfahrung füllt. Aber auch Jean, die spürt, dass sich ihr Mann abwendet, die einsam ist und Angst nach dem Überfall hat, ist nicht nur Opfer, sondern auch Täterin, wenn sie ihre Latina-Haushaltshilfe schlecht behandelt und als Zielscheibe ihrer Wut benutzt.

Die Steigerung des Vorurteils scheint die offene Diskriminierung zu sein, mit der der Streifenpolizist Ryan dem schwarzen Regisseur und seiner Freundin, einer Latina, begegnet. Er benutzt die Routinekontrolle zu einem sexuellen Übergriff, mit dem er sowohl die Frau als auch den Mann demütigt. Eine Szene, die beim Zuschauer Beklemmung und Ablehnung von Ryan als Rassisten auslöst. Einige Szenen weiter sieht man Ryan, wie er sich bei der schwarzen Angestellten der Krankenkasse für seine rassistische Äußerung entschuldigt und eine bessere medizinische Behandlung für seinen krebskranken Vater zu erreichen versucht. Und so wird der Täter mit der ungerechtfertigten Ablehnung selber Opfer einer Diskriminierung, die ihn in Form von struktureller Gewalt trifft, und der Zuschauer ist wieder in der Situation, sein vorheriges Urteil zu verändern. Die fehlende Einsicht in die Welt des anderen führt zu einem circulus vitiosus, bei dem die Fronten verhärtet sind und jede Partei darauf wartet, zum Gegenschlag auszuholen. Gewalt erzeugt Gegengewalt und wirkt zerstörend bis in die privaten Beziehungen. Wie eine Schneise trennt Ryans sexueller Übergriff Christine von ihrem Mann, dem Regisseur, die sich gegenseitig in einem heftigen Streit die Schuld für die Demütigung zuschieben wollen, um die eigene Scham im Auge des anderen nicht erkennen zu müssen.

Der Höhepunkt des Films, der Crash von Christines Wagen ist doppelt tiefgründig. Einerseits zeigt er, wie die Folgen von Diskriminierung und Rassismus aus dem verzweifelten Gefühl der Demütigung und Kränkung heraus zu einer explosiven Katastrophe führen. Andererseits ist ausgerechnet der Streifenpolizist Ryan als erster am Unfallort und findet die Frau, die er am Vortag sexuell belästigt und gedemütigt hat, eingeklemmt in ihrem Fahrzeug, das zu explodieren droht. Die heftige emotionale Reaktion von Christine, die trotz Todesangst, sich nicht von ihm anfassen lassen möchte, führt dazu, dass Ryan, ihre seelische Verletzung durch seine Tat wahrnehmen und sich vorsichtig in sie einfühlen kann, womit er sie rettet. Am Schluss sehen wir den ungläubigen Blick Christines auf ihren Peiniger und Retter, und führt uns noch einmal die Brüchigkeit der Protagonisten vor Augen. Dies ist einer der Hoffnungsmomente des Films, der bezogen auf Graham Waters Statement zeigt, wie extrem die Berührung sein muss, – es geht um Leben und Tod – um die Kluft der Fremdheit zu überwinden.

Christines Ehemann dagegen ist entschlossen, als er wieder von einer Polizeikontrolle angehalten wird, diesmal mit einem der schwarzen Kleinkriminellen im Auto, sich nicht noch einmal von den Polizisten demütigen zu lassen. Er fordert die hysterische Reaktion der Polizisten heraus, die in ihm einen potenziellen schwarzen Gewalttäter sehen, als inszenierter Selbstmord, aus dem Gefühl heraus, seine Selbstachtung verloren zu haben. Die Hilfe des jungen Cops, der ihn davor bewahrt, dass seine Kollegen auf ihn schießen, stellt für ihn eine weitere Demütigung dar, da er als Schwarzer nicht für das gehalten wird, was er ist, der Regisseur, der am Tag zuvor einen Preis bekommen hat.

Die zweite eindrückliche Szene der Eskalation von Gewalt zeigt Farhad, wie er blind Rache nehmen möchte an Daniel vom Schlüsseldienst, dem er die Schuld für den erneuten Einbruch gibt. In dem Moment, in dem er die Pistole abdrückt, stürzt die kleine Tochter von Daniel in dessen Arme und wir glauben, dass der Schuss sie getroffen hat. Die massive Gewalttätigkeit löst Entsetzen aus. Die Szene geht aber direkt über in eine Entlastung des Zuschauers. Wie durch ein Wunder überlebt die kleine Lara, da Farhads Tochter Dorri in Unkenntnis Platzpatronen gekauft hat. In der Stille nach dem Schuss, in der Farhad den Schrei Daniels und des Kindes wahrnimmt, sieht er in Daniel sich selbst, er kann sich mit ihm als Vater identifizieren und erkennt gleichzeitig die Sinnlosigkeit seiner Handlung.

Jean, die nach einem Sturz von ihrer Latino-Hausangestellten liebevoll gepflegt wird, erkennt in ihr die Freundin und vollzieht damit eine Entwicklung, indem sie die kulturelle Kluft überwindet und in Beziehung tritt, ähnlich wie Anthony, der erkennt, dass er selber die Schwierigkeiten provoziert, in denen er steckt, indem er seinen Selbsthass und seine Minderwertigkeitsgefühle als Diskriminierung nach außen projiziert und nun Mitgefühl mit den im Van gefangenen Asiaten empfindet und sie freilässt. Damit sind sie ein Bild für weitere Neuankömmlinge, Fremde in der Megastadt, die hoffnungsvoll ein besseres Leben antizipieren.

Detective Waters, der von seiner Mutter den Auftrag bekommt: »Such mir mein Baby«, geht stattdessen seiner Arbeit nach, verfolgt seinen eigenen Lebensplan und wird von seiner Geschichte eingeholt, als er zu einer Falschaussage genötigt wird, um seinen Bruder zu schützen und verstößt damit gegen seine eigenen Werte. Als sein Bruder dann tatsächlich ermordet wird, trifft ihn die ganze mütterliche Ablehnung, die ihr Versagen auf ihn projiziert.

Die bitterste Erfahrung macht in *L.A. Crash* der junge ehrgeizige Polizist, der keine Vorurteile haben möchte. Ensprechend der Aussage Ryans, dass der junge Cop glaubt zu wissen, wer er sei, aber eigentlich keine Ahnung hat, wird er von dem Gefühl der Angst überwältigt, als sein Misstrauen dem jungen Tramper gegenüber so groß wird, dass er aus dem Gefühl der Bedrohung seine Pistole abdrückt und ihn erschießt, um danach die tragische Wahrheit zu erkennen, dass der junge schwarze Tramper ihm ähnlich ist.

Der Film *L.A. Crash* kann als Metapher für die Anforderungen an den Einzelnen in einer globalisierten Welt gesehen werden. Er thematisiert den Zusammenhalt der einzelnen Kulturen, den Ausschluss vom Fremden und daraus folgend die interkulturellen Konflikte. Er zeigt aber auch Lösungen, die Kluft zwischen dem Eigenen und dem Fremden, dem Guten und Bösen zu überwinden. Immer wieder gibt es Momente der Hoffnung, wenn sich die Protagonisten miteinander identifizieren und darüber eine Verbindung herstellen.

Dies sind die versöhnlichen Elemente des Films, die Hoffnung geben, dass sich das fest eingeprägte Bild des Fremden auch wieder relativieren lässt. Formal ästhetisch zeigt der Film immer wieder Verbindungen, wenn sich die Handlung im Laufe des Films als immer aufeinander bezogen erweist und sich wie ein Kreis schließt, als ein Stilmittel, das Unterschiede integriert. Aber auch durch die Musik, wenn alle Protagonisten durch den selben Song verbunden sind und gleich werden, durch ruhige Schnitte, die einfach die jeweiligen Protagonisten in ihrem Umfeld beobachten und durch den am Schluss auf alle fallenden Schnee, der alle miteinander vereint.

Literatur

Kristeva, J. (1990): Fremde sind wir uns selbst. Frankfurt (edition suhrkamp).
Lichtenstein, D. (2004): Das Andere in den Anschlägen vom 11. September, Psyche 9/10, 981–990.

Schlechte Erziehung – La mala educación

Spanien, 2004, 102 Min.
Regie: Pedro Almodóvar
Hauptdarsteller: Garcia Bernal u.a.

Isolde Böhme

»Meine Skizzen sind immer literarisch. Wenn Regisseure von dem reden, was ihnen die Idee zu einem Film oder die Lust auf eine Szene gegeben hat, dann beschreiben sie in der Regel ein Bild. Und dieses Bild führt sie zur Geschichte. Für mich stehen am Anfang immer Wörter, Worte, eine Geschichte, die mich dann zu den Bildern des Filmes führen« (zit. n. Riepe 2004, S. 7).

Riepe beginnt mit diesem Satz Almodóvars sein Buch über den Regisseur und fügt in unmittelbarer Nähe ein zweites Zitat hinzu, das neugierig macht: »Ich weiß nicht, warum sich meine Filme nicht mündlich wiedergeben lassen und trotzdem liegt ihre Charakteristik gerade in der Erzählung« (ebd. S. 7).
La mala educación scheint beide Zitate zu illustrieren. Eine Erzählung *La visita* spielt eine zentrale Rolle im Film. Als Schreibmaschinentext wird sie mitgebracht, wird sie gelesen, und führt zu Bildern, zu einem Gewebe aus Bilderzählungen, gebildet aus drei in unterschiedliche Farben getauchte Streifen, die sich ineinander schieben, sich abwechseln, sich verschränken. Der Text verknüpft die Geschichte von zwei Jungen, Ignacio und Enrique und dem missbrauchenden Priester Pater Manolo in einem katholischen Internat zu Anfang der 60er Jahre, in der Francozeit, mit der Geschichte aus dem Jahr 1977 des erwachsenen, jetzt drogenabhängigen und transsexuellen Ignacio, der diesen Text geschrieben hat und sich mit seiner Veröffentlichung an Pater Manolo rächen will. Einer der beiden Leser ist der erwachsene Enrique, der den Text 1980/1981 mit einem Schauspieler in der Hauptrolle verfilmt, der sich als Ignacio ausgibt. Der sexuell begehrliche Pater Manolo, der andere

207

Leser, taucht als sexuell bedürftiger und erpressbarer Senor Berenguer wieder auf, und kommt nach Beendigung des Films im Film als Besucher und scheinbar objektiver Berichterstatter in Enriques Studio.

Almodóvars Filme sind Gebilde, die aus Erzählungen entstehen, die sich jedoch kaum mündlich wiedergeben lassen. In der gleichen Formulierung ließe sich auch über Psychoanalysen sprechen. Geschichten aus dem Leben kommen in Verbindung zur Kindheitsgeschichte, und aus dem Zusammenspiel erwächst der analytische Prozess. So erzählt in Freuds Fallgeschichte das 18-jährige Mädchen Dora ihre Geschichte mit Herrn K., der sie als 14-jährige sexuell bedrängt hat, und dessen Ehefrau. Im Verlauf der drei Monate währenden Analyse gelangt Dora über zwei Träume zu ihrer ödipalen Kindheitsgeschichte mit dem Vater. Und beim Erzählen und Hören der Geschichten im Analysezimmer entsteht das Dritte, die Übertragungsgeschichte zwischen Dora und Freud, einer Geschichte, die Freud nachträglich zur Konzeptualisierung der Übertragungsbeziehung führte.

Die Fäden in der Analyse verflechten sich nach Maßgabe der Nachträglichkeit. Die Vergangenheit ermöglicht, Gegenwärtiges tiefer zu verstehen, gleichzeitig wird Vergangenes im Licht der Gegenwart neu interpretiert. Der Prozess der Übertragung schaut in die Vergangenheit und in die Zukunft gleichermaßen. Der Prozess bringt Erinnerungen und ungedachtes Bekanntes ans Licht mit der Möglichkeit unzähliger Verwandlungen, die in die Zukunft wirken. Lacan formuliert, die Zeit des Unbewussten sei die Vorzukunft, das Futur II (zit. n. Langlitz 2005, S. 207), ich möchte sagen, die Zukunft, die der Nachträglichkeit unterliegt.

Um Hören und Schauen geht es beim Film. Bei Psychoanalysen soll gerade nicht geschaut werden. Der Analytiker hört, er hört die Stimme des Analysanden, der spricht, die Worte und ihren Klang, und beide Protagonisten wenden den Blick in die innere Welt – mit Joyce McDougall zu sprechen – auf »les teatres de je« und »les theatres du corps«. Der Zuschauer im Film wird hörend und schauend hineingezogen in das Geschehen, schaut in eine Welt, wo – wie Andreas-Salomé sagt »die Raschheit der Bilderfolge ... annähernd unserem Vorstellungsvermögen entspricht«, und »eine Menge unbefangener Hingabe an die Illusion« (zit. n. Baudry, S. 1049) möglich wird.

Andreas-Salomé hat diese Verwandtschaft von Filmerleben und affektivem Erleben der analytischen Situation bereits 1913 formuliert. Es ließe sich ergänzen, dass diese Hingabe an die Illusion moduliert wird durch die Musik, die die Szenen affektiv untermalt. Der Zuschauer hört Inhalt und

Klang der Worte, der Sätze, der Sequenzen, die gesprochen werden. So hört er etwa in *La mala educación*, dass für Enrique der erwachsene Ignacio seine Geschichte erzählt. Die Kindergeschichte bringt der lesende Pater Manolo mit einer Kinderstimme zu Gehör, den wiederum erst der lesende Enrique in seiner Vorstellung, im Film-im-Film erschafft.

Auch das Verstehen eines Films lässt sich analog dem Verstehen eines analytischen Prozesses beschreiben. So beobachtet der Filmzuschauer hörend und sehend, wie Bildungen, Formen, die entstehen, sich wiederholen, insistieren, verwandelt werden. So hört er die Brüche im Text. Mit dem Blick jedoch verfolgt er die Bildersequenz, die er als Assoziationskette erlebt und mit eigenen Wünschen, Assoziationen und Erinnerungen verknüpft. In besonderer Weise dürften hier auch andere Seherfahrungen mit Filmen eine Rolle spielen. In einem zweiten Schritt vermag er sich zu distanzieren, kann seinem Hören zuhören, sein Schauen reflektieren, das analysieren, was er mit den Bildern, mit Stimme und Rede, die er erlebt, macht.

Die Bewegung des Films beginnt mit der Präsentation einer Leinwand, die bekritzelt ist mit einer Fülle von kleinen Zeichnungen, auch Schriftzeichen, Wörtern, zum Teil unleserlichen Texten, spielerisch immer neu zusammengewürfelt. Thematisch geht es um Erotisches, um Christlich-Religiöses, um Kindlich-Fantastisches. Auf diesem Hintergrund, begleitet von dramatischer Instrumentalmusik, entwickelt sich in großen Bewegungen ein Verschiebespiel von waagrechten und senkrechten Streifen – in Schwarz, in Weiß, in Rot, in Grau. Da erfahren wir in großen Schriftzügen den Regisseur, den Titel *La mala educación*, Namen der Hauptdarsteller und anderer wichtiger Beteiligter. Im Verschiebespiel tauchen immer neue Zeichnungen auf. Sie werden größer, man sieht Figuren und Szenen des Films, alles in schneller Folge – aus dem Vielen gewinnt Einzelnes Kontur. Der Film, Erbe der camera obscura, verwendet Zweidimensionales als Zitat.

Die Deutung liegt nahe, den Vorspann als den Freudschen Wunderblock der Erinnerungsspuren zu verstehen, die zunächst Umschriften erfahren, die im nun folgenden Film Gestalt finden werden. Die Zeit des Unbewussten ist die Zukunft, die der Nachträglichkeit unterliegt. Im Nachspann erfahren wir auf drei großen Schrifttafeln, wie es mit den Hauptgestalten, mit Juan alias Angel Andrade, mit Senor Berenguer und Enrique Goded weitergegangen ist bis zum Filmstart. Der Nachspann stellt die Verbindung zur Außenwelt her, in die der Filmzuschauer sich gleich begeben wird, verweist zurück gewandt auf das Innen des Films, das als gestaltete Erinnerung in diese Welt eingebettet ist.

Vorspann und Nachspann deuten den Film als Bearbeitung einer Lebensgeschichte.

Sie rahmen das Filmgeschehen. Die geschilderten Spuren einer kindlichen Welt, in der christlich-religiöse Symbole und erotische Motive scheinbar unzusammenhängend die Leinwand ausfüllen, sich scheinbar beliebig zu einander gesellen, verdichten sich im Film zu dessen Mittelpunkt, der Messfeier des Paters mit dem kleinen Jungen zu nachtschlafender Zeit. Die Messe wird als ein intimer nächtlicher Akt gezeigt, in dem einzig dem Kind eine Wahrheit vermittelt werden soll, und zwar eine Wahrheit, die von der Sünde der eigenen sexuellen Wünsche reinigen soll. Vom sexuellen Missbrauch des Jungen, der unmittelbar darauf in der Sakristei stattfindet, berichtet die Kinderstimme: »In dieser Nacht habe ich mich in der Sakristei zum ersten Mal verkauft. Aber Pater Manolo hat mich betrogen«.

Dieser Szene geht die zarte Liebesgeschichte der beiden Jungen voraus, einer Liebesgeschichte, die mit dem Schauen beginnt. Beim Fußball vermag der Torwart Enrique Ignacios Ball nicht abzuwehren, ist ganz und gar offen für den Blick des Freundes. Aus dem wilden kämpferischen Spiel ist kindliche Hingabe geworden, Hingabe des Blicks, die erwidert wird. Rossinis *Kyrie eleison* ist der Bilderfolge unterlegt. Auch von dem Chorknaben Ignacio, der in der folgenden Szene als betender Engel eines Altargemäldes inszeniert ist, kann Enrique seinen Blick nicht lösen, und auch hier schaut Ignacio unverwandt zurück. Auf dem Weg zum Kino finden die Jungen aber auch Worte, Enrique für die Angst, abgewiesen zu werden und Ignacio für das Gefühl der Befangenheit. Im Kino schauen die Jungen auf eine Frau, auf die Schauspielerin Sara Montiel, die aus der Welt ins Kloster zurückkehren will, aber von der Ordensfrau abgewiesen wird. Das intensiv farbige Gewand verhüllt und enthüllt zugleich, verlockt und erregt die Fantasie. Ignacio sagt: »Sara ist eine hübsche Frau« und die beiden Jungen masturbieren sich gegenseitig.

Zurück im Kloster, im Schlafsaal, mit Schuldgefühlen beschäftigt, erscheint der Pater als Verfolger, zunächst seine Schritte, dann sein Blick. Er trennt die Jungen, einer ist der Verworfene, der andere der Erwählte. So beginnt auch das biblische Drama von Kain und Abel. Darüber, dass der Herr am einen Wohlgefallen hat, am anderen nicht, erwächst Neid und Hass, erwächst der Brudermord.

Bei der Messfeier, die ohne Gemeinde, nur für das Kind zelebriert wird, – darauf werde ich später noch einmal zurückkommen – schaut Ignacio ängstlich und skeptisch zugleich auf die Hostie, die gezeigt wird. Eben haben die Zehnjährigen noch philosophische Gespräche über Gott und Sünde und Hedonismus geführt. Wenn Ignacio vergisst, das Glöckchen der Wandlung zu läuten, erscheint das als ein letzter Versuch, die radikale Veränderung seines Lebens hinauszuschieben, nämlich sich zum verdinglichten Sexualobjekt des Paters zu machen. Während der Priester die Worte der Wandlung spricht, hören wir die Kinderstimme: »Ich denke, ich habe in diesem Moment meinen Glauben verloren. Und ohne Glauben kann ich weder an Gott noch an die Hölle glauben. Und wenn ich nicht an die Hölle glaube, habe ich keine Angst mehr. Und ohne Angst bin ich zu allem fähig«. Die Hybris, die aus diesem Satz spricht, befreit scheinbar – in manischer Abwehr – von der Schuldangst, ohne aber die Angst zu binden. Es ist die Hybris der Aufklärung. Zu allem fähig zu sein, könnte aber auch bedeuten, sich nicht entwickeln, sich nicht wandeln zu können.

Ignacios ängstlicher, vor allem aber misstrauischer Blick korrespondiert mit der Sorge und Skepsis des Zuschauers. Das Thema des sexuellen Missbrauchs hat sich bereits in der Sequenz am See entfaltet, aus einer Situation der Absonderung zu zweit. Ignacio singt *Moon River* mit glockenhellem Sopran, wird vom Pater auf der Gitarre begleitet, der ihn mit seinen ekstatischen Blicken fast verschlingt. Wir erleben Ignacios peinliche Berührtheit, seinen Wunsch, sich dieser intimen und herausgehobenen, zugleich bedrängenden Situation zu entziehen. Zu der Kinderhorde, der wir in Zeitlupe zuschauen, könnte er dazugehören. Die Jungen springen in den See, schwimmen und toben, genießen ihre Körper im Spiel vollauf. Die körperliche Zudringlichkeit des Paters bleibt im Verborgenen, »in oscuridad«, im Dunkeln, wie Ignacio singt. Das gellende »Nein« des Kindes zerreißt die Idylle des Sommertags. Das fliehende Kind stürzt, vom Pater verfolgt. Ein Blutrinnsal läuft dem Kind über die Stirn, teilt sie in zwei Hälften. Die Kinderstimme sagt: »Ich verstand, dass mit meinem Leben das Gleiche passieren würde. Immer würde ich zweigeteilt sein und nichts dagegen unternehmen können«. Ein mechanistisches Schaubild aus Disneyland kommentiert diese Behauptung und illustriert die Spaltung.

Hoc est enim corpus meum – dies aber ist mein Leib, *die* rituelle Formel des christlichen Abendlandes schlechthin. *Dies* wird gezeigt, weil es in Wahrheit *das* ist oder *das* bedeutet, etwas, was man nicht sehen oder berühren kann. Die Wandlung ist ein Prozess der Symbolisierung, Wandlung heißt Verinnerlichung einer neuen Lebensform. Die Hostie ist nach katholischer Lehre aber nicht nur Symbol, sondern ganz real der Leib Christi. Diese machtvolle konkretistische Vorstellung der Wandlung gerät in der Filmszene der Messe in Resonanz mit dem körperlichen Gefügigmachen des Kindes, zum sich als Assoziation aufdrängenden Oralverkehr.

Im Namen des Vaters, des Sohnes und des Heiligen Geistes wird die Heilige Messe gefeiert, aber der Vater missbraucht das Kind. Lacan hat auf die Homonymie von le-nom-du-père, der Name des Vaters, und le-non-du-père, das Nein des Vaters, hingewiesen, daraus sein Konzept der ödipalen Struktur entwickelt. Dieses psychoanalytische Konstrukt knüpft an Formen jüdischer Kultur an, an das väterliche Gesetz und das Bilderverbot. Hier ist es das Nein als Aufschrei des Kindes, das die Ordnung zu bewahren sucht. Das verbindet sich mit christlicher Theologie. Das hilflose Kind rettet die Welt, der Vater hat den Menschen seinen Sohn geschenkt. Der gibt sein Leben für die Brüder und Schwestern. Im Film wird uns mitgeteilt, dass Ignacio sich verkauft hat, weil er den Freund retten wollte. Überhaupt sei er nur in die Klosterschule zurückgekehrt, weil er sich in Enrique verguckt hatte. In der Performance der heiligen Handlung erleben wir die verführerische Kraft der Bilder, erfahren die Verlockung der Schönheit, die prächtigen Kleider, die an- und ausgezogen werden, die suggestive musikalische Macht des »Kyrie«. Die Wörter führen zu den Bildern, zum Theater der Körper. Das heißt in einer christlichen Sprache: »Das Wort ward Fleisch«. Im Blick durchschaut Ignacio die Situation, er versteht deren sexuelle Bedeutung und verfällt ihr.

Hören und Schauen – die Erzählung öffnet den Raum für ein Theater der Körper, nämlich sterblicher sexueller Körper. Stimme und Blick sind es, die verführen, zeigt Almodóvar uns immer wieder, macht uns – ganz im Sinne der Psychoanalyse – zu Hörern des Hörens und zu Schauenden des Schauens.

Betrachtet man die formale Komposition des Films, so sind die drei Ebenen durch gesungene Musikstücke ineinander verwoben, zunächst durch die Chansons. *Quizaz* singt Zahara in ihrer Show, *Moon River* und *Torna a Surriento* mit verkitschtem Text singt der kleine Ignacio mit seiner hellen Knabenstimme, *Cuore matto* erklingt aus dem Radio, *Maniqui Parisien* in einer Travestieshow. Es sind fünf Lieder vom Leben, von Liebe und Begehren, die Gefühle und Sehnsüchte wecken, das alte, Wirrungen schaffende Spiel der Geschlechtlichkeit aufs Tapet bringen, das auch die Sprachverwirrung zu schaffen vermag zwischen dem Kinde und dem Erwachsenen. Das Kind ist auf die Erwachsenen angewiesen, ist ungeschützt deren Liedtexten, deren Sprachspiel, deren sexuellen Wünschen ausgesetzt. Den Wunsch nach einer nicht zerrissenen Welt hören wir in immer wiederkehrenden Wiederholungen eines in romantischer Manier komponierten Chorsatzes, eines »Kyrie eleison« aus einer Rossini-Messe. »Herr erbarme dich« wird gesungen, einmal als Musik im »on«, als Ignacio als betender Chorknabe mitsingt.

Es erklingt aber auch zum Fußballspiel der Patres und der Zöglinge am Geburtstag des Direktors, es erklingt zur nicht dargestellten Missbrauchsszene, also zu den Worten: »Damals in der Sakristei habe ich mich zum ersten Mal verkauft«. Es erklingt zu einer Appellszene zur Leibesertüchtigung der Jungen. »Kyrie eleison« hören wir, als Enrique sich auf den Weg macht, etwas von seinem Freund Ignacio zu erfahren, es erklingt zu dessen Tod, es erklingt, als Enrique dessen letzten Brief liest. »Herr erbarme dich« – »Ich habe es geschafft«. In der Sprache des Christentums: »Es ist vollbracht«.

Die Filmszenen werden zur Komposition verwandt wie die Musikstücke. Dem schlafenden Enrique Serrano im Film-im-Film legt Ignacio einen Brief und den Schreibmaschinentext aufs Kopfkissen, und ebenso schläft Enrique Goded mit dem Brief des toten Ignacio auf seinem Kopfkissen ein. Schöne Gewänder werden an- und ausgezogen, das priesterliche Inkarnat wie die Roben der Schauspieler. Der Sommertag am See, wo wir den badenden Kindern zuschauen, taucht in der Variante der Szene am Swimmingpool wieder auf, Enrique schaut abschätzend und begehrlich auf Juans Körper. Liegestützübungen dienen der sportlichen Ertüchtigung der Schüler auf dem Klosterhof wie der Juans in seiner Wohnung unter den Augen Senor Berenguers, der kommentiert: »Ich begehrte Juan«.

In der Formensprache verweisen die drei Streifen aufeinander, schaffen so ein Gewebe von Erzählungen, damit Tiefe und Vieldeutigkeit. Betrachtet man die sexuellen Beziehungsepisoden, wird das besonders deutlich.

Die anrührende Liebesgeschichte der beiden Jungen im Kino wird sexuell in der Bewunderung für eine schöne Frau, die auf der Filmleinwand erscheint. Der erwachsene Ignacio inszeniert sich – offenbar in einer regressiven Bewegung primärer Identifizierung mit dem begehrten Objekt – als schöne Frau. Verwandelt in die Transsexuelle Zahara verführt er oder sie Enrique Serrano, und zwar mit dem »Quizaz«, mit seiner oder ihrer Stimme, und seinem, ihrem Blick, der in eine Verlockung verwandelt ist als zugeworfene Blume. Dann ist Zahara zunächst sehr mechanisch mit dem erschlaffenden Penis des betrunkenen Enrique beschäftigt, aber als er schläft, und sich offenbar sexuellen Träumen hingibt, findet sie seinen Namen, kann sich an ihn, an die gemeinsame Liebesgeschichte erinnern und so eigene sexuelle Fantasien entwickeln, und sexuell genießen, allerdings auch sie ganz und gar einsam.

In der Lust am Schauen in der Szene mit Berenguer und Juan ist höchste Erregung. Erregung und Lust im Video abzubilden, entspringt offenbar dem Wunsch, den Partner, der sich hingibt, jederzeit zur Verfügung zu haben, das

Verdinglichende des Missbrauchs taucht wieder auf. Die sexuelle Fantasie wird als ein wenig lächerlicher Porno vom jungen Stricher und alternden Homosexuellen festgehalten, festgemacht, eindeutig und damit ohne Leben. Enrique Godeds Blick auf Juan ist begehrlich und abschätzend. Die Frage, ob Juan die Zahara spielen darf, scheint daran zu hängen, ob er sich sexuell benutzen lässt. Wie der kleine Ignacio entzieht Juan sich zunächst, ist dann doch zu verlockt vom neuen Theater, der profanen Welt der Inszenierung, kehrt zurück. Juan sagt auf Enriques Frage, was er wolle: »Sag du's mir«, was gleichbedeutend ist mit »Gib du's mir«. Enrique sagt später, Juan sei ihm ein Rätsel geblieben, obwohl er ihn oft körperlich eindringen ließ. Er will ein Geheimnis lüften. Der entstehende Film erscheint als Antwort auf das Rätsel, das Juan alias Ignacio alias Angel ihm aufgibt.

Am Anfang des Films stehen Worte, Wörter, eine Geschichte, die rätselhaft bleibt, rätselhaft und sexuell. Der Film entsteht – so verstehe ich Almodóvar – aus der unbefriedigten sexuellen Fantasie.

Vorspann und Nachspann rahmen den Film als ein Kunstwerk gestalteter Zeit. Eine zweite Rahmung besteht aus drei kleinen Texten. Sie scheint zunächst die Zeit der Filmentstehung zu kommentieren, die Zeit in der Zeit.

Eine kleine Geschichte aus dem Off eröffnet den Film. Durch die Eiswüste der kastilischen Mancha im Winter 1980 fuhr ein erfrorener Motorradfahrer 90 Kilometer über die Autobahn, schließlich eskortiert von zwei Polizisten, die den Toten zum Halten bringen wollten. Bilder gestalten die Geschichte zur Szene: Der mit einem Kollegen am Tisch sitzende Regisseur Enrique Goded liest die Nachricht aus der Zeitung vor und schneidet sie aus. Der große Eindruck, den das Bild auf ihn macht, spiegelt das Gefühl der eigenen eingefrorenen Kreativität. Die Frage, warum dieser Mensch durch die eisige Nacht fuhr, in rasender Bewegung und in Totenstarre, beantwortet er: »Vielleicht wollte er zu jemandem fahren, der nicht bis zum Morgen warten konnte«.

In der Mitte des Films derselbe Tisch – Enrique liest wieder aus der Zeitung vor. Diesmal ist es die Geschichte von einer Frau, die ins Krokodilbecken des Zoos steigt – zur Hauptbesuchszeit wohlgemerkt – und von dem Krokodil, das sie umarmt, verschlungen wird. »Sie schreit nicht einmal«. Längst ist der Film in vollem Gang. Das Neue, der kreative Prozess geschieht in einer Intensität, die ganz und gar vereinnahmt, der sich entfaltende Film hat Enrique verschluckt. Er spricht selbst vom Abgrund der Dreharbeiten, in die er sich gestürzt habe. Ein kleiner Text beendet den Film, der letzte Brief von Enriques Freund Ignacio vor seinem Tod: »Ich glaube, ich habe es geschafft ...«.

Die kleinen Kommentare verweisen auch auf die innere Zeit im Filmgeschehen, von der tödlichen Starre des Polizeistaats Francos dürfte die Rede sein, von der Atmosphäre höchster Intensität in der Movida madrilena, gleichzeitig einem mörderischen Klima, zumindest in der Drogenszene. Alle drei Texte handeln vom Tod. Ganz lapidar der dritte: »Ich habe es geschafft!« In den beiden anderen gibt es keinen Aufschub. Der Motorradfahrer wollte jemanden besuchen, der nicht so lange warten konnte. Das Krokodil verschlingt die Frau sofort. »Sie hat nicht einmal geschrien«.

Diese Texte sind nun Rahmung für einen Film, der doch als ein Kunstwerk gerade Aufschub ist, eineinhalb Stunden Suspension von der Aufgabe, »innere und äußere Realität miteinander in Beziehung setzen zu müssen«, wie Winnicott (1979, S. 23) das sagt. Das Dringliche, das »Jetzt und sofort« mag aber auch auf die Besonderheit des Mediums des Films hinweisen, in dem wir – zumindest scheinbar ohne seelische Arbeit – wie Andreas-Salomé sagt, mit »Formen, mit Bildern und Eindrücken der Sinne beschenkt werden« (Baudry, S. 1049).

Die Geschichte von der Frau und dem Krokodil lässt an die Lewinsche Trias von Verschlingen, Verschlungenwerden, Einschlafen denken, der Bildung der Traumleinwand. Auf der Traumleinwand wird der Traum, wird der Film geträumt. Es geht wie in der Messfeier auch beim Traum um Wandlung oder besser Verwandlung. Aus Bekanntem, Erlebtem, Gehörtem, Gesehenem entsteht auf dem Hintergrund einer unbewussten seelischen Verfassung durch Verschiebung und Verdichtung mit der Rücksicht auf Darstellbarkeit ein Traum.

Den Wunsch nach Wandlung spricht die Zahara dem Pater gegenüber aus, als er sie fragt, was sie wünsche: »Ein besseres Leben und einen besseren Körper«. Zahara spricht von der Umwandlung des Geschlechts, von der Verwandlung in den besseren oder passenderen Körper, den eine Warenwelt mit chirurgischen und pharmakologischen Mitteln verspricht. Die Verdinglichung des Körpers und damit des Lebens soll der Pater bezahlen, zugleich ist es der Tribut, den Ignacio selbst dafür zahlt, dass er missbraucht wurde, dass er sich hat missbrauchen lassen. Almodóvar legt in der Szene der Messfeier nahe, dass das Christentum sich diskreditiert hat, dass zumindest die Kirche die Wandlung, die sie verspricht, verhindert, stattdessen abhängig macht. Die Religion der Liebe missbraucht kindliche Sehnsüchte, – aber vielleicht bindet sie sie auch ein Leben lang an die Schönheit.

Ein besseres Leben, einen besseren Körper – die zentrale Frage des Films ist die nach der Möglichkeit von äußerer und innerer Wandlung. Sie stellt sich im Film und an den Film.

Ich will dieser Frage in der Entwicklung der Hauptfiguren des Films nachgehen.

Pater Manolo verwandelt sich im Film in Senor Berenguer, in der Fiktion taucht er mit einer diabolischen Nebenfigur auf, Pater José, einem Alter Ego, denn Pater Manolo heißt auch José Manuel. »Ich bin der Böse in Ihrem Film« sagt Berenguer zu Enrique, hustet, schnupft, niest und ist damit in seiner Körperlichkeit so überaus bedürftig. Die abgrundtiefe Bedürftigkeit, die Erbärmlichkeit zeigt sich in der Weise, wie der Pater seine religiös- wie sexuell-ekstatischen Gefühle zur Schau stellt, dahinschmilzt, von der Stimme des Jungen hingerissen, oder als Berenguer nicht weniger erregt vom Spiel von Anschauen und Angeschautwerden. Vor der äußeren Realität kapituliert er, überlässt Pater José das Feld, überlässt ihm das Morden. Die Verwandlung in einen Funktionär des Kulturbetriebs, verstehe ich als eine erneute Wendung von Thema und Variation, die sich bei der Untersuchung der formalen Struktur des Films so vielfältig beobachten ließ. Die Zeiten scheinen sich zwar radikal zu verändern, aber die gleichen Figuren tauchen an anderer Stelle wieder auf.

Pater José macht die Kirche zu einem Ort institutionalisierter und willkürlicher Macht: Was auch die Würdenträger dieser Kirche tun, und sei es auch blanker Mord, es gilt: »Gott ist auf unserer Seite«. Gott verliert dabei seine Stellung als Dritter, der das Bündnis geschlossen hat mit dem Volk Israel oder mit seiner Kirche, er wird zur Gallionsfigur. Für Pater Manolo ist die christliche Religion ein Ort intimer Sehnsüchte. Die Zeremonie der Wandlung gerät missbräuchlich, weil die Sehnsucht nach der dyadischen Beziehung so groß ist, dass die Instanz des Dritten verloren geht. Es fehlt die väterliche Instanz, die die Differenz der Generationen und die der Geschlechter anerkennt, es fehlt das Dritte als Struktur, als Gemeinde, für die das Ritual der Wandlung gefeiert wird.

Der hübsche, gescheite Knabe Ignacio wandelt sich über den sexuellen Missbrauch in die drogensüchtige transsexuelle Diva, von der Berenguer erzählt. Er ist aber auch der Autor des Textes, in dem er seine Geschichte erzählt und sich als verlockende Transsexuelle entwirft, die den erwachsenen Enrique verführen kann. Die Hybris, »zu allem fähig zu sein« wird fühlbar, das Ressentiment, um die eigene Entwicklung betrogen worden zu sein. Die verwöhnende Mutter, der offenbar fehlende Vater und der Missbrauch durch den Priester dekorieren etwas plakativ die narzisstische Entwicklung, das Fehlen der Kastration im Sinne Lacans, auf ein Geschlecht beschränkt zu sein. Berenguer sagt zu Enrique: »Das war nicht der Ignacio, den wir beide geliebt haben«. Tatsächlich geht es dem Zuschauer ganz ähnlich wie Enrique mit Juan, zu dem er sagt: »Ich erkenne den Ignacio aus der Schulzeit nicht wieder, den, der *Cuore Matto* gesungen hat«.

Beeindruckend und überzeugend jedoch ist die Verwandlung Juans. Juan hat sich zunächst den Namen, damit die Identität des toten, des getöteten Bruders durch bloße Lüge zu Eigen gemacht, sich dann aber mit Leib und Seele in dessen Leben und Sterben hineinbegeben. Dazu gehört die körperliche Verwandlung, von der er immer wieder spricht: »Ich kann abnehmen«, aber nicht weniger seine Neugier auf die Szene der Schwulen und Transen, seine spürbare Lust, in diese Welt hinein zu schauen, Fremdes und fremdes Eigenes zu erfahren. Die Zahara, die er aus sich macht, besticht durch ihren spielerischen Umgang mit ihrer schillernden Geschlechtsrolle und durch ihren Kampf mit dem Pater um ihre Geschichte und ihre Identität. Dies wird zu einer Reise zur eigenen Geschichte und zu eigener Identität. Juans Erschütterung, als er als Ignacio umgebracht wird, ist glaubwürdig. Er ist konfrontiert mit dem Verlust und mit seiner Schuld. In der vorgeblichen Realität bleibt er allerdings verstrickt. Immerhin spricht er von sich gegenüber Enrique: »Du kannst Dir nicht vorstellen, was es bedeutet, einen Bruder wie Ignacio zu haben, und auf dem Lande zu leben«.

Im Nachspann erfahren wir von seinem großen Erfolg, der allerdings nicht anhalten wird, von seiner Eheschließung, und davon, dass er sich aus der Verstrickung mit Berenguer nicht befreien wird können, dass er ihn mit dem Auto überfahren wird, Fahrerflucht begehen. So imponiert die eindrucksvolle schauspielerische Leistung als eine Entwicklung, die allerdings nur im Rahmen des Films im Film gelingt.

Juan dürfte damit auch für eine Generation stehen, die eine Wende zu bewältigen hatte, die Wende nach dem Tod Francos, die in der Movida madrilena die spanische Welt in Bewegung versetzte, Raum gab für Neues, für lang unterdrückte Kreativität. Juan wird als Künstler zu dem, der den Bruder sucht, der nicht nur Rivale, sondern ein Gegenüber sein könnte. Die Anerkennung der Differenz zum Anderem könnte ein Weg zu sich selbst sein, zu einer demokratischen Welt, aber Senor Berenguer – gewissermaßen eine personalisierte Wiederkehr des Verdrängten – lässt ihn nicht frei.

Die Figur des Enrique wandelt sich nicht. Er ist ein einsamer Beobachter der Welt, der aus den Worten der Erzählung, aus Zeichen eine Welt in seiner Vorstellung entstehen lässt, aus der er einen Film macht. Er will das Geheimnis der Figuren ergründen, begibt sich in deren Welt hinein, will die kennen lernen und das Erlebte gestalten und zwar als ein Theater der Körper. Es sind die konkreten Dinge, es ist das Körperliche, die sinnliche Erfahrung, die das Erzählte mit dem Flair einer Zeit umgibt, ihnen Gegenwart gibt. So umgibt Enrique sich selbst mit klaren Farben und Formen, Ignacio dagegen erscheint vor Zerrissenem und Zerstückeltem. Aus den übrig gebliebenen Fetzen einer heruntergekommenen Plakatwand bildet sich die Ankündigung von *La Bomba*, die Hausfassade in Valencia wie Ignacios Wohnungseinrichtung leben aus dem kreativen Umgang mit dem Zerbrochenen. Von der Unwiderruflichkeit von Ignacios Tod überzeugt er sich und uns mit einer Schale von Asche.

Betrachtet man seine angeblich realen Beziehungen, so gelingt es ihm nicht, sie zu bewahren. Wie die Ordensfrau im Dorfkino der 60er Jahre, öffnet er denen, die aus der Welt kommen die Tür, um sie auf die Leinwand zu bringen, weist sie dann aber ab: »Sagen Sie es und verschwinden Sie« sagt er zu Senor Berenguer. Er ist allein der Zeuge dessen, was geschehen ist, er ändert die Welt nicht.

Die Welt, die Almodóvar uns zeigt, ist eine mörderische Welt. Sie ist eine Welt ohne glaubwürdige Vaterfiguren, sie ist eine Welt der missbrauchten und einsamen Kinder eines Gottes, der sich von ihnen abgewandt hat.

Das Drama von Kain und Abel ist bereits in der Geschichte der Jungen angelegt. Pater Manolo geht mit Enrique gewalttätig um, mit Ignacio scheinbar verwöhnend und zärtlich. Er spielt die Rolle eines eifersüchtigen Gott-Vater, der die Liebe der Jungen, vor allem aber das Schwärmen für die schöne Frau, die aus der Welt in das Kloster kommt, nicht erträgt. Den einen Jungen verwirft er, den anderen erwählt er zu seinem Lustknaben.

In der Schicht der vorgeblichen Realität des Films geht es um einen von der Mutter verwöhnten, die Mutter ausbeutenden Abel und einen Kain, der nicht seines Bruders Hüter sein will, ihn um dieser besonderen Beziehung zur Mutter und um seiner eigenen Unfreiheit willen hasst und schließlich ermordet. Die missbräuchliche Beziehung zu Berenguer ist wiederum eine der Figuren der Wiederholung, und macht die scheinbar so unterschiedlichen Brüder einander ähnlich.

Der Mord, den Juan beweint, ist der Mord einer korrupten Vaterfigur am Sohn, als der sich für Missbrauch und Verrat rächen will. Juans Weinen bestürzt, aber er bleibt in der Filmhandlung mit seinem Schmerz allein und unverstanden. Er findet keinen Bruder, der aufnimmt, dass es neben den mörderischen Impulsen gegenüber dem Anderen libidinöse Strebungen gibt, die zu Identifizierungen führen und damit einem Stück erworbener Identität.

Die Wandlung ist ein Prozess der Symbolisierung in der Zeit. Almodóvar zeigt im Film im Film, wie dieser Prozess gelingen kann. Deutlich wird das gerade in der Gegenüberstellung zwischen vorgeblicher Realität und Fiktion. Wie verlockend etwa ist die Leichtigkeit der Zahara, die – wie wir von Paquito erfahren – von sich sagt, sie sei eine Mischung aus Wüste, aus Zufall und aus Cafeteria. Wie desillusionierend dagegen sind die Wüsten der Sucht. Wie zart sind die erotischen Szenen, in denen Fantasien im Spiel sind gegenüber denen, wo wir lediglich das sexuelle Theater der Körper betrachten. So bleibt der Zuschauer in affektiver Distanz beim für Juan offenbar quälenden Analverkehr mit Enrique. So wird die erregte Szene zwischen Berenguer und Juan erst recht peinlich, wenn sie durch die Videokamera ihren Kick bekommen soll. Die christliche Zeremonie der Wandlung spielt mit dem, was man sehen kann und dem, was man nicht sehen kann. Die Missbrauchsszenen werden nicht gezeigt und bestimmen gerade so, fehlend, abwesend, das emotionale Erleben des Films. Die sexuelle Fantasie Zaharas, die die Liebesgeschichte der Kinder aufnimmt, die Enriques, der das Geheimnis Juans erkunden will, und die er in der Gestaltung der Geschichte lebt, sie in einen Film verwandelt, die vermag zu berühren.

Almodóvar entwirft eine pessimistische Sicht der Welt. Die Wirklichkeit ist nicht erkennbar, sie ist mörderisch und ohne Hoffnung auf eine Wandlung, ohne Hoffnung auf Erlösung. Und doch trägt diese Hoffnungslosigkeit eine Fiktion in sich, das Träumen, das Spielen, das Erzählen, der Humor. Der Film kann sich dieser Wirklichkeit mimikriartig annähern, er kann sie auch in eigenen Wendungen neu erschaffen – so lässt sich darstellen wie es um diese Welt steht und gleichzeitig Stand halten gegen den Schrecken. Hören und Schauen, die eigene Stimme zu Gehör bringen, sich zu zeigen, die Nähe von Schönheit und Schrecken, erscheint hier als das Einzige, was Sicherheit gibt.

Die Wandlung, die in diesem Film gelingt, liegt in der Dialektik der Annäherung an die mörderische Wirklichkeit und der Anerkenntnis, dass diese Wahrheit nicht zu erkennen, nicht zu begreifen ist. Das ist uns Analytikern vertraut: Über die Wirklichkeit, die uns zu sehr bedrängt, nachzudenken, gelingt, indem wir einen Traum aus ihr machen – für Almodóvar das Kunstwerk des Films. Filme machen, Filme schauen und hören wird zur Metapher für das Leben, ehe der Text abreißt: »Ich glaube, ich habe es geschafft«.

Am Anfang eines Films steht für Almodóvar das Erzählen, während sich der entstandene Film dem Erzähltwerden entzieht. Der Film ist ein Stück unserer Wirklichkeit geworden. Ihn zu erzählen wie ihn zu deuten, ist immer eine Lesart, die unzählige andere beiseite lässt. Der Prozess der Deutung ist unabschließbar.

Tröstlich ist im Abspann: »Und Enrique macht immer noch Filme – mit der gleichen Leidenschaft«.

Literatur

Baudry, J.-L. (1975): Das Dispositiv: Metapsychologische Betrachtungen des Realitätseindrucks. PSYCHE 48. Jg., 1047–1074.
Freud, S. (1938): Die Ichspaltung im Abwehrvorgang. GW XVII. Frankfurt/Main (Fischer).
Langlitz, N. (2005): Die Zeit der Psychoanalyse. Frankfurt/Main (stw).
Nancy, J.-L. (2003): Corpus. Berlin (Diaphanes).
Reiche, R. (2004): Gender ohne Sex. In: Ders.: Triebschicksal der Gesellschaft. Frankfurt/Main (Campus).
Riepe, M. (2004): Intensivstation Sehnsucht. Blühende Geheimnisse im Kino Pedro Almodóvars. Bielefeld (transcript).
Winnicott, W. D. (1971 (1979)): Vom Spiel zur Kreativität. Stuttgart (Klett Cotta).

Lost in Translation

USA 2003, 102 Min.
Regie: Sofia Coppola
Hauptdarsteller: Bill Murray, Scarlett Johansson,
Giovanni Ribisi, Anna Faris

Rupert Martin

Das Interesse an *Lost in Translation*

Mein Interesse an *Lost in Translation* wurde dadurch geweckt, dass ich nach dem ersten Sehen merkte, dass mich der Film noch länger beschäftigte. Ich war eigentümlich fasziniert von der Beziehung zwischen dem ungleichen Paar Bob und Charlotte – dabei war doch »eigentlich« nicht viel passiert und letztlich blieb fast alles offen. Das eigene Erleben ist nicht nur bei »Psychologischen Filmbetrachtungen« der Ausgangspunkt, sondern es stellt auch in der psychoanalytischen Tätigkeit den Ausgangs- und Bezugspunkt aller Überlegungen, z. B. zur Intervention dar. Denn psychoanalytisch kann man nie sagen »ein Patient ist so ...«, sondern immer nur: »Auf mich wirkt er so und ich schließe daraus, dass ...«.

Selbst fasziniert durch den Film, zunächst ohne konkret darüber Auskunft geben zu können, was der Grund dafür war, beobachtete ich, wie der Film im Freundeskreis aufgenommen wurde. Meine Beobachtung war, dass der Film entweder begeistert aufgenommen wurde, oder aber vernichtend kritisiert. Während die begeisterten Zuschauer in der Regel darin schwelgten, in welch melancholisch-süße Stimmung der Film einen hineinzöge, dass er zum Teil sogar positive Impulse für das eigene Privatleben geliefert habe, bezog sich die Kritik jedes Mal auf die Abwesenheit von »Handlung«, was stets als »langweilig« gebrandmarkt wurde. Häufig hieß es auch, man habe während des Films mit dem Schlaf gekämpft. Auffällig war, dass solche Stimmen überwiegend von Männern kamen. Diejenigen, die nicht eingeschlafen sind, zeigten sich jedoch wie ich in der Regel nachhaltig bewegt durch den Film.

Angesichts dieser zwiespältigen Reaktionen reifte mein Entschluss zu untersuchen, wie der Film »es anstellt«, die einen nachhaltig zu bewegen und die anderen einzuschläfern. Es ging mir also nicht um eine Auseinandersetzung mit dem Film als »Filmkunst«, ebenso nicht um die Bezüge von *Lost in Translation* zur Biografie der Regisseurin Sofia Coppola, die selbst einmal in Japan gelebt hat oder um andere Aspekte, die zu untersuchen sicher lohnenswert wäre, sondern allein um die psychologische Wirkung des Films beim Zuschauer.

Als Psychologe bzw. Psychoanalytiker liegt es dabei nahe, den Film wie einen Traum anzugehen – eine Analogie, die auch in diesem Rahmen schon öfters gezogen worden ist. Über den Traum sagte Freud einmal: Wir können ihn nicht einfach »symbolisch« übersetzen, sondern wir brauchen möglichst viele Einfälle des Träumers zu seinem Traum, um die psychologische Bedeutung des Traumes herausarbeiten und verstehen zu können. So habe ich mir im Internetportal *kino.de* die Forumseinträge zu *Lost in Translation* angesehen und konnte auf diese Weise – sogar mit einer gewissen »empirischen Absicherung« – rekonstruieren, wie der Film psychologisch wirkt, was ich im Folgenden darstellen möchte.

Das Filmerleben in *Lost in Translation*

Die erste Filmwirkung geht vom Titel aus. *Lost in Translation* wurde im Rahmen der deutschen Synchronisierung nicht übersetzt, da es keine geeignete Übersetzungsmöglichkeit gibt. Sinngemäß bedeutet »Lost in Translation« soviel wie: Eine Bedeutung ist verloren gegangen, etwas wurde falsch verstanden; man ist verloren bzw. hat sich verloren im »Übergang«, z. B. zwischen den Kulturen.

Die für das Erleben von *Lost in Translation* entscheidenden Momente werden schon in den ersten Einstellungen des Films gebahnt. Bereits die erste Kameraeinstellung, welche die entzückende Rückseite einer auf der Seite liegenden jungen Frau zeigt, bringt etwas Erotisch-Sehnsuchtsvolles in Gang. Es geht um Begehren, das auf etwas Fremdes gerichtet ist. Diese Ausrichtung wandelt sich in der nächsten Szene ein wenig ab und bezieht sich auf das fremdartig faszinierende nächtliche Tokio, in dem das Leben zu pulsieren scheint, was so einige Abenteuer erwarten lässt. An dieser Stelle ist es wichtig, sich zu vergegenwärtigen, was die Zuschauer hier erleben: Sie denken an eigene Sehnsüchte, sei es eine Liebessehnsucht oder die Sehnsucht, fremde Länder und fremde Welten kennen zu lernen. Gleichzeitig haben sie die Dinge im Kopf, mit denen sie in ihrem eigenen Leben nicht zufrieden sind.

Das, was die Zuschauer aus ihrer eigenen aktuellen psychischen Verfasstheit und aus ihrem eigenen Leben mit der Filmgeschichte in Verbindung bringen, führt dazu, dass sich, laut dem Kölner Psychologen Professor Wilhelm Salber, ein »Komplex« bildet: Dieser bildet ein Amalgam aus der Filmgeschichte selbst und den von den Zuschauern auf den Film »projizierten«, bzw. »übertragenen« eigenen Anteilen. Die Entwicklung dieses, das Filmerleben tragenden Komplexes, möchte ich im Folgenden beschreiben. Im Zentrum der Komplexentwicklung von *Lost in Translation* steht dabei die Bestrebung, die eigenen Lebensentwürfe bzw. das, was im eigenen Leben »unperfekt« ist, zu perfektionieren – z. B. indem man eine »perfekte Liebe« oder eine »perfekte Ergänzung« des eigenen kulturellen Horizonts durch das Kennenlernen einer fremden Kultur findet. Man könnte auch schlicht sagen, es geht darum, wie man sein Glück finden kann – und was sich einem dabei in den Weg stellt. Sowohl an »äußeren«, als auch an »inneren« Hindernissen.

Dass sich diese Sehnsüchte auch in diesem Film nicht so ohne weiteres verwirklichen lassen, ahnen die Zuschauer bereits, als der vom Jetlag geplagte Bob im Taxi sein Hotel ansteuert. Spätestens dort wird die seelische Bewegung, die auf etwas Perfektes und Stimmiges drängt, jäh gebrochen. Eine wirkliche Verständigung Bobs mit seinen japanischen Gastgebern, deren Freundlichkeit aufgesetzt wirkt, scheint nicht möglich zu sein. Die Zuschauer fühlen sich erinnert an Situationen aus dem eigenen Leben, in denen sie selbst inhaltsleere Gespräche, oberflächliche Höflichkeit und Doppelbödigkeit erlebt haben. Viele kennen einsame Hotelaufenthalte und Essen allein in vollbesetzten Restaurants. Sie können sich daher gut in Bob hineinversetzen, den abgehalfterten Schauspieler, der eigentlich lieber auf einer Bühne stehen und Theater spielen würde, wie er »verloren« in seinem Hotelzimmer sitzt. Er wirkt genervt von seiner »verfolgenden« Ehefrau, die ihn dank der modernen Kommunikationstechnologie selbst in Japan am Wickel zu haben scheint und von seinen Fans, die ihn im Restaurant aufstöbern – ja vom Leben generell. Die Midlifecrisis scheint ihn erfasst zu haben.

Eine »verlorene« Seele wie Bob ist auch Charlotte: Sie, die blutjunge und frisch verheiratete Absolventin einer amerikanischen Eliteuniversität, ist womöglich zum ersten Mal überhaupt im Ausland. Noch mit »Babyspeck« versehen, scheint sie sehr behütet aufgewachsen zu sein. Entsprechend fremd wirkt sie im japanischen Großstadt-Dschungel. Dabei entwickeln sich bei den Zuschauern Tendenzen der Fürsorge für Charlotte. Zumal sie, vom Ehemann allein gelassen, keinen Anschluss zu finden scheint. Sehnsuchtsvoll sitzt sie nachts am Fenster ihres Hotelzimmers und schaut hinunter auf die Stadt, wobei jegliche Zeitlichkeit aufgehoben zu sein scheint. Während dessen liegt ihr Ehemann laut schnarchend im Bett. Wenn er wach ist, gibt es allerdings auch keine wirkliche Kommunikation. Während Bob mehr den Rückzug (zappen) sucht, wirkt Charlotte jedoch sehr an ihrer Umgebung interessiert und sucht diese jeden Tag zu erkunden. Doch dabei kommt nicht viel herum – nicht einmal bei den Mönchen kann sie etwas erleben.

Bob und Charlotte haben gemeinsam, dass sie sich in einer Übergangsphase ihres Lebens befinden. Im Fall von Bob handelt es sich sogar zweifellos um eine Lebenskrise. Der Ort, an dem sie sich befinden, ist auch ein Ort des Übergangs, nämlich ein Hotel. In diesem Nobelhotel fühlen sich beide wie in einem »goldenen Käfig«. Der »goldene Käfig« dient hier auch als Metapher für ein Gefühl von Entfremdung, insofern Luxus eine Art Prämie dafür darstellt, sich dem zu fügen, was von einem verlangt wird, was einem auferlegt ist, was man glaubt erfüllen zu müssen. So bekommt Bob zwar viel Geld für seine Werbeaufnahmen, fühlt sich zugleich am Set »in der Falle«. Wenn jemand sich für etwas hergibt, was ihm eigentlich zutiefst widerstrebt, so kann dies – bei entsprechender »Prämierung« bis zu neurotischen Deformationen führen, wobei die Person gar nicht mehr merkt, wie unauthentisch sie ist. Psychoanalytisch gesprochen bildet sich hier das aus, was der englische Psychoanalytiker Donald W. Winnicott als »falsches Selbst« bezeichnete. Wohin es führt, wenn man von sich selbst entfremdet ist und es selbst nicht einmal mehr merkt, dafür ist die hysterische Kelly ein Musterbeispiel, welche ihre Tischnachbarn mit Geschichten über Bulimie und Darmspülungen verstört und an die »Dumpfbacke« Kelly Bundy aus *Eine schrecklich nette Familie* erinnert.

Angesichts der Gemeinsamkeiten von Bob und Charlotte haben die Zuschauer von Anfang an ein großes Interesse daran, dass die beiden in irgendeiner Form zusammenkommen, so unterschiedlich sie auch sind. Beide werden zum Träger der Sehnsüchte der Zuschauer. Dies trifft ein uraltes menschliches Motiv: Eine Frau oder ein Mann machen noch nicht den »ganzen Menschen« aus, erst Mann und Frau vereint. Die Zuschauer möchten, dass die Strebung nach etwas Perfektem von Bob und Charlotte erfüllt wird. Die beiden sollen etwas Großes miteinander hinbekommen. Auch dass ein Paar die Rettung bringen soll, ist ein uralter menschlicher Topos, dessen Wirksamkeit sich besonders in gruppenanalytischen Betrachtungen des bekannten Gruppenanalytikers Winfried R. Bion immer wieder aufs Neue erweist. Dieser bildet demnach den roten Faden der Filmgeschichte, wobei die Tokioter Umgebung zur perfekten Kulisse wird.

Während die Zuschauer beginnen, in der »Beziehung« zwischen Bob und Charlotte eine »Lösung« zu sehen, sind die beiden Protagonisten selbst jedoch noch damit beschäftigt, ihre Langeweile zu bekämpfen. Bob versucht, seine unbefriedigten inneren Impulse auf dem Hometrainer abzuarbeiten, wobei er fast verunglückt oder er behandelt sie mittels Whiskey. Während dessen versucht Charlotte ihre Weiterentwicklung mit Ikebana und Selbstfindungs-CDs voranzutreiben. Als wichtigste Maßnahme gegen die Langeweile bzw. die Entfremdung erweist sich dabei der Humor. Dass der Humor in *Lost in Translation* auf Kosten einer klischeehaften Darstellung der Japaner ginge, ist dem Film vielfach angelastet worden. Die Kritik macht sich vor allem an der Prostituiertenszene (»Lupfen Sie meine Schlumpf«) fest. Auch die Art und Weise, wie Bob mit dem Bedienungspersonal der Bars und Restaurants spricht, scheint dabei westlich-arrogante Herablassung zu verkörpern. M. E. handelt es sich hier um die Verletzung der Political Correctness, welche auf eine gewisse Verzweiflung hinweist, nicht in Kontakt zu kommen. Diese lässt sich analog setzen zur Verzweiflung einer Mutter, die trotz vielfältigen Bemühens nicht herausbekommen kann, warum ihr Baby schreit – oder umgekehrt mit einem Kind, das sich seinen Eltern nicht verständlich machen kann. Wie groß der Grad der Verzweiflung Bobs wirklich ist, verbirgt er allerdings recht gut durch seine zynisch-witzige Art.

Letzteres verweist auf Bobs »Sinnkrise« – allmählich wird spürbar, dass Bob nicht in Kontakt mit seiner Umgebung treten kann, da es bei ihm mit dem Kontakt zu sich selbst hapert. Es wird deutlich, wie groß seine »innere Isolation« ist. Angebote bietet Tokio genug, doch Bob kann sie nicht aufgreifen. Mit der Beziehung zu sich selbst hapert es auch bei Charlotte. Dass sie so wenig Anschluss findet, bringt sie in eine Selbstwertkrise. Sie scheint es aus ihrem bisherigen Leben nicht gewohnt zu sein, auf solche Schwierigkeiten zu stoßen. Daher reagiert sie zunächst regressiv, indem sie eine Freundin in den USA anruft, die sie allerdings mit ihrer Not abblitzen lässt.

Als Bob und Charlotte latent zu spüren beginnen, dass ihr Hauptproblem nicht in den »äußeren«, sondern in ihren »inneren« Beziehungen liegt, insbesondere in der zu sich selbst, beginnt sich etwas in ihrem Erleben umzugruppieren. Dies versetzt sie bei ihrem ersten Gespräch an der Bar in die Lage, etwas wahrzunehmen, was sonst niemand in ihrer Umgebung wahrgenommen hat: Die Bar-Sängerin wurde durch den Applaus abgewürgt. Als

Charlotte Bob provozierend auf seine Midlifecrisis anspricht, reagiert dieser ungewöhnlich: Er »rotzt« ihr sein Leben im Schnelldurchlauf hin. Diese Szene markiert einen Wendepunkt im Filmerleben: Die beiden haben jemanden gefunden, mit dem sie über den Austausch sinnentleerter Floskeln hinaus reden können, der in der Lage ist zu verstehen. Da sie an den inneren Veränderungen bei Bob und Charlotte Anteil nehmen, empfinden die Zuschauer dies als etwas sehr »Kostbares«.

Ihre »Seelenverwandtschaft«, d.h. eine gemeinsame Krisenerfahrung entdeckend, verabreden die beiden den gemeinsamen Ausbruch aus ihrem goldenen Käfig. Da es im Subtext des Filmes um den Ausbruch aus einem inneren Gefängnis geht, steht nicht der Sex im Mittelpunkt, wenngleich diese Option stets im Raum schwebt. Die Zuschauer bringen dies mit dem Altersunterschied von Charlotte und Bob zusammen, denn die beiden könnten eher Vater und Tochter als ein Liebespaar sein. Insofern steht das Inzestverbot zwischen beiden. Man möchte, dass die Inzestschranke gewahrt bleibt, und setzt darauf, dass Bob als der Ältere und Erfahrenere dies gewährleistet. Zugleich spürt man, dass dies Bob nicht leicht fallen dürfte. Es ist vor allem das Minenspiel und die Gestik von Charlotte, die Mischung aus Kindlich- und Fraulichkeit, die ihr etwas Unwiderstehliches gibt.

Der Ausbruch von Bob und Charlotte besteht darin, dass sie gemeinsam etwas erleben. Sie suchen die typischen Orte großstädtisch-narzisstischer Selbstbezogenheit wie Spielhöllen und Cocktailbars auf, die dabei aufgrund der zunehmend wachsenden Gemeinsamkeit zwischen ihnen mehr und mehr an Attraktivität verlieren. Der gemeinsame Aufbruch verändert beide. Insbesondere Charlotte entwickelt sich vom »bemitleidenswerte Püppchen« zur ausgelassen feiernden, attraktiven und erwachsenen Frau. Und als Partner von Charlotte fühlt Bob sich – im Gegensatz zu seinem Job und seinem desillusioniertem Familienleben – wieder gefordert und gebraucht. Seine »Verspannungen« sind durch Charlottes »Offenheit« in Auflösung geraten.

Das gemeinsame Erleben von Bob und Charlotte, möglicherweise das gesamte Filmerleben findet seinen Höhepunkt in der Karaoke-Bar, als Bob sich anschickt, *More than this* zu singen. Wenn Bob vorausschickt »das wird hart«, so ist jedem klar, dass sich dies weniger auf die richtige Intonation des Liedes bezieht, als auf die Situation zwischen ihm und Charlotte. Es ist nun offenkundig, dass so etwas wie Liebe zwischen den beiden ist. Dabei scheinen beide nicht zu wissen, wie es weitergehen wird. Zugleich scheinen beide zu spüren, dass es nicht mehr viel »besser« werden kann – mit Roxy Music gesprochen: »More than this – there's nothing«. Auf diese Weise wird das Lied zur »Offenbarung« – es ist der Höhepunkt der Beziehung zwischen beiden und zugleich die Einleitung der Ablösung voneinander. Auf diese Weise mischt sich ein Schuss Trauer in die Freude der Zuschauer am Verfolgen der Entwicklung der Beziehung des Paares.

Als Bob und Charlotte rauchend im Gang nebeneinander sitzen und Charlotte ihren Kopf an seine Schulter legt, liegt eine sexuelle Fortsetzung der Beziehung in der Luft: Bobs Hand zuckt, als er ihren Kopf spürt. Doch statt sie zu berühren, faltet er seine Hände. Das »Zucken« wiederholt sich, als Bob Charlotte in ihr Zimmer trägt und auf das Bett legt, so wie kurz bevor er die Tür ihres Zimmers von außen schließt. Man ist sich sicher: Auch Bob möchte »mehr« von Charlotte, aber er verzichtet darauf, es einzulösen. Auf diese Weise entsteht eine Atmosphäre, die als dichter erlebt wird, wie wenn zwischen beiden der Geschlechtsverkehr vollzogen worden wäre. Das »Spiel« zwischen »geistig-seelischer Nähe« und »körperlicher Distanz« zieht die Zuschauer in seinen Bann. Die besondere Stärke des Filmes besteht darin, dass er dieses Spiel von seinen Mikrosequenzen her beschaubar und dabei für den Zuschauer die Ambivalenz der Liebesregungen mitgenießbar macht. Eben dies lässt die Zuschauer schwärmen, was für ein wunderbar atmosphärischer Film *Lost in Translation* sei. »Ordinärer Sex« hätte diese Atmosphäre nur zerstört. Dass es jedoch Zuschauer gibt, die diese »Feinfühligkeit« des Filmes nicht mitvollziehen können oder wollen, sondern dennoch körperlichen Sex oder anderes Spektakel vorgezogen hätten, vermag an dieser Stelle auch nicht zu verwundern.

Zwischen Charlotte und Bob sorgt der Verzicht auf Sex allerdings zunächst einmal für entspanntere Verhältnisse. Die beiden geben sich nun der Großstadtsymphonie hin und tollen wie Geschwister durch die Nacht. Dabei scheint ihre Nähe gerade durch den Verzicht auf den sexuellen Vollzug ihrer Liebe erst möglich geworden zu sein. Obwohl die Zuschauer sich mehrheitlich mit dieser Entwicklung so »glücklich« zeigen, wie die beiden es zumindest zeitweilig zu sein scheinen, lässt sich die nicht gelebte Sexualität dennoch nicht so einfach ausgrenzen, sondern macht sich wie aus dem Untergrund heraus immer wieder bemerkbar.

In der Tat drängt etwas auf »Behandlung«: Charlotte hat sich den Fuß gestoßen, der jetzt eine Schwellung aufweist. Man könnte sagen, sie ist ödipal »erkrankt«. In der Sage vom *König Ödipus* wird diesem vorausgesagt, dass Ödipus mit seiner Mutter schlafen und seinen Vater umbringen wird. Um dies zu verhindern, wird er mit durchstoßenen Füßen in einer Wüste ausgesetzt – Ödipus heißt übersetzt »Schwellfuß« – und dennoch nimmt die Entwicklung in der Sage den vorausgesagten Verlauf. Wenn Bob wegen des verstauchten Fußes von Charlotte gleich eine Krankenhausbehandlung für angemessen hält, dann scheint das ödipale Geschehen zwischen beiden der eigentliche Behandlungsgrund zu sein.

Die Behandlung der ödipalen Thematik und des Verzichts auf den sexuellen Liebesvollzug findet ihren Höhepunkt beim gemeinsamen Fernsehabend. Dabei beschäftigt sich Charlotte mit ihrer vermeintlichen »Durchschnittlichkeit«, während Bob Auskunft über die Ambivalenzen des Ehe- und Familienlebens gibt. Die Zuschauer verstehen diesen Dialog als ein Plädoyer für das Aushalten von Ambivalenzen, die zum Leben dazu gehören und nicht auflösbar sind. Es geht darum, zu dem zu stehen, was ist, auch wenn es nicht »perfekt« ist. So antwortet Bob Charlotte auf ihre vermeintliche Durchschnittlichkeit: »Mean is okay«. Leider macht die deutsche Synchronisation daraus in sinnverkehrender Weise: »Keiner wird es merken«. Zugleich münzen die Zuschauer diesen Dialog auch auf die Beziehung zwischen Bob und Charlotte: Es geht darum auszuhalten, dass sie kein Liebespaar werden können und dass die schöne Zeit miteinander unwiederbringlich endet. Somit geht es ganz wesentlich auch um Trauerarbeit.

In dem Maße, indem sich die Trauer ausbreitet, wird die Stimmung der Zuschauer zugleich auch sehr versöhnlich. Man genießt, dass Bob Charlotte »väterlich« auf die Füße helfen will. Ob sie wirklich hochnäsig sei, will Charlotte wissen, in Fötushaltung neben Bob liegend. Er lacht und legt seine Hand sanft auf ihren Fuß bzw. in die ödipale Wunde. Nach einer halben Ewigkeit antwortet er in der Originalfassung: »You're not hopeless«. Auch hier ein missverständliche Übersetzung in der Synchronisation: »Gerade noch zu ertragen«. Diese Szene, die sicherlich eine Liebeszene ist, wirkt auf den Zuschauer in höchstem Maße anrührend. Sie ist ein Paradebeispiel für viele Szenen in *Lost in Translation*, in denen die Zeit stehen zu blieben scheint. Wie in einem Augenblick von Unendlichkeit. Eben dies ist ein zentrales Element der Faszination an *Lost in Translation*.

Für die Bewältigung der Trauer erweist sich regelmäßig die Frage als entscheidend: Was bleibt? Am deutlichsten wird dies sicherlich anhand von Charlottes Eifersucht nach Bobs One-Night-Stand mit der Barsängerin. Obwohl realiter kein »Fremdgehen«, erlebt Charlotte es als Fremdgehen Bobs. So sitzen sich die beiden anschließend an der Frühstücksbar gegenüber wie ein zerstrittenes altes Ehepaar. Die Frage steht im Raum, ob die Affäre zwischen Bob und der Barsängerin zu einem Konflikt wird, der die gewesene

Nähe zwischen beiden so entwertet, dass auch die Erinnerung daran im Nachhinein damit kontaminiert ist. Wäre dem so, so erhielte die Frage, was bleibt, die Antwort: Nichts.

Auf ein solch negatives Ende scheint das Filmerleben dann auch hinzusteuern – so kühl ist die Atmosphäre zwischen Bob und Charlotte geworden. Der Zufall in Gestalt des Brandalarms bringt die beiden dann noch einmal zu einem gemeinsamen Restaurantbesuch, in der die Stimmung wieder versöhnlicher wird. Die Zuschauer sind erleichtert darüber, dass die beiden sich anscheinend entschieden haben, um einen guten Abschluss ihrer Beziehung zu kämpfen. Angesichts der gewesenen Nähe wäre ein schlechter Abschluss auch schier unerträglich. Es würde bedeuten, das Geschehen nicht in das eigene Selbst integrieren zu können und so mit einer psychischen Verwundung in die Heimat zurückkehren zu müssen. Daher hat der Zuschauer das Gefühl, »so kann es doch nicht zu Ende gehen«, als sie sich beim Abschied in der Hotellobby mit einer Mischung aus »Trauer und sprachlosem Zorn« gegenüber zu stehen scheinen. Umso entlasteter fühlen sich die Zuschauer, als Bob das Taxi anhält und Charlotte nachläuft. Was er ihr ins Ohr flüstert, ist dabei gar nicht so relevant – wichtig erscheint allein die »Geste des Zurücklaufens«, die erneut einen Moment lang stillzustehen scheinende Zeit, so wie die Möglichkeit des Zuschauers, Eigenes in die nicht-gehörten Abschiedsworte hinprojizieren zu können.

Das Wirkungsprinzip von *Lost in Translation*

Wie kommt es, dass der Film die Zuschauer trotz unerfüllter Sehnsüchte in einer derart versöhnten Stimmung zurücklässt? Greift man die Frage, was bleibt, noch einmal auf, so bleibt sicher nichts Perfektes. Weder die perfekte Liebe noch irgendetwas anderes offenkundig Großartiges. Dafür bietet der Film jedoch eine andere Art von »Erfüllung«. Diese könnte man – als Botschaft an den Zuschauer – in etwa so formulieren:

Du musst zwar auf das »große Glück« verzichten. Das kann auch dieser Film nicht bieten, zumal es auch fraglich ist, inwieweit es das überhaupt gibt. Aber: Wenn du dich sensibilisieren kannst für die »inneren« und »äußeren« Beziehungen, wirst du in der Lage sein, dich den Möglichkeiten zu öffnen, die der Augenblick dir bietet. Dann bist du nicht mehr »lost in translation«, sondern »found in translation«. Dann können aus zufälligen Begegnungen beglückende Momente erwachsen. Und dieses »Glück«, was man einmal erlebt hat, lässt die Zeit für einen Moment lang innehalten. Es geht dann in den psychischen »Besitz« ein – und niemand mehr kann es dir nehmen, du wirst immer wieder davon zehren können.

Damit bietet der Film einen »Deal« an, mit dem dem Zuschauer der Verzicht auf die Erfüllung der angestoßenen Sehnsüchte nahe gelegt und zugleich eine Kompensation geboten wird, die von größerer Nachhaltigkeit zu sein verspricht. Dies macht den Film zu einem geradezu »psychotherapeutischen« Film, der sich um das Seelenheil seiner Zuschauer verdient macht. Sein Erfolg erklärt sich auch vor dem Hintergrund, dass wir heute in einer Übergangszeit leben, in der bestimmte »Bedeutungen« alter Zeiten verloren gegangen sind, aber das Neue sich noch nicht etabliert hat. So hat die heutige »Auskuppelkultur«, die der Kölner Psychologe Professor Wilhelm Salber als eine Kultur beschreibt, die den Menschen eine unübersehbare Vielfalt an Lebensmöglichkeiten bietet, aber zugleich kaum noch Sinnfindungs- bzw. Orientierungshilfen anbietet, in den letzten Jahren einen Markt an Filmen wie *Lost in Translation* erzeugt, die beanspruchen, den Wunsch der Menschen nach Sinn zu bedienen.

In diesem Sinne nehmen die Zuschauer etwas mit, wenn sie das Kino verlassen, so wie sie den Eindruck haben, dass auch Bob und Charlotte etwas mitnehmen, was man als »Selbsterfahrung« bezeichnen könnte. Auf diese Weise hat sich die Unterzeile des Filmtitels auf dem Kinoplakat realisiert, wonach man manchmal um die halbe Welt reisen muss, um zu sich selbst zu kommen. Dies versöhnt mit dem Verzicht des Films auf Sex und Action, so wie eine gelungene psychoanalytische Behandlung damit versöhnt, dass man nie über den eigenen Schatten wird springen können. Denn dafür wird ein anderer Umgang mit den eigenen Begrenzungen ermöglicht, der wiederum zu höheren psychischen Freiheitsgraden verhilft.

Hinzu kommt, dass die versöhnliche Konstruktion des Films auch eine psychästhetische Komponente hat, wenn in den Mikrosequenzen stillstehender Augenblicke die Trauer um das, worauf man verzichtet hat, sogar in melancholisch-süßer Weise genießbar wird. Dabei lässt sich die »süße« Komponente der Melancholie darauf zurückführen, dass in jeder Trauer auch ein »Wiederfinden« früherer Beziehungserfahrungen liegt, in denen die nämlichen Erfahrungen schon einmal gemacht wurden. Denn streng genommen durchzieht jedes menschliche Leben eine Kette von Verlusten, angefangen von dem Verlust des Mutterleibes über den Verlust der Mutterbrust bis hin zu dem Verlust eines Partners. Indem *Lost in Translation* diese komplizierten psychologischen Prozesse mitgenießbar macht, ohne sie explizieren zu müssen, wird die Trauer im dreifachen Sinn der Wortbedeutung »aufgehoben«: Sie wird aufgegriffen, aufgelöst und konserviert zugleich. Dies zu spüren erleichtert es, die eigenen Ambivalenzen und die nahe stehender Personen auszuhalten und als Teil der menschlichen Psyche zu akzeptieren.

Ausblick: *Lost in Translation* als Beispiel für psychoanalytische Auffassung von Beziehung

Die Beziehung zwischen Bob und Charlotte ist geeignet, die psychoanalytische Auffassung von Beziehung zu demonstrieren. Beide sind in etwa so zufällig zusammengekommen wie Analytiker und Analysand: Diese haben jeweils nicht »den Anderen« speziell gesucht, sondern »einen anderen«. Nebenbei bemerkt spielt auch der Film *Intime Fremde* mit eben diesem Sachverhalt. Um sich zu finden, trifft man sich an einem bestimmten Ort, der immer auch ein Ort eines Überganges ist – hier das Tokioter Nobelhotel, in dem sich Bob und Charlotte »in Klausur« befinden, dort die psychoanalytische Praxis.

Das Tokioter Hotel steht für ein »Setting«, das so artifiziell ist, wie das einer Einzel- oder Gruppenanalyse. Dieses Setting konstituiert einen »Übergangsraum« – ein von Donald W. Winnicott geprägter Begriff, in dem anfänglich »Fremdheit« dominiert. Gleichzeitig ist alles erlaubt – so lange es den Bereich von Phantasie und Verbalisierung nicht verlässt. »Abstinenz«, d. h. der Verzicht auf jede private bzw. sexuelle Interaktion zwischen Analytiker und Analysand ist Grundbedingung für jede Analyse. Die Analysanden erleben diese Einschränkung in der Regel als mehr oder weniger schmerzhaft, manchmal auch der Analytiker – so wie Bob und Charlotte mit den ödipalen Hemmnissen zwischen ihnen hadern. Wie bei Bob und Charlotte ist im Schutz des Rahmens der analytischen Beziehung eine Nähe möglich, wie sie im Alltagsleben ihresgleichen sucht.

So entsteht nach Thomas H. Ogden, dem amerikanischen Psychoanalytiker, ein »analytisches Paar« das in dieser Form einmalig ist, da es in dieser speziellen Konstellation nie wieder bestehen wird – so wie das kongeniale Filmpaar Bob und Charlotte, welches, nebenbei bemerkt, viele Ähnlichkeiten mit dem Verhältnis zwischen der Regisseurin Sofia Coppola und ihrem Hauptdarstellers Bill Murray aufweist. Wie zwischen Bob und Charlotte gibt es auch innerhalb des »analytischen Paares« Beziehungsregulationen, die nur hier und nirgendwo anders auftreten. Dabei kann mal der Analytiker, mal der Analysand die Führung im Gesamtprozess übernehmen. In mancher Phase eines analytischen Prozesses lassen sich die Anteile von Analysand und Analytiker auch gar nicht so leicht auseinander halten, da sich beide Seiten durch Identifizierungsprozesse projektiver und introjektiver Art gegenseitig durchdringen. Dabei ist die so zustande gekommene »Übertragungsbeziehung« paradoxerweise real und irreal zugleich: »Real«, weil sie so real erlebt wird, wie Charlotte ihre Eifersucht nach Bobs One-Night-Stand erlebt – und »irreal«, weil die Übertragungsbeziehung ein Kunstprodukt ist, das lediglich dazu dient, die unbewusste Struktur des Patienten in aktualisierter Version zugänglich zu machen. So gelten die an den Analytiker adressierten Gefühle des Patienten letztlich nicht diesem, sondern den früheren Bezugspersonen bzw. Objekten des Patienten.

Ein wesentlicher Bestandteil jeder Analyse ist – wie bei Bob und Charlotte die Trauerarbeit. Trauer über den Verlust früherer Bindungen, Trauer über die eigenen Begrenzungen und die Begrenztheit der Beziehung zum Analytiker. Wie bei dem Filmpaar geht es hierbei um die Erreichung der »depressiven Position«, d.h. die Etablierung eines lebbaren Verhältnisses zu dem, was ist und nicht auflösbar ist. Kommt es zum Ende einer Analyse, so bedarf es wie bei Bob und Charlotte einer speziellen Trauerarbeit, um die Übertragungsbeziehung wieder zu lösen.

Bei aller Abstinenz bleibt jedoch das Triebhafte keinesfalls außen vor – allein es wird nicht direkt ausgelebt, sondern »sublimiert«. Nicht immer geht es in einer Analyse darum, »eingeklemmte« Triebanteile zu »befreien«, denn oft gibt es gute Gründe, von einem ungehemmten Ausleben Abstand zu nehmen. So sah Freud die Kultur im Wesentlichen auf Triebverzicht zugunsten von Sublimierungen gegründet. Es ist außerdem unsere These als Analytiker, dass der Verzicht auf direkte Triebabfuhr hilfreich ist, um einen inneren Raum zu schaffen, der es ermöglicht, seelische Konfliktlagen »symbolisch« durchzuspielen, was zu einer Erweiterung der eigenen Handlungsmöglichkeiten führt. Doch auch wenn dies im Rahmen einer Analyse gelingt, so hinterlässt sie immer auch etwas, was nicht hinreichend behandelt bzw. »übersetzt« werden konnte. Es ist nie perfekt und deshalb geht das Leben weiter.

Literatur

Bion, W. R. (1990): Erfahrung in Gruppen, Frankfurt a. M (Fischer Taschenbuch Verlag).
Freud, S. (1999): Vorlesungen zur Einführung der Psychoanalyse. In: Freud, Sigmund: Ges. Werke Bd. VI. Frankfurt a. M. (Fischer Taschenbuch Verlag).
Freud, S. (1999): Das Unbehagen in der Kultur. In: Freud, Sigmund: Ges. Werke Bd. XIV. Frankfurt a. M (Fischer Taschenbuch Verlag).
Ogden, Thomas H. (2001): Analytische Träumerei und Deutung. Zur Kunst der Psychoanalyse, Wien/New York (Springer-Verlag).
Salber, W. (1981): Wirkungseinheiten. Bonn (Bouvier Verlag).
Salber, W. (1971): Film und Sexualität. Bonn (Bouvier Verlag).
Winnicott, D. W. (1985): Von der Kinderheilkunde zur Psychoanalyse. Frankfurt a. M. (Fischer Taschenbuch Verlag).
Winnicott, D. W. (1984): Reifungsprozesse und fördernde Umwelt. Frankfurt a. M. (Fischer Taschenbuch Verlag).

Match Point

Großbritannien 2005, 119 Min.
Regie: Woody Allen
Darsteller: Jonathan Rhys Meyers, Scarlett Johansson u. a.

Sabine Wollnik

Der erste Spielfilm des jetzt 70-jährigen Woody Allen, der in England gedreht wurde. Ein englisches Team steht hinter der Kamera, englische Schauspieler vor ihr, einzige Ausnahme ist die wunderbare Scarlett Johansson, eine Amerikanerin, die ein amerikanisches Starlet darstellt. Der Grund für den Wechsel des Drehortes ist das Geld. Womit wir nicht nur bei den äußeren Aspekten des Filmes sind, sondern gleich bei den inhaltlichen. Finanziert wurde der Film von der BBC.

Auch wenn der Drehort für Woody Allen untypisch ist, so ist es nicht das Thema. Es geht um Verbrechen, Schuld, Schicksal, Glück.

Aufmerksam auf den Film machte mich die harsche Kritik in der britischen Presse. Bemängelt wurde mit einiger Empörung die konventionelle Darstellung von London und der englischen Upper Class. Die touristischen Highlights werden abgefilmt: St. James Park, Buckinghamshire, Bond Street, Tate Modern und die Westend Theater.

Heftige Affekte wecken das Interesse des Analytikers. Ich habe mich gefragt, ob die bemängelten formalen Elemente des Filmes – nämlich der Mangel an Authentizität, Lebendigkeit und Humor – nicht die Folge eines Versehens sind, sondern auf ein entscheidendes inhaltliches Thema hinweisen. Haben nicht die entstehende Leere und gepflegte Langeweile einen inneren Zusammenhang mit den dargestellten Themen Verbrechen und Schuld und dem Umgang mit diesen? In meiner Filmbesprechung möchte ich dies gerne untersuchen.

Sabine Wollnik

Interpretation

Die Musik in Match Point

Einige Kritiker äußerten sich enttäuscht über die Musik. Es ist nicht der bekannte Woody Allen Sound, nämlich Jazz, sondern man hört Arien aus italienischen Opern des 19. Jahrhunderts, teilweise in historischen Aufnahmen, z. B. gesungen von Caruso. Die Komponisten sind Donizetti, Verdi, Rossini oder in der modernen Version Andrew Lloyd Webber. Die Musik läuft teilweise als Teil der Filmhandlung, teilweise im Hintergrund, kommentiert manches Mal überdeutlich das Geschehen oder nimmt dieses vorweg. In allen aufgeführten Arien aus dem 19. Jahrhundert geht es um Liebe, Verrat, Käuflichkeit und Tod. Woody Allen zeigt auf der Bildebene im Gegensatz dazu, wie im beginnenden 21. Jahrhundert mit diesen Themen umgegangen wird, welche Ausgestaltungen in Handlung und Darstellung die Thematik in der heutigen Zeit hat und setzt diese somit in Vergleich zu Auffassungen des 19. Jahrhunderts.

Dostojewskij

Auf den Roman von Dostojewskij *Schuld und Sühne* oder in der neuen Übersetzung *Verbrechen und Strafe* aus der Mitte des 19. Jahrhunderts spielt er ebenfalls an. Chris liest ihn zu Beginn des Filmes. Es gibt einige Parallelen in der Handlung. Chris begeht den Doppelmord, um seine soziale Position zu halten. Raskolnikow tötet in ethischer Verwirrung, um seinem sozialen Elend zu entkommen. Der zweite Mord wird ausgeführt, um den ersten zu decken. Da sind wir aber schon bei den Unterschieden. Chris plant den Doppelmord, während Raskolnikow den zweiten Mord im Affekt begeht, allerdings ebenfalls, um den ersten zu decken.

Lassen Sie uns das Thema »Liebe« in zwei Szenen untersuchen.

In der ersten unterhalten sich Nola und Chris über ihre jeweiligen Partner. Beide weichen sich aus in der Beantwortung der direkten Frage, ob sie ihre Partner liebten. Nola über Tom: Er sehe gut aus und habe sie mit Geschenken überhäuft. Chris beschreibt Chloe als »sweet«, süß, sanft, unkompliziert. Von Leidenschaft oder Liebe wird nichts spürbar.

In der zweiten Szene unterhält sich Chris mit seinem alten Teamkollegen über Nolas Schwangerschaft und seine schwere Lebensentscheidung. Er liebe Nola nicht, es gehe um sexuelle Attraktivität, Sinneslust. Zwar behauptet er indirekt, Chloe zu lieben, einer direkten Äußerung entwindet er sich. Im weiteren Gespräch wird deutlich, dass er ohne die Beziehung zu ihr und damit zu seinem reichen und mächtigen Schwiegervater keine berufliche Perspektive hat. Die Beziehung zu Chloe ist nur ein Mittel zu seinem sozialen Aufstieg, eine Zweckehe.

Wie anders bei Dostojewskij. Das Thema der christlichen Nächstenliebe durchzieht den Roman. Es ist letztlich die Prostituierte Sofja, die Raskolnikow nach der Verurteilung in die Verbannung folgt und seine Seele mit ihrer unverbrüchlichen Liebe, aber auch mit ihrer klaren ethischen Orientierung rettet.

Das Leben als Tennisspiel

Match Point, der alles entscheidende Moment im Tennisspiel, Sieg oder Niederlage. Damit beginnt der Film. Der Ball tanzt auf der Netzkante, für einen Moment ist die Entscheidung offen, auf welche Seite des Netzes er fällt.

Das Leben als Tennisspiel, wer sind hier die Spielpartner? In den ersten Szenen sieht man sie nicht. Der Spieler ist abhängig vom glücklichen Zufall. Auf welche Seite wird der Ball fallen, wenn er die Netzkante berührt?

Aus dem Off hört man die Stimme des Protagonisten:

»Der Mann, der sagte: ›Ich habe lieber Glück, als dass ich ein guter Mensch bin‹, hatte einen tiefen Einblick ins Leben. Die Menschen haben Angst, sich der Tatsache zu stellen, welch ein großer Teil unseres Lebens vom glücklichen Zufall abhängt. Es ist unheimlich darüber nachzudenken, wie viel außerhalb unserer eigenen Kontrolle geschieht«.

Damit ist das Thema vorgegeben.

Es geht nicht um persönliche Verantwortung, man sieht den Spieler nicht, der den Ball schlägt. Es geht aber auch nicht um Glück, im Sinne von »happiness« Zufriedenheit. Bei diesem Begriff von Glück wird dem Zuschauer manches abverlangt. Es kommt zur Umdeutung einiger Werte: Eine Schwangerschaft kann Unglück bedeuten, wenn die Frau schwanger ist (Nola), auf die Chris Lust hat, die aber keine Partnerin für den Alltag ist, weil sie in seine Karriereplanung nicht passt.

Manches Mal kann es auch Glück bedeuten, wenn der Ball auf die falsche Seite fällt. Der Ring, den Chris der ermordeten Mrs. Eastby abzieht, fällt, als er ihn in die Themse wirft, aufs Geländer und springt dann zurück. Dies wird ihn überführen, denkt man zuerst. Nein, dem »Glückspilz« Chris gereicht auch dies zu seinem Vorteil. Ein Drogenabhängiger findet den Ring, wird bei einem späteren Wohnungseinbruch erschossen. Er gilt, nachdem man in seiner Tasche den Ring gefunden hat, als Mörder von Mrs. Eastby und entlastet damit Chris, dessen Tat der Kommissar allerdings durchschaut hat.

Auch bei Dostojewskij ist zuerst ein falscher Täter gefunden, das Geständnis Raskolnikows verhindert dessen Verurteilung. Für den Zuschauer erträglich wird die falsche Beschuldigung in Woody Allens Film vielleicht durch zwei Tatsachen. Es handelt sich um einen Drogenabhängigen und damit um einen Angehörigen einer gesellschaftlich besonders verachteten Gruppe, und – er ist schon tot. Unser Mitgefühl wird betäubt, bevor es geweckt ist.

Auch Toms, des großen Zynikers, Bemerkung zu Chris anlässlich der Geburt seines Sohnes »lucky swine«, lässt den Zuschauer erschrecken. Gehen nicht des Kinobesuchers Gedanken in die gleiche Richtung wie vielleicht die des abseits stehenden Chris. Schließlich hat er sein zweites Kind und dessen Mutter umgebracht, um dieses, das gezeigte Glück, im Luxus zu erleben. Glück? Oder eher »lucky swine«?

Reichtum und Leere

Alle Charaktere in Match Point sind verkommen. Was zählt sind Geld und die Insignien der Darstellung des Reichtums: Kaschmirpullis einer bestimmten Marke in dem entscheidenden Geschäft in London gekauft, eine schicke Wohnung mit Blick auf die Highlights von London, ein Auto einer Nobelmarke mit Chauffeur. Der Chauffeur übrigens wird dargestellt von einem bekannten englischen Komiker. Im Film spielt diese besondere Begabung des Schauspielers keine Rolle, er wirkt blass und steif, überhaupt nicht komisch. Ich möchte behaupten, dass dies Stilmittel ist. In dem dargestellten Universum hat Humor keinen Platz, allenfalls der Zynismus Toms.

Es gibt keine Werte außer Geld, Macht und Lust. In diesem Sinne gibt es keine Selbstbestimmung, Selbstverantwortung und keine eigenen Lebensentwürfe, die das Leben mit Inhalt und Sinn füllen. Kein Wunder, dass Chris eine Klaustrophobie und Absturzängste entwickelt – oder vielleicht damit auch Befreiungswünsche. Befreiung führte aber zu sozialem Abstieg oder Absturz.

Die Fäden der Lebensentwürfe in der Hand hat das reiche, alte Ehepaar. Die Mutter bestimmt die Ehepartner beider Kinder, der Vater den Beruf und die Wohnung. Chloe als deren Tochter kennt sich schon aus in diesem »Spiel«, sie kauft sich Chris und ein Kind beim Fruchtbarkeitsspezialisten. Das Geld ermöglicht eine Loge in der Oper oder später die Eröffnung einer Galerie für bildende Kunst. Ich weiß nicht, wie es Ihnen ergangen ist, ich konnte ein Interesse an Kunst nicht finden, zumal kein Interesse an den Inhalten vermittelt wurde im Film. Kunst als Attitüde oder etwas womit man sich ausstaffiert?

Interessiert sich Chris wirklich für Opern oder Dostojewskij oder benutzt er seine Beschäftigung als Mittel zum Aufstieg? Ein weiterer Hinweis lässt sich vielleicht in der kleinen Szene finden, in der wir Chris mit dem Buch in der Hand sehen. Ein gelangweiltes Aufstöhnen und er blättert im *Cambridge Companion to Dostojewskij*. Hat er das Buch überhaupt gelesen aus wirklichem Interesse oder nur eine Einführung zu Dostojewskij, um seinen späteren Schwiegervater zu beeindrucken?

Chris bleibt als Figur undurchsichtig. Er wird als der typische Aufsteiger dargestellt. Intelligent, leicht unterwürfig, angepasst in jedes fremde Lebenskonzept. Ich zitiere aus einem Focus-Artikel *Was Menschen erfolgreich macht* (Focus vom 10. Juli 2006): »Schmeichler und Kriecher verdienen mehr Geld und haben mehr Untergebene als ehrliche Häute; besser als die Bauchpinsler schneiden allerdings die Angeber und Blender ab – und am besten die, die beides tun«.

Von daher passt er so gut als Schwiegersohn und Ehemann in Eleanors und Chloes Entwurf. Man kauft sich einen Ehemann wie eine Wohnung, eine Galerie oder ein Kind und Chris ist käuflich.

Gespalten

Raskolnikow ist ein Gespaltener (Raskol bedeutet Spaltung im Russischen). Ist nicht auch Chris ein Gespaltener, allerdings in einem anderen Sinn als der Protagonist Dostojewskijs? Während es bei Dostojewskij um die Spaltung in ein westeuropäisches, zur Selbstverabsolutierung drängendes Ich und in einen volkstümlich russischen, sich nach Liebe und Geborgenheit sehnenden Selbstanteil geht, handelt es sich bei Woody Allen um die Entscheidung zwischen Unter- und Oberschicht, sozialem Aufstieg oder Abstieg, Täter oder Opfer. Dies wird sofort Thema in der Begegnung mit Nola Rice. Nola begrüßt ihn zum Tischtennisspiel mit den Worten: »Wer wird mein nächstens Opfer?« Wie zu Beginn des Filmes mit dem Tennisspiel wird das Thema »Spiel« aufgenommen, dieses Mal das Tischtennisspiel. Chris ist der aggressivere Spieler, der sich gut auskennt. Nola ist die geborene Verliererin. Nola stammt aus einer Familie von Verlierern, Süchtigen und Verlassenen. Ihr Identitätsthema ist damit vorgegeben. Unsere Identität ist nach heutiger Auffassung und vor allem in der heutigen sich schnell ändernden Welt ein lebenslanges Entwicklungsthema. Sie bildet sich auf der Grenze zwischen psychischer Innenwelt und den Interaktionen mit der Außenwelt. Die frühe Identität bildet sich im Austausch mit unseren frühen Bezugspersonen, meist hauptsächlich der Mutter, später auch dem Vater, den Geschwistern, der weiteren Umwelt. Nola ist sexy, aber ihre Identität wird über Versagen und Ablehnung definiert, die depressive Verstimmung ertränkt sie in Alkohol, wie wohl von ihrer eigenen Mutter als Modell vorgegeben. Die Ablehnung formulieren am deutlichsten Eleanor, später auch Tom und die Regisseure, bei denen sie erfolglos vorspricht. Auch sie will sich hoch heiraten oder als Schauspielerin hoch spielen. Es wird ihr nicht gelingen. Wir alle sind immer wieder in Gefahr unsere Muster, und seien sie noch so unglücklich, zu wiederholen im manches Mal unauflöslichen Wiederholungszwang.

Vorgegeben ist aber auch das Identitätsthema von Chris. Er will nicht Opfer werden. Mit hungrigen Augen wartet er auf seine Chance. Was sind seine Motive? Hunger nach Anerkennung, Luxus, äußerlich sichtbarem Reichtum. Er wird all dies nicht wirklich besitzen, sie sind nur von seinem Schwiegervater geliehen, so lange er ins Familienkonzept passt. Zitieren möchte ich in diesem Zusammenhang Henryk M. Broder mit dem Satz: »... Täter haben meistens eine längere Lebenserwartung als Opfer, und es macht mehr Spaß, Täter statt Opfer zu sein«. Chloe schildert ihr Leben als Spaß. In der letzten Szene sieht man Chris zwar beschrieben von seinem Schwager als »lucky swine«, aber wohl nicht glücklich im Sinne von Zufriedenheit.

Noch einmal aber zu der Beziehung zwischen Chris und Nola. Der Regisseur nimmt sich viel Zeit, sie aufeinander zutreiben zu lassen. Entspricht Chris' vehementes Interesse an ihr nur einer sexuellen Lust, sondern projiziert er auf sie nicht auch einen Anteil seines Selbst, vielleicht seinen echten und lebendigen? Seine Gier, seine Lust, seine Herkunft aus der Unterschicht. Wird sie deshalb schwanger, weil die Beziehung doch lebendig ist? Fühlt er sich bei ihr nicht wohler als in seinem luxuriösen, sterilen Heim? Die gefilmten Szenen sind die wärmeren in meiner Wahrnehmung. Zu unseren Identitätsthemen gehört auch, dass wir immer wieder in Versuchung sind, unliebsame Anteile von uns abzuspalten und dann beim anderen wahrzunehmen, weil wir sie dort untergebracht haben. Vielleicht noch eine Parallele zu Dostojewskijs *Schuld und Sühne*. Versucht zu Beginn nicht auch Chris Nola zu helfen, sie zu unterstützen? Ist es ein Rettungsversuch für seinen eigenen abgespaltenen Anteil, der gleichwohl seine Lebendigkeit ausmacht? Er flüchtet aus seinem luxuriösen Büro in Erstickungsangst zu Nola. Mit dem Mord an Nola und seinem Kind, tötet er einen Teil von sich selbst. Seine Einsamkeit nach dem Mord entspricht der Raskolnikows, bevor er seine Schuld anerkennt und sich seine Liebe zu Sofja eingesteht.

Lassen sie uns noch einen Vergleich anstellen zwischen dem Roman von Dostojewskij und dem Film von Woody Allen und einen Blick auf den Untersuchungsrichter Porfirij, bzw. den Kriminalkommissar werfen. Beide haben die Tat durchschaut. Integrität zeigt sich darin, dass die Wahrheit verfolgt wird gegen Widerstände, sogar wenn es zum eigenen Nachteil führt. In diesem Sinne ist der Kriminalkommissar nicht integer. Bei dem geringsten Widerstand gibt er auf, nämlich als sein Kollege ihn auf die Schwierigkeiten hinweist, die er vor dem Geschworenengericht haben werde. Vorher hat Chris einen diskreten Hinweis auf die Stellung der Familie gegeben, was den Enthusiasmus des Kommissars, der Probleme fürchtet, nicht gerade beflügelt hat. Wie anders bei Dostojewskij. Der Untersuchungsrichter Porfirij besucht Raskolnikow, den Doppelmörder, und schildert ihm sehr einfühlsam, dass er ihn durchschaut habe und den Tathergang kenne. Er bietet ihm eine Lösung an, wenn er die Tat gestehe, werde er ihn unterstützen, sodass er gute Chancen habe, dass das Strafmaß herab gesetzt werde. Er werde das Verbrechen als das Ergebnis einer geistigen Verfinsterung präsentieren und er könne mit gutem Gewissen sagen, dass es auch so sei. Die Welt, in der Raskolnikow lebt ist bevölkert von Menschen, die ihn lieben und doch die Wahrheit verfolgen. Die Welt, in der Chris lebt, ist ohne Liebe und ohne moralisch integre Menschen.

Vergleichen wir noch einmal die Frauen, von denen die beiden umgeben sind: Raskolnikow von seiner Schwester Awdotja und vor allem Sofja. Beide lieben ihn und stehen zu ihm, selbst als sie von seinem Verbrechen erfahren haben, lassen sie ihn nicht fallen, beharren aber auf der Wahrheit. Wie anders ist es im Leben von Chris. Seine Frau Chloe ist ohne nachhaltige Empathie für ihn und verfolgt nur ihre eigenen Ziele, vor allem ihren obsessiven Kinderwunsch.

Psychoanalytische Interpretation

Welche Atmosphäre atmet der Film? Ich komme auf die Äußerungen der Kritiker, vor allem in der britischen Presse zurück: Mangel an Humor, Konventionalität, Fehlen von Authentizität. Diese Phänomene lassen sich an der formalen Gestaltung festmachen. Das touristische London wurde abgefilmt, Postkarten gemäß, auf der Tonspur die bürgerliche Form der Oper, sogar das Musical von Andrew Lloyd Webber.

Ich wage jetzt einen psychoanalytischen Deutungsversuch. Betrachte ich die eben beschriebenen formalen Elemente wie den Hintergrund im Traum als Aussage über die emotionale Verfassung des Träumers, dann finde ich einen Mangel an Lebendigkeit und Gefühle von Leere. Wie ist die emotionale Reaktion auf den Film, in psychoanalytischer Terminologie die so genannte Gegenübertragung? Die meisten Kritiker blieben erschrocken und wie erstarrt in Kälte zurück. Gehe ich noch einen Schritt weiter in Richtung auf eine psychoanalytische Deutung, dann stelle ich die Hypothese auf, dass es sich bei Chris um den zentralen Selbstanteil des Träumers handelt.

Dargestellt wird demzufolge die schizoide Problematik eines überangepassten Aufsteigers bis hin in viele formale Elemente des Filmes. Nola repräsentiert dann seine schwache, emotionale, weibliche Seite, seinen Opferanteil. Dieser Anteil wird gesellschaftlich betrachtet immer noch häufig auf Frauen projiziert. Nachdem Chris diesen Selbstanteil umgebracht und beseitigt hat, das heißt abgespalten und verdrängt hat, bleibt er leer und einsam ohne wirklichen Kontakt zu den Menschen seiner Umgebung zurück, wie in der letzten Szene gezeigt.

Chris opfert seinem Aufstieg und dem Geld seine Lebendigkeit.

Was vermittelt uns der Film über die Psychogenese? Wir alle tragen unsere frühen Beziehungsmuster, mehr oder weniger durch das weitere Leben moduliert, in uns und aktualisieren diese in unseren aktuellen Beziehungen zu unseren Mitmenschen. Betrachte ich Chris, den Hauptdarsteller als den zentralen Selbstanteil des Träumers oder der zu interpretierenden zentralen Problematik des Filmes, dann wirkt er als Charakter weitgehend undurchsichtig. Was er wirklich denkt und fühlt, bleibt größtenteils verborgen, abgespalten und verdrängt in seinem Inneren. Über seine Vergangenheit, seine familiäre Herkunft, erfahren wir fast nichts, wir lernen lediglich seinen vehementen Aufstiegswunsch kennen. Sichtbar sind sein sinnlicher Mund und seine sehnsüchtigen, brennenden, intensiv beobachtenden Augen.

Nola, betrachtet als ein Anteil seiner Innenwelt, hat einen ähnlich sinnlichen Mund und aufreizende Brüste. Neben der sexuellen Konnotation, die ich wage, jetzt einmal beiseite zu schieben, befinden wir uns im Modus der Triebentwicklung betrachtet auf oralem Niveau. In der frühesten Säuglingszeit spielen der Mund und die Nahrung sowie die mütterliche Brust eine große Rolle. Wir alle bleiben lebenslang ein wenig in diesen Themen verhaftet. Misslingt die Entwicklung in dieser frühen Lebensphase, sei es dass die frühen Bezugspersonen, meist die Mutter, zu verwöhnend oder zu versagend sind, kommt es zu dauerhaften Fixierungen, die das weitere Leben thematisch bestimmen. Versagung führt zu mörderischer Wut und Gier. Gier bestimmt den Film, unersättlich sind alle Dargestellten. Deren Hunger ist unstillbar. Droht Versagung, führt dies bei entsprechender Fixierung in Reaktivierung der frühen Szene zu unermäßlicher Wut. Chris schreckt vor Mord nicht zurück, als er seinen Luxus gefährdet sieht.

Welche sind die weiteren Themen dieser frühen Phase? Der basale und grundsätzliche Wunsch als Person in seinem Sosein empathisch anerkannt und geliebt zu werden. Wie bereits in dem Vergleich zu Dostojewskijs Roman *Schuld und Sühne* beschrieben, zeichnen sich letztlich alle Beziehungen durch Desinteresse aneinander und mangelnde Empathie aus. Dieses fehlende Interesse aneinander, an der Kunst, sei es Musik oder bildender Kunst bei Museums- oder Galeriebesuchen, führt zu Konventionalität, Sterilität und Mangel an authentischen Gefühlen, letztlich zu tiefer innerer Vereinsamung, wie in der letzten Szene dargestellt, oder zu dem tiefen Zynismus von Tom. In dieser Welt ist kein Platz für spielerische Leichtigkeit oder Humor. Deshalb kann der bekannte englische Komiker, der den Chauffeur spielt, sein Talent nicht entfalten.

Wie Dostojewskij es in seinem Roman an der Person des Untersuchungsrichters Porfirij darstellt, gehört zur Anerkennung des anderen auch ein empathisches Ernstnehmen des anderen in seiner Verantwortlichkeit und Schuld. Raskolnikow überwindet seine innere Spaltung, die zu Einsamkeit und Ausgestoßensein führt, erst dann, als er seine Schuld innerlich wirklich anerkennt. Chris hat zwar in dem Sinne Glück »luck«, dass sein Wohlstand nicht gefährdet wird, weil seine Tat nicht aufgedeckt wird. Er bleibt aber in einem lieblosen, leeren Universum zurück, voller Konventionalität mit unstillbarer Gier. Ganz anders ist dies bei Dostojewskij. Im Sinne einer Utopie beschreibt er, wie die Liebe einer Frau Raskolnikow rettet aus seiner inneren Verzweiflung, indem sie ihn ernst nimmt in seiner Verantwortlichkeit.

Schuld und Verantwortung

Noch einmal zum Anfang des Filmes. Der Ball bleibt auf der Netzkante stehen. Für einen Moment ist es unentschieden, auf welche Seite des Netzes er fällt. In dem Bild fehlt etwas, der Tennisspieler. Wir sehen ihn nicht, als sei er nicht verantwortlich für seinen Schlag.

Es ist, als nehme Woody Allen mit seinem Film die aktuelle Diskussion zu Fragen von Willensfreiheit, Schuld und Verantwortlichkeit für das eigene Tun auf. Die Forschungsergebnisse der Neurobiologen haben zu einem intensiven Nachdenken über diese Fragen geführt. Zurzeit findet ein Dialog statt zwischen Neurobiologen, Philosophen und Psychotherapeuten zu diesem Fragenkomplex.

Wie ist der aktuelle Stand?

Man muss unterscheiden zwischen unserem Bewusstsein von Handlungsfreiheit und Handlungssteuerung und den aktuellen Forschungsergebnissen aus der Handlungspsychologie und den Neurowissenschaften. Auch wenn wir subjektiv das Gefühl haben mögen, wir hätten unter jeweils gleichen Bedingungen jeweils auch anders handeln können, so widerspricht diese Auffassung allem vorliegenden Wissen aus diesen Wissenschaften. Bereits Freud hat darauf hingewiesen, in welch starkem Ausmaß unser Unbewusstes unser Handeln bestimmt.

Wie kommt es – stark vereinfacht – zu einer Handlung? Es handelt sich neurobiologisch um ein komplexes Zusammenspiel vieler Zentren in unserem Gehirn. Eines ist sicher, unsere bewusst agierenden Instanzen alleine bewirken noch keine Handlung. Vielmehr ist ein Aktivierungsprozess notwendig von Zentren, in denen, wie man annimmt, unser gesamtes Handlungsgedächtnis gespeichert ist. Alle jeweils statt gefundenen Interaktionen haben hier ihren Niederschlag gefunden. Dieses Gedächtnis wird aber wiederum von unserem emotionalen Erfahrungsgedächtnis kontrolliert, das das erste und letzte Wort hat: Zu Beginn einer Handlung beim Entstehen unserer Wünsche und Absichten, am Ende einer Handlung bei der Fällung der Entscheidung. Alles, was wir tun, geschieht im Lichte vergangener Erfahrungen in einem Zusammenspiel zwischen unserem bewussten Willen, unseren Lebenserfahrungen und vor allem unseren emotionalen Erfahrungen.

Von daher kann man von einer unbedingten Handlungsfreiheit nicht sprechen. Wie wir handeln ist die Folge eines komplexen Zusammenspiels unserer Emotionen, der Lebenserfahrungen und bewusster Entscheidungen. Der »Hirnforscher« G. Roth spricht davon, dass durch diese komplizierten

Abläufe gewährleistet sei, dass alle unsere Handlungen »stets im Einklang mit unserer unbewussten kognitiven und emotionalen Erfahrung stattfindet« (Roth, G. 2003, S. 493).

Ich schaue noch einmal auf das Eingangsbild des Filmes, in dem ein Ball gezeigt wird, der scheinbar unabhängig von der Person, die den Ball geschlagen hat, auf die Netzkante zufliegt. Als scheine zudem der Schlag unabhängig vom Spielpartner des Schlägers zu sein. Genauso einsam und beziehungslos erscheint Chris in der letzten Szene des Filmes, als die Familie von Chloe den neugeborenen Sohn im Luxusappartement feiert. Die Einsamkeit ist eine Folge davon, dass ein zentraler Anteil von Chris' Selbst nicht in den Austausch mit seinen nächsten Bezugspersonen treten kann, abgespalten werden muss.

Wenn wir jetzt die Tatsache berücksichtigen, dass jede Interaktion mit meinen Mitmenschen meine inneren Strukturen verändert – eine Vorstellung, die Psychoanalytiker aber auch Neurobiologen verfolgen – dann wird deutlich, dass unsere Beziehungsqualitäten unsere Entscheidungen und unser Handeln beeinflussen. Das Verhalten der Bezugspersonen von Raskolnikow in Dostojewskijs Roman verändert diesen. Dies hebt seine Einsamkeit, die Leere, den Mangel an Lebendigkeit, die vor der Tat bestanden, auf. Im Gegensatz dazu verbleibt Chris in Woody Allens Film in vollkommener innerer Einsamkeit.

Literatur

Dostojewskij, F. M. (1866): Schuld und Sühne. Aus dem Russischen von Werner Bergengruen (1985). Zürich (Manesse Verlag).
Fairbairn, W.R. D. (2000): Das Selbst und die Inneren Objektbeziehungen. Hensel, B.F. & Rehberger, R. Gießen (Psychosozial-Verlag).
Roth, G. (2003): Fühlen, Denken, Handeln. Frankfurt am Main (Suhrkamp).
Roth, G. & Grün, K.-J. (Hg.) (2006): Das Gehirn und seine Freiheit. Göttingen (Vandenhoeck und Ruprecht).

Memento

USA 2000, 116 Min.
Regie: Christopher Nolan
Hauptdarsteller: Guy Pearce, Carrie-Anne Moss, Joe Pantoliano, u.a.

Brigitte Ziob

Mit seinem Film *Memento* hat der englische Regisseur Christopher Nolan einen komplexen Psychothriller geschaffen, der vielschichtig und verwirrend zugleich ist. Formal erregte der Film, der 2001 in unsere Kinos kam, Aufsehen, da er rückwärts geschnitten ist und den Zuschauer auffordert, die Geschichte aktiv zu rekonstruieren. *Memento* ist eine Low-Budget-Produktion und fand große Anerkennung auf dem Sundance-Filmfestival für Independent-Filme.

Die Rahmengeschichte des Films ist schnell erzählt: Die Hauptperson, Leonhard, versucht Rache zu nehmen für die Vergewaltigung und den brutalen Mord an seiner Ehefrau. Es gelang ihm, einen der Täter am Tatort zu erschießen, er wird aber von einem zweiten Täter niedergeschlagen und verliert sein Kurzzeitgedächtnis. Die Polizei glaubt Leonhard die Existenz eines zweiten Täters nicht und stellt die Ermittlungen ein. Leonhard macht sich auf die Suche nach dem zweiten Täter, einem gewissen »John G«. Dabei wird er unterstützt von dem zwielichtigen Polizeispitzel Teddy und der Bardame Natalie, die ebenso rätselhaft in ihren Motiven bleibt.

Einführung in die Welt der Hauptfigur

Schon die erste Szene ist ein Lehrstück für den Zuschauer zum Verständnis des Films: Sie zeigt ein Polaroid-Foto, welches einen am Boden liegenden Mann abbildet, der offenbar durch einen Kopfschuss getötet worden ist. Nach und nach verblasst dieses Foto zu einer weißen Fläche und wird dann von der

Polaroid-Kamera aufgesogen. Die am Boden liegende Patronenkugel schießt zurück in den Pistolenlauf, und das Opfer steht auf. Schnitt: Wir sehen den Mann, der vorher die Polaroid-Kamera hielt, in einer schwarz-weißen Sequenz, in der er einen inneren Monolog hält: »Du wachst auf, du weißt nicht, wo du bist? Der Schlüssel sagt, dass du in einem Motelzimmer bist, aber du weißt nicht, ob für einige Tage oder Monate?« Wir werden sofort hineingezogen in die Thematik des Films, dass die Hauptperson sich offensichtlich in Raum und Zeit nicht mehr zurechtfinden kann. In der nächsten farbigen Sequenz erfahren wir, dass die Hauptfigur das Kurzzeitgedächtnis verloren hat. Die Folge davon ist, dass alles neu Erlebte sich nach kurzer Zeit in Vergessen auflöst, wie das verblassende Polaroid-Foto. Das Bedrohliche an dem inneren Zustand der Hauptfigur wird bald deutlich, wenn Teddy, der in der ersten Szene erschossen auf dem Boden lag, ihn konfrontiert: »Du weißt noch nicht einmal, wer Du bist! Wenn Du wissen willst, wer Du bist, dann geh mit mir in den Keller«. Worauf der Protagonist antwortet: »Ich bin Leonhard Shelby, Versicherungsermittler aus San Francisco«. »Das warst Du einmal«, antwortet Teddy: »Du weißt ja gar nicht, wer du heute bist. Du bist jemand ganz anderer geworden«. Leonhard, der sein Kurzzeitgedächtnis verloren hat, definiert sich durch äußere Fakten wie Name, Alter, Beruf, Wohnort. Sein Freund Teddy insistiert, dass er die Vergangenheit als unbewusste, konflikthafte Dimension integrieren muss, um ein inneres Bild von sich selbst zu bekommen.

So werden wir schnell mit der existenziellen Frage des Films konfrontiert: Bin ich wirklich der Mensch, der ich zu sein glaube? Demgemäß liest sich Christopher Nolans *Memento* wie ein Diskurs über Gedächtnis und Erinnerung, was nicht von ungefähr kommt, denn sein Bruder Jonathan hat mit der gleichnamigen Erzählung die Vorlage zu dem Film geliefert. In einem Interview sagt Christopher Nolan, ihn hätte der Prozess der Erinnerung interessiert und zwar zum einen die Frage, was ihn heute mit dem Menschen verbindet, der er vor 15 Jahren einmal gewesen ist? Zum anderen aber auch: Was passiert, wenn jemand seine Erlebnisse nicht mehr im Langzeitgedächtnis verarbeiten kann und dadurch den Bezug zu seiner eigenen Geschichte verliert?

Dies zeigt Nolan mit der Geschichte eines Mannes, der sein Kurzzeitgedächtnis verloren hat, was in der Neurophysiologie als anterograde Amnesie, also Störung des Neugedächntisses bezeichnet wird. Das ist neu im Film. Im Film Noir der 50er Jahre gibt es eine Reihe von Filmen zum Thema Amnesie. Meist waren es Detektiv-Filme, aber auch Hitchcock beschäftigte sich in den Filmen *Marnie* und *Spellbound* mit dem Thema. Der Gedächtnisverlust der Film-Noir-Helden bezog sich aber auf die Störung des Altgedächtnisses, retrograde Amnesie genannt, was bedeutet, dass sie ihr biografisches Gedächtnis verloren hatten, und wichtige Lebensphasen nicht mehr erinnern konnten (Roth 2001, S. 154).

Verstoß gegen die Erzählkonvention

Die Geschichte des Films wird zwar linear erzählt, aber mit der Besonderheit, dass sie mit der Schlussszene beginnt und sich dann zum Anfang zurückentwickelt. Der Anfang des Films ist das Ende der Geschichte, und das Ende der Geschichte ist der Anfang des Films. Wie ein Kreis, der sich schließt und darin die hermetische, klaustrophobische Realität abbildet, in der Leonhard gefangen ist. Damit korrespondiert auch die Handlung der Geschichte, die der Film erzählt: Es beginnt mit einem Mord und es endet mit einem Mord.

Die Handlung des Films ist in 24 Kapitel unterteilt, die ca. fünf bis zehn Minuten dauern, analog zu dem Zeitrahmen, in dem sich Leonhard neue Erlebnisse merken kann, bevor sie verblassen. Jedes Kapitel beginnt mit einer schwarz-weißen Sequenz. Diese schwarz-weiß-Sequenzen stellen die Vorgeschichte zur eigentlichen Geschichte dar, und zwar als Gedankenfluss, durch den sich Leonhard versucht zu erklären, was passiert ist. Sie sind linear erzählt und finden in einem schäbigen Motelzimmer statt. Die folgenden farbigen Sequenzen sind dann rückwärts aneinander gereiht. Am Ende des Films läuft die Handlung der schwarz-weißen und der farbigen Sequenzen ineinander. Dadurch entstehen Sprünge in Zeit und Raum, die die konventionelle Erzählweise von Ursache und Wirkung außer Kraft setzen. So bringt die formale Struktur des Films den Zuschauer in eine ähnliche Verfassung wie die Hauptfigur, sich immer wieder neu zurechtfinden zu müssen und Sinnzusammenhänge in der rückwärts und sprunghaft laufenden Handlung zu finden. Um Kausalität in der Handlung herzustellen, müssen wir Zuschauer selber die Geschichte aus unserer Erinnerung heraus rekonstruieren.

Nolan verzichtet bewusst auf die Angabe einer Zeitspanne, in der die Handlung abläuft. Auch die Locations kommunizieren mit dem Thema des Films, denn sie zeigen Orte, die man sich nicht merken kann: Sie spielen am Rand von Los Angeles, in einem Motel-Nowhere-Land, das überall in den USA sein könnte, und als äußere Wirklichkeit auch nicht hilft, sich zurechtzufinden. Die Farben sind stark entsättigt, sodass der visuelle Eindruck zurückgenommen wirkt. Nolan setzt Musik als emotionale Orientierung nur sparsam in den wenigen Szenen ein, in denen Leonhard berührt ist, z.B. wenn er bei Natalie ist oder in Rückblenden, die Leonhards bruchstückhafte Erinnerungen an seine Frau zeigen.

So werden uns Zuschauern Anhaltspunkte zur Orientierung genommen, und wir erleben genauso wie Leonhard, wie quälend es ist, wenn man sich in dem wahrgenommenen Material nicht mehr zurechtfindet, weil man den zusammenhängenden Sinn nicht mehr erinnern kann, sondern nur Bruchstücke vorfindet, was Gefühle von Bedrohung und Auslieferung hervorruft. Und weil wir das gerade Erlebte genauso wie Leonhard noch nicht einordnen können, beginnen wir uns mit ihm zu identifizieren.

Memento ist durch seinen Rückwärtslauf so konzipiert, dass es Brüche und Zeitsprünge gibt, die der Zuschauer durch sein Erinnerungsvermögen zu einer Geschichte zusammensetzen muss. Diese korrespondieren mit Leonhards psychischer Befindlichkeit, die man als fragmentiert bezeichnen kann, das heißt, dass er nicht über ein einheitliches Selbst verfügt sondern in einzelne, nicht miteinander verbundene Teile zerfällt, was einen Verlust von Identität zur Folge hat.

Leonhard und sein Zustand

Der Verlust des Kurzzeitgedächtnisses bedeutet für Leonhard, dass er nicht mehr in der Lage ist, die Vergangenheit als Erinnerung mit der Gegenwart in Verbindung zu setzen und damit ein Verständnis für seine Biografie und seine Identität zu entwickeln. Heute weiß Leonhard nicht mehr, wo er ist und warum er sich an diesem Ort aufhält? Er weiß nicht, wer die Personen sind, die er gerade trifft und ob er sie schon einmal gesehen hat, warum er gerade hier mit ihnen zusammentrifft und nicht anderswo, was von ihm erwartet wird und welche Bedeutung die Dinge um ihn herum haben?

Ihm sind Erinnerungsfetzen an ein früheres Leben geblieben, die in kurzen Ausschnitten seine Frau Catherine zeigen, als sie noch lebte. »Erinnerung ist Verrat« stellt er fest, da diese Erinnerungsfetzen suggerieren, dass seine Frau noch lebt, denn er kann sich ihren Tod nicht merken. »Es ist, wie wenn du aufwachst und die andere Bettseite ist leer. Und langsam verstehst du, dass sie nicht wieder kommt«. Das bedeutet, dass Leonhard in einem Loop von einem sich immer wiederholenden Verlusterlebnis gefangen ist. Davon kann er sich nicht befreien, deshalb verbrennt er Catherines persönlichen Dinge mit dem Wunsch: »Wie kann ich erinnern, dich zu vergessen«.

Das externe Gedächtnis

Nun möchte ich in einem kurzen Exkurs einige Gedanken zu Erinnerung und Gedächtnis anführen:
Freud veranschaulichte seine Vorstellung vom Gedächtnis mit der Metapher vom »Wunderblock«, einer Schreibtafel mit einer Wachsgrundlage, über die zwei Blätter, ein Wachspapier und ein Zelluloidpapier gespannt sind. Daran demonstrierte Freud seine Auffassung, dass unser Erinnerungssystem aus zwei Systemen konzeptualisiert wird: das System Wahrnehmungs-Bewusstsein, welches die Wahrnehmungen aufnimmt, aber nichts von ihnen behält, und das Erinnerungssystem, das die momentanen Erregungsspuren selektiv in Dauerspuren umsetzt, als eine unbewusste Ich-Leistung. Die Kritik am Modell des »Wunderblocks« war, dass es im Sinne der Abbild- und Speichertheorien verstanden wurde. Ilka Quindeau kombiniert in ihrem Buch *Spur und Umschrift* die Metapher des »Wunderblocks« mit Freuds zweitem Aspekt der aktiven Erinnerung durch Umschrift. Der Kodierung der Niederschrift eines neuronalen Erregungsablaufs schließt sich der Vorgang der Umschrift an. Die Umschrift verbindet die Wahrnehmungen mit Sprache, was den Übergang vom Körperlichen zum Psychischen beschreibt. Durch das Modell der Umschrift werden die Dauerspuren in Sprache verwandelt. Allerdings wird durch jede neue Gravur die frühere zerstört, d. h. bezogen auf den »Wunderblock«, dass die Wachsschicht sich ständig verändert. Das bedeutet, dass das Modell der Umschrift eine ständige Neukonstruktion des Gedächtnisses darstellt, was für Quindeau das eigentlich Psychische ausmacht. So können Erinnerungen stets nur aus der Perspektive der Gegenwart gebildet werden (Quindeau 2004, S. 41ff.).

Bei Leonhard ist dieser Austauschprozess unterbrochen, da alles aktuell Erlebte schnell wieder vergessen wird und damit seine Erinnerungsspuren nicht mehr umgeschrieben werden können. Um sich aber weiter zu orientieren, schafft Leonhard sich ein externes Gedächtnis, durch Notizen auf Zetteln, beschriftete Polaroid-Fotos und Lagepläne, die er als »Mind-Map« an die Wand des Motelzimmers heftet. Dieses externe Gedächtnis ordnet Leonhard nach einem System. »Hat man eine Information, die extrem wichtig ist, kann die Lösung darin bestehen, sie auf den Körper zu schreiben« (Filmzitat). So tätowiert Leonhard wichtige Informationen auf den Körper. Seine Haut wird zum Speicherapparat für persönliche Leitsätze, die sein Handeln bestimmen, aber keine weitere Umstrukturierung zulassen. Der wichtigste Leitsatz, den Leonhard sich mitten auf die Brust eingraviert hat, lautet: »John

G. raped and murdered my wife«. Diese tätowierte Einschreibung ermöglicht Leonhard eine Identifikation mit sich selbst, da sie ihm eine persönliche Geschichte gibt, wie eine feste unveränderliche Gravur in der Wachsschicht des »Wunderblocks« steht sie nun auf seiner Haut. Der Spiegel übernimmt die Funktion, die Inschrift tagtäglich zurückzuspiegeln. So wird die Rache am Mörder seiner Frau zur Begründung von Leonhards Leben, indem er dem darunter tätowierten Befehl auf seiner Brust folgt. »Find him and kill him«. Dieser Leitsatz gibt ihm Orientierung, Sinn und Identität. Die Haut wird zu einem Ersatz für Leonhards fehlendes Kurzzeitgedächtnis.

Didier Anzieu entwickelt in seinem Buch *Das Haut-Ich* die Vorstellung, dass die Haut des Säuglings durch die frühe taktile Berührung der Mutter ihm das erste Gefühl von Ich und Nicht-Ich vermittelt und als Modell für die Projektion eines abgeschlossenen Selbst steht. Die Haut, die unter anderem über Eigenschaften verfügt wie Elastizität und Durchlässigkeit und ähnlich dem Gedächtnis der Kommunikation zwischen innen und außen dient, konserviert den Niederschlag der äußeren Spuren des Lebens durch Falten oder Hautveränderungen als persönliche Einschreibungen, was identitätsbildend wirkt (Didier Anzieu 1998, S. 131ff.). Durch die Eintätowierung von unveränderlichen Fakten wird Leonhards Haut zu einem Panzer, dem jeglicher reflexiver kommunikativer Aspekt verloren gegangen ist. Die Fakten, die Leonhard sich auf den Körper geschrieben hat, leiten nun sein Denken und Handeln als eine Hilfskonstruktion wie ein unveränderlicher Befehl. »Das Erinnerungsvermögen ist unzuverlässig« sagt er zu Teddy, »Wahrnehmung ist nur eine Interpretation. Sie ist irrelevant, wenn man Fakten hat«.

Langsam entstehen beim Zuschauer Fragen und Zweifel an Leonhards Motiven, denn der Zuschauer kann Erinnerungsspuren speichern, Eindrücke festhalten und Hypothesen bilden und sie im Fortlauf der Handlung umstrukturieren. Wenn Leonhard z.B. den Mörder seiner Frau sucht, der John Edward Gamble heißt und dessen Führerscheinkopie, die er von Natalie bekommen hat, ein Bild von Teddy zeigt. Andererseits sehen wir Teddy als Freund von Leonhard, der sich um ihn zu sorgen scheint. Dennoch hat Leonhard auf sein Bild geschrieben »Glaub seinen Lügen nicht«. Und Natalie, mit der sich Leonhard verbunden fühlt, weil sie auch jemanden verloren hat, manipuliert sie Leonhard zu dem Mord an Teddy? Und ist Leonhard bereit, sich manipulieren zu lassen, wenn Natalie behauptet, Dodd, ein Partner ihres Freundes Jim aus dem Drogenmilieu, hätte sie so zugerichtet, Leonhard aber Blut an seinen Knöcheln sieht und sich irritiert abwendet? Und wir sehen Leonhard, wie er Dodd professionell überwältigt – obwohl Dodd kein gesuchter John G. ist.

Zunehmend beginnt der Zuschauer sich zu ent-identifizieren, wenn er spürt, dass Leonhard sich selber manipuliert, indem er seine Fakten als externalisierte Erinnerung festhält mit dem Wissen, dass sie sein späteres Verhalten bestimmen werden. Der ursprüngliche Kontext, in dem Leonhard sich eine Aufzeichnung gemacht hat, versinkt ins Vergessen. Sodass Leonhard später seine Fakten aus dem Sinnzusammenhang heraus interpretiert, zu dem sie ursprünglich in Bezug gesetzt worden sind.

So bewegt sich Leonhard in einer merkwürdigen selbstgeschaffenen Logik und langsam erahnen wir, dass mehr als das Motiv der Rache dahinterstecken könnte.

Das Trauma

In den schwarz-weiß-Sequenzen versucht Leonhard seine Geschichte zu rekonstruieren. Er liest in einem Polizeibericht, in dem einige Passagen geschwärzt sind, oder telefoniert mit einem Unbekannten, von dem wir ahnen, dass es Teddy ist. In diesen Telefonaten beschäftigt Leonhard die Geschichte von einem Sammy Jenkins, der auch sein Kurzzeitgedächtnis verloren hatte und den er als Versicherungsermittler betreute. Leonhards Nachdenken über Sammy Jenkins stellt die Projektionsfläche für seine eigene abgespaltene Geschichte dar. Und mit der Diagnose: »Sammys Problem war kein Physiologisches, sondern ein Psychisches«, macht er eine Aussage über sich selbst.

Nun handelt es sich bei *Memento* um einen Film und nicht um einen klinischen Fall, aber ich möchte hier einige Gedanken anführen, die Leonhards Zustand erklären könnten: Leonhard hat zunächst ein körperliches Trauma erlitten, als er schwer verletzt wurde bei dem Versuch seine Frau vor den Tätern zu verteidigen. Dies stellt die Schlüsselszene dar, die sein Leben nachhaltig veränderte und die er später mit einem Call-Girl nachzustellen versucht, um sich an das, was fragmentiert und bruchstückhaft als innere Bilder auftaucht, zu erinnern. Leonhards Zustand könnte man als dissoziative Amnesie bezeichnen, das Zerreißen von Bewusstseinszusammenhängen, so dass ein Nebeneinander von verschiedenen Bewusstseinszuständen entsteht. Durch den Verlust des Kurzzeitgedächtnisses werden die inneren Zusammenhänge gekappt. Aber was ist passiert? Leonhard schlief zu dem Zeitpunkt, als seine Frau überfallen und vergewaltigt wurde, und kam zu spät, um ihr zu helfen und wird niedergeschlagen. Das körperliche Trauma durch die Verletzung beschädigt sein Kurzzeitgedächtnis und er befindet sich in einem quälenden Zustand, den er folgendermaßen beschreibt: »Du weißt gar nichts. Du bist ärgerlich und weißt nicht wieso. Du fühlst dich schuldig und weißt nicht wieso. Du tust etwas und weißt nicht warum«. Seine Frau hat den Überfall überlebt. Um herauszufinden, ob Leonhards Zustand nun ein psychischer oder ein körperlicher ist, stellt Catherine ihn auf die Probe und bringt Leonhard dazu, ihr immer wieder eine Insulinspritze zu setzen, bis sie an einer Überdosis stirbt. Damit hat er seine Frau umgebracht, wenn auch nicht bewusst, und sucht nun den Mörder draußen, um seine Schuld abzuwehren. Als Leonhard in der schwarz-weiß-Sequenz den Tod von Sammy Jenkins' Frau rekonstruiert, gerät das verdrängte Wissen um das, was zwischen ihm und seiner Frau passiert ist, an die Oberfläche. Er verlässt zum ersten Mal das Motelzimmer und macht sich auf die Suche nach John G., der Projektionsfläche seiner eigenen Tat.

Gefangen im Loop

Mit seiner verdrängten Geschichte wird Leonhard in der vorletzten Szene von Teddy, dem korrupten Polizisten, als seinem persönlichen »Memory-Stick« konfrontiert. Teddy insistiert: »Du willst deine Wahrheit nicht wissen«. Leonhard steht an einem Wendepunkt. Mit dem Foto des toten Jimmy G. in der Hand und Teddys Offenbarung, dass er den richtigen John G. schon getötet hat und von Teddy zu weiteren Morden manipuliert wurde, gelingt es ihm nicht, aus dem Loop auszusteigen. Leonhard verbrennt das Foto des toten Jimmy G. und schreibt auf das Polaroid von Teddy »Trau seinen Lügen nicht«, obwohl er weiß, dass er diese Information später anders deuten wird. »Warum soll Teddy nicht mein nächster John G. sein?« fragt Leonhard, notiert sich Teddys Autonummer und macht ihn damit zum Gejagten. Hier wird deutlich, dass Leonhard sich immer wieder selbst manipulieren muss, um die Projektion des äußeren Mörders aufrechtzuerhalten. Erklären ließe sich das einerseits damit, dass es Leonhard um die Aufrechterhaltung der Schuldabwehr geht. Eine andere tiefergehende Erklärung wäre eine existentialistische und zwar setzt er sich selber auf die Spur eines fiktiven Täters, um sich am Leben zu erhalten. Damit wird zwar das Motiv der Rache ad absurdum geführt, aber der Loop, in dem sich Leonhard befindet, hält ihn lebendig. Wenn er daraus aussteigen würde, würde ihn vielleicht die Realität der psychiatrischen Anstalt einholen, wie Sammy Jenkins.

Die Anfangszene und die Schlussszene zeigen, wie Leonhard Teddy am gleichen Ort erschießt wie Jimmy G. und zwar in dem Moment, als Teddy mit ihm in den Keller des verdrängten Unbewussten hinabsteigen will, was Leonhard um jeden Preis verhindern möchte, denn es würde seinen psychischen Tod bedeuten. Zweifel tauchen in Leonhard auf, als er im Auto sitzt und auf der Fahrt in das Tattoo-Studio resümiert: »Wir alle brauchen Erinnerung, damit wir nicht vergessen, wer wir sind«. Und kurz darauf wird eine Szene eingeblendet, in der Leonhard in den Armen seiner Frau auf dem Bett liegt, und dem aufmerksamen Zuschauer entgeht die neue Tätowierung auf seiner Brust nicht: »I've done it«.

Der kurze Moment der Erkenntnis wird weggewischt durch die Bemerkung: »Wo war ich stehen geblieben?« Leonhard kann nicht aus seinem Loop aussteigen, sondern muss sich immer wieder einen John G. schaffen, um am Leben zu bleiben.

Man kann den Film *Memento* in zwei Richtungen als Metapher auf unsere moderne Wirklichkeit beziehen: Einmal als Gefangensein im individuellen Alltag mit fortwährenden ritualisierten Wiederholungen, die nicht mehr hinterfragt werden. Zum anderen bringt er uns der Realität von immer mehr Menschen der heutigen Zeit näher, die sich in einer unübersichtlichen Gegenwart, mit einer unsicheren Vergangenheit und einer Zukunft, die nicht vorstellbar ist, nicht mehr zurechtfinden.

Literatur

Anzieu, D. (1998): Das Haut-Ich. Frankfurt am Main (Suhrkamp).
Quindeau, I. (2004): Spur und Umschrift, Das Umschrift-Modell und Die Metapher des Wunderblocks. München (Wilhelm Fink Verlag).
Roth, G. (2001): Fühlen, Denken, Handeln. 5. Gedächtnis und Erinnerung. Frankfurt am Main (Suhrkamp).

Schultze gets the blues

Deutschland, 2003, 107 Min.
Regie: Michael Schorr
Darsteller: Horst Krause, Harald Warmbrunn u. a.

Sabine Wollnik

1. Einführung

Das Fairbairnsche dynamische Strukturkonzept beinhaltet auch ein Entwicklungskonzept. Das Durcharbeiten der abgespaltenen und verdrängten Strukturen führt zu Integration und damit zur Entwicklung der Person. Dieser Prozess setzt nicht grundsätzlich eine Psychoanalyse voraus, denn auch das Leben bietet viele Möglichkeiten. Filme führen häufig in sehr verdichteter Form Entwicklungsthemen und deren Lösung oder Scheitern vor. Sie haben darin manches Mal etwas mit gewissen Träumen gemeinsam, in denen der Träumer Auswege aus Problemen findet. Unter diesem Gesichtspunkt möchte ich den Film *Schultze gets the blues* betrachten.

2. Der Film

Schultze gets the blues ist der erste Spielfilm des 40-jährigen Dokumentarfilmers Michael Schorr. Die Rollen sind von einem Team besetzt, das aus Profis und Laiendarstellern besteht. Er hat etliche Preise eingebracht, so auf dem Filmfestival in Venedig 2003 den Spezialpreis für die beste Regie und den Preis der deutschen Filmkritik für das beste Debüt im Jahr 2004. Auch beim Publikum war der Film ein überraschender Erfolg, sogar international, zum Beispiel in Frankreich.

Verschiedene Kritiker haben die Ansicht vertreten, dass es sich bei *Schultze gets the blues* um einen sehr guten und zugleich sehr deutschen Film handelt, weil er bei einem möglicherweise deutschen Problem ansetzt, nämlich dem Verharren — mit Hinweis auf die deutsche Melancholie oder den »Reformstau«. Eine Redakteurin der *Neuen Züricher Zeitung* fand die Überschrift »Spiel mir das Lied vom deutschen Zustand«. Schultze aber macht sich auf den Weg.

Erzählt wird die Geschichte des Vorruheständlers Schultze. Er und zwei Kollegen arbeiten in Teutschenthal in Sachsen-Anhalt in einem Kalibergwerk. Die drei werden in Frühpension geschickt. Zwischen Abraumhalde, Gartenlaube, Eckkneipe, Musikverein und beim Angeln richten sie sich ein. Schultze besucht seine demenzkranke Mutter im Altenheim und spielt auf dem Akkordeon die immer gleiche Polka in Angedenken an seinen vor über 30 Jahren verstorbenen Vater. Das geht so lange, bis Schultze auf die kapriziöse neue Mitbewohnerin seiner Mutter im Altenheim stößt und nachts den Zydeco-Rhythmus aus den amerikanischen Südstaaten im Radio entdeckt. Erst langsam, dann immer schneller werdend, spielt er ihn auf seinem Akkordeon nach und kann soviel Lebendigkeit nur noch für eine Krankheit halten, die ihn zum Arzt bringt. Der aber beruhigt ihn: »Seien Sie froh, dass in Ihrem Leben noch etwas passiert«. Mit der Unterstützung seiner Freunde macht sich Schultze auf in die Südstaaten, die Heimat des Blues. Dort soll er für seinen Heimatverein auf einem Wurstfest im texanischen Braunfels aufspielen. Er entdeckt hier jedoch nur noch mehr deutsche Kleinbürgerlichkeit. Mit seiner Musik, dem von ihm neu entdeckten Zydeco, passt Schultze auch hier nicht ins Programm. Er tritt gar nicht erst auf, sondern flüchtet und besteigt ein kleines blaues Boot. Er lässt sich durch die Sümpfe und Bayous Louisianas treiben, begegnet auf seiner Fahrt unter anderem einer tschechischen Kapelle, landet auf Musik- und Tanzveranstaltungen, lernt Frauen kennen. Im wilden Tanz erleidet er einen Herzinfarkt. In der Schlussszene sieht man, wie seine Urne auf dem Heimatfriedhof im Kreis seiner Freunde beigesetzt wird.

3. Interpretationsansatz

Es handelt sich – so meine Hypothese – bei diesem Film weniger um die Darstellung einer äußeren Realität als um die einer inneren seelischen Entwicklung. Wie im seelischen Innenraum sind Abbilder der äußeren Realität, lebensgeschichtliche Erfahrungen und Fantasien untrennbar verbunden. Dargestellt werden geronnene Tiefenstrukturen (damit bin ich bereits mitten in der Theorie Fairbairns). Bedeutsam in diesem Zusammenhang ist die formale Gestaltung des Filmes. Der Regisseur Michael Schorr, einst Dokumentarfilmer, bezeichnet sein Verfahren als »überhöhte Realität«. Sein Film ist eine Mischung aus Dokumentation und Spielfilm. Schon bei der Wahl der Darsteller fand er einerseits Laien, die er in ihrer eigenen Welt abfilmte wie zum Beispiel die Mitglieder eines Schachclubs, als Darstellung der äußeren Realität: Daneben aber setzte er auch Theaterschauspieler ein, die ja viel häufiger die Fantasiewelt als die äußere Welt darstellen. So ist zum Beispiel eine der Darstellerinnen eine Diva des Weimarer Stadttheaters. Schorr benutzt ganz lange Einstellungen. Manche Bilder wirken montiert wie die Monumentalfotos von Andreas Gursky. Er arbeitet teilweise mit satten, hyperrealistischen Farben, wie sie in Träumen oder Fantasien vorkommen können. Geredet wird im ganzen Film kaum, er wirkt über seine Bilder und die Musik. Wie in der menschlichen Erinnerung oder im Traum werden einzelne Details gleichsam unter dem Vergrößerungsglas dargestellt und bekommen dadurch einen hohen symbolischen Stellenwert.

Ausgehend von der Grundannahme, dass ein seelischer Innenraum sich im Film wie zum Beispiel im Traum darstellt, möchte ich alle auftretenden Personen und die formalen Elemente des Filmes auf diesen Aspekt hin, also die Inszenierung einer seelischen Problematik, untersuchen. Ich nehme hiermit die Traumtheorie Fairbairns auf. Fairbairn sieht im Traum weniger eine Wunscherfüllung – wie Freud es sah – als vielmehr eine szenische Darstellung der innerpsychischen Situation. So werden das zentrale Ich, das Ideal-Objekt und die abgespaltenen Ich-Objekt-Einheiten sowie deren Beziehung untereinander dargestellt. Oft erscheinen dabei die abgespaltenen Objektanteile in relativ unverhüllter Form als die Personen, aus denen sie ursprünglich hervorgegangen sind.

Die Tatsache, dass in diesem Film wenig gesprochen wird, betrachte ich als Hinweis darauf, dass es sich um die Darstellung von Konflikten aus vor- oder frühsprachlicher Zeit handelt. Der langsame Rhythmus des Filmes zieht den Betrachter sogartig in seine Welt oder, wie ich es sehe, in einen seelischen Zustand. Die vorwiegend unbewegliche Kamera beobachtet die Entwicklung des Protagonisten wie der Zuschauer aus seinem Kinosessel. Durch die beobachtende Haltung vollzieht sich möglicherweise auch im Zuschauer eine innere Bewegung, die ich aufzuzeigen versuche. Nebenbei stellt sich dann hierin die Position des zentralen Ich dar.

4. Interpretation

Ausgangssituation ist ein Zustand von Erstarrung: in der Interpretation nach Fairbairn die Darstellung des antilibidinösen Ichs. Für diesen äußeren Zustand von Erstarrung gibt es viele Symbole. Die großen Windräder bewegen sich nicht, es herrscht vollkommene Windstille. Die Protagonisten sitzen oder warten. Jedes Mal ist die Schranke zu, wenn die Freunde an die Bahngleise kommen. Alle dargestellte Bewegung ist in engen Bahnen, allenfalls im Kreis, einen Ausweg scheint es nicht zu geben. Der Sohn eines Freundes soll eine große Motocross-Karriere starten. Er bewegt sich auf dem Parcours auch nur im Kreis, im entscheidenden Rennen versagt der Motor. Er kommt vom Start nicht weg. Der Blick fällt durch eng begrenzte Fenster, Türrahmen, bleibt an Zäunen oder Stoppschildern hängen. Die Kamera schwenkt hinüber zu kahlen Abraumhalden, auf denen nichts wächst, daneben eine Schrebergartenzwergidylle. Schultze ist ein alleine lebender Junggeselle, der sich im wortkargen Miteinander mit seinen Freunden zum Angeln oder Trinken in der Eckkneipe trifft. Die demenzkranke Mutter verdämmert im Altenheim. Der Vater, vor 30 Jahren gestorben, hat dem Sohn den Auftrag hinterlassen, auf seinem Schifferklavier die immer gleiche Polka zu spielen.

Betrachtet man die äußere Welt im Film als Darstellung der inneren Objektwelt des Protagonisten, dann entspricht der äußeren Erstarrung ein unbewegter Selbstanteil, der nicht in Bewegung gerät, sich allenfalls im Kreis dreht oder im Immergleichen verharrt. Um noch einmal auf Fairbairn zurückzukommen, wäre dies die Darstellung des antilibidinösen Ichs. Auf der Suche nach der Ursache dieser Erstarrung, also dem antilibidinösen Objekt, fällt der Blick auf die einzige Szene im Film, in der eine Beziehung dargestellt wird, in der etwas geschieht: die Entlassung der drei Protagonisten. Dann wäre in der Filmkonstellation Auslöser der Erstarrung eine Abweisung in einer Beziehung. Zum Abschied haben die drei Freunde eine Salzlampe geschenkt bekommen, an der sie lecken, die aber nicht nährt. Das innere Beziehungsmuster, das im Film dargestellt wird, entspricht einem Objekt, das zurückweisend und frustrierend ist, an das ein Selbstanteil im Zustand psychischer Lähmung gebunden ist.

Die basale emotionale Tönung in der Innenwelt ist eine Folge der Erfahrungen in den primären Beziehungen. Schaut man unter diesem Gesichtspunkt auf die Details, die der Film über die Primärobjekte (die Mutter, aber auch den Vater) verrät, so gibt es Hinweise, dass beide den Sohn in seiner Lebendigkeit nicht angenommen haben. Betrachtet man die dargestellte Mutter nicht als eine reale Person, sondern im Sinne meiner Interpretation als ein inneres Objekt, das lediglich Aspekte der realen Mutter – immer verzerrt durch eigene Fantasien und vielfältige Erlebnisse in der Lebensgeschichte – wiedergibt, dann zeichnet sich dieses innere Objekt durch folgende Aussage des Sohnes aus: Es hört, nimmt aber nichts auf. Die Darstellung der demenzkranken Mutter wäre die Personifikation eines zurückweisenden inneren Objektes. Diese innere Vorstellung über Beziehung tönt die Wahrnehmung der äußeren Realität: Der bedeutsame Andere — das Primärobjekt (die frühe verinnerlichte Mutter) — ist in einem Aspekt seelisch nicht erreichbar. An diesen zurückweisenden Anteil des Objekts ist ein erstarrter, unbeweglicher, unlebendiger Selbstanteil gebunden. Im Film wird dies dargestellt an den Personen, der Landschaft und der formalen Gestaltung. Infolge der erlebten Zurückweisung, der Entlassung, wird ein innerer Beziehungsaspekt belebt, was zu einer Erstarrung der Person führt: Nichts bewegt sich mehr.

Es gibt aber noch einen anderen Aspekt der inneren Beziehungsstrukturen. Dieser wird durch eine Begegnung angespielt, wodurch eine Veränderung in und mit Schultze beginnt. Es kommt Leben in die Szenen. Auslöser ist das Zusammentreffen mit einer Frau, der neuen Zimmernachbarin der Mutter im Altenheim (das erregende Objekt). Die Tatsache, dass es sich um die Nachbarin handelt, die neben der Mutter lebt, möchte ich als Hinweis darauf betrachten, dass sie einen anderen Anteil des primären Objektes, das heißt des verinnerlichten Bildes der Mutter, repräsentiert: Er ist aufregend. Zum ersten Mal im Film redet an dieser Stelle jemand mehrere Sätze hintereinander, in denen ein Affekt mitschwingt, Bewegtheit und Lebendigkeit. Die Nachbarin hat sich verselbstständigt, das Altersheim ohne Abmeldung verlassen, was ihr den Tadel der Heimschwester einbringt. In einer galanten Begrüßungsszene beginnt zwischen Schultze und ihr, Frau Lorand, französisch ausgesprochen, etwas zu schwingen. Die auch sexuelle Aufregung wird mit einem 10 Jahre alten Whisky begossen. Über diese Begegnung gerät ein Selbstaspekt in Schultze in Bewegung und kann beginnen, sich zu entfalten (sein libidinöses Ich). Diese Entfaltung ist durch eine Beziehung in der Außenwelt angestoßen worden. So wie Frau Lorand Grenzen übertritt, wird auch Schultze in die Lage kommen, seinen eingeschränkten Bewegungskreis zu verlassen. Dieser Selbstanteil war angelegt, wurde aber nicht angeregt, sondern verdrängt. Filmisch wird an dieser Stelle der Flügel des großen Windrades eingeblendet, der sich zu drehen beginnt. Da er in seiner weißen Grundierung mit rotem Streifen an die Bahnschranke erinnert, assoziiert sich auch die Bedeutung, dass sich eine Schranke, die eine Bewegung verhindert hat, hebt. Jetzt nimmt die Geschichte ihren Lauf, beginnt zu schwingen.

An dieses aufregende Objekt ist ein sehnsüchtiger Selbstanteil gebunden (das libidinöse Ich). Schultze macht sich auf die sehnsüchtige Suche und wird dabei immer lebendiger. Dies zeigt sich in seiner sich immer weiter entfaltenden körperlichen Beweglichkeit, er beginnt zu sprechen und seine Mimik wird lebhaft.

Schultzes allmähliche Annäherung wird immer wieder gebremst durch Zurückweisungen. Diese stellen eine Externalisierung des inneren zurückweisenden Objektes dar. Schultze aber erfährt Unterstützung. Dieser Anteil entspricht einem schützenden mütterlichen Objekt, ebenfalls externalisiert auf die Außenwelt. Dieses scheint in seiner Innenwelt etabliert zu sein. Etwas, dass hier keinen Niederschlag gefunden hat, ist schwer in der Außenwelt aufzusuchen und zu erleben.

Der Zuschauer beobachtet, wie Schultze lebendig wird. Von Anbeginn sind mit diesem Thema Assoziationen zu Tod und Krankheit verbunden. Schultze bewegt sich durch zwei extreme, voneinander gespaltene Beziehungsmuster: von der Erstarrung zur gefährlichen Bewegung. Die Erregung gerät immer wieder in einen Zusammenhang von »Zuviel«, von Tod und Krankheit. Das erregende Objekt ist auch das »zuviel erregende«. Als Schultze abends im Radio nach einem Sender sucht, hört er zuerst kurz eine Sendung über Lungenkrebs. Er dreht erschrocken weiter und hört ein Stück im Zydeco-Rhythmus, der in den amerikanischen Südstaaten gespielt wird. Nach anfänglichem Zögern lässt er ihn in sich hinein. Es ist, als hätten die Begegnung mit der Nachbarin der Mutter, das Trinken des Whiskeys und jetzt der Rhythmus, der über sein Ohr in sein Inneres eindringt, tief in ihm etwas zum Schwingen gebracht, eine vergrabene Lebendigkeit. Erst langsam, dann immer schneller spielt er ihn nach auf seinem Akkordeon. Schultze macht sich auf den Weg und ist kaum noch aufzuhalten. Die Lebendigkeit ist aber – wie oben durch die zwei Sendungen im Radio – nicht nur in einem zeitlichen Nebeneinander mit dem Tod verbunden, sondern bleibt es auch in einem inneren Zusammenhang. Dieses Nebeneinander setzt sich weiter fort. Schultze hält soviel Lebendigkeit anfangs für eine Krankheit, die ihn zum Arzt bringt. Auch dieser hat zwei Selbstanteile: Den einen lebt er in seiner Arztpraxis, der andere nicht gelebte, abgespaltene, schießt plötzlich in ihn ein. Der Arzt, ein verhinderter Opernsänger, stellt sich, für den Zuschauer ganz überraschend, ans Fenster mit dem Rücken zum Betrachter und singt eine Arie über die Verzweiflung, als singe er sehnsüchtig ein fernes, für ihn unerreichbares Objekt an. Im Film erscheint er schon alleine durch seine massige Körperlichkeit in der Rückenansicht als Verdoppelung von Schultze.

Schultze verfolgt immer zielstrebiger nur noch sein Ziel: Eine Reise in die Heimat des Blues, die amerikanischen Südstaaten. Er nimmt Jobs an, um sich das Geld für die Reise zu verdienen. Eine neue Lebendigkeit, neue Themen kommen in den Film. Das Tempo beschleunigt sich. Unterstützung erfährt Schultze bei Rückschlägen oder Kritik aus der Gruppe seiner Freunde, die als Halt gebendes äußeres Objekt eine große Bedeutung haben. Das Aufregende ist das Fremde, Ausländische. Dieses befindet sich aber stets in räumlicher und zeitlicher Nähe zu Vertrautem, was im Film durch die Bildmontage gut darstellbar ist. Dies betrachte ich als Hinweis darauf, dass die Erregung ein abgespaltener Anteil des Vertrauten, Erstarrten ist, sozusagen die andere Seite. Schultze kann zwar Neues finden. Diese äußeren Entdeckungen, jeweils das Fremde, werden aber überlagert von den Projektionen seiner Innenwelt, sodass er im Neuen immer wieder die alten, letztlich pathologischen Muster, in diesem Fall übererregende, findet. Schultze kocht scharfes Essen und lädt die Freunde ein, diese machen mit, weisen ihn nicht ab, unterstützen ihn. Als er in einer späteren Szene im Musikverein aufspielt mit seinem neuen Rhythmus, sieht man den Zuhörerkreis gespalten: links im Auditorium erstarrte Abweisung, auf der rechten Seite die enthusiastischen Freunde. Auch dies möchte ich betrachten als Darstellung einer inneren Konstellation eines Selbst- und Objektanteils, die gespalten sind: Seine Lebendigkeit wird von einem inneren Anteil kalt abgewiesen, der andere nimmt ihn exstatisch auf.

Diese Bewegung von Abweisung und Aufnahme seiner Lebendigkeit setzt sich fort. Als Schultze genügend Geld gespart hat, um die Reise in die Südstaaten anzutreten, wird der Preis erhöht.

Die Bewegung bleibt durch Abweisung gefährdet. Aber immer an diesen Stellen greifen hilfreiche äußere Objekte ein. Der Musikverein schickt ihn nach Texas zum Wurstfest, wo er als deutscher Vertreter auftreten soll. Die anfangs kreisförmige, einer inneren Erstarrung entsprechende Bewegung ist durch das erregende äußere Objekt in Fluss geraten. Dadurch, dass die innere Spaltung aufgehoben ist, kann Schultze sich Neuem stellen, Neues erleben. Das zurückweisende innere Objekt bäumt sich zwar immer wieder auf, doch durch die hilfreiche Unterstützung in der Außenwelt gewinnt die Lebendigkeit an Kraft. Später in den Südstaaten wird er Hilfe erhalten durch eine tschechische Band, als ihm das Benzin ausgegangen ist. Sein Hunger wird gestillt, weil ihm eine tote, gerade von einer Jagdgruppe abgeschossene Ente auf wundersame Weise – wie im Märchen – ins Boot fällt. Polizisten ziehen ihn aus dem Sumpf, als sein Boot aufgelaufen ist.

Im Folgenden möchte ich der sehnsüchtigen Annäherung an das erregende Objekt nachgehen. Dieses taucht in verschiedenen Variationen auf:

Als Schultze Frau Lorand, die Nachbarin der Mutter im Altersheim, erneut besuchen möchte, erfährt er, dass sie plötzlich verstorben ist. Kurz darauf taucht eine neue, noch verführerischere Frau auf: die neue Kellnerin in der Eckkneipe der Freunde. In einer märchenhaften Szene tanzt sie auf dem Tisch. Bevor auch sie aus Schultzes Blickfeld verschwindet, hinterlässt sie ihm ein Buch über die Musik der Südstaaten. Schultze wird ihr oder dem Objekt, das sie über die Musik repräsentiert, in die Ferne folgen.

Die Annäherung an die Frau wird intensiver, körpernäher und gewinnt andererseits auch kindliche Elemente. In der nächsten Szene mit einer Frau sehen wir, wie Schultze, der anfangs völlig unbeweibt als notorischer Junggeselle dargestellt worden war, in den USA zusammen mit einer Frau in einem Whirlpool sitzt. Es ist der Außenpool seines Hotels. Es ist, als säße er mit seiner Mutter in der Badewanne.

Die vierte Begegnung mit einer Frau erfolgt beim Tanzen. Diese Frau fordert ihn einfach auf. Am Ende des Tanzstücks kommt es zu einem Missverständnis: Schultze denkt offensichtlich, sie habe ihn abgewiesen, weil sie plötzlich verschwunden ist – eine sprachliche Verständigung ist nicht möglich. Er verlässt nun das Lokal seinerseits. Kaum ist er aus dem Blickfeld des Zuschauers verschwunden, taucht sie mit zwei Bierkrügen auf und sucht ihn. An dieser Stelle gewinnt nach der libidinösen Annäherung noch einmal die Zurückweisung in einer inneren Eskalation in Schultze die Oberhand.

In der fünften und letzten Begegnung sind die frühen kindlichen Elemente noch stärker präsent. Er lässt sich mit seinem kleinen blauen Boot immer tiefer treiben in die Sümpfe Louisianas, ein Symbol für sein tieferes Vordringen in verdrängte unbewusste Schichten und für seine sehnsüchtige Suche nach der frühen Mutter. Hungrig und durstig trifft er auf ein Hausboot mitten im Fluss. Er trifft auf eine Mutter mit ihrer Tochter. Diese Frau entzieht sich ihm nicht, sondern nimmt ihn an. Sie ist die personifizierte Darstellung seines libidinösen inneren Objektes. Seine sehnsuchtsvolle Suche hat ein Ende gefunden. Abends beim Tanz erleidet Schultze in einer übererregten Begegnung offensichtlich einen Herzinfarkt. Die inneren Bilder haben erneut die äußere Realität überflutet. Ein Anteil des primären Objektes kann nur als übererregend wahrgenommen werden, und deshalb muss zumindest für Schultze die Begegnung tödlich sein. In der nächsten Szene mit ihr sieht man, wie sie ihn liebevoll, als sei er ein Kind, zudeckt.

Die letzte Szene, Schultzes Beerdigung, ist voller Lebendigkeit und Humor. Man sieht die Freunde, die zwar Trauer tragen, aber sich tanzend auf ein großes Windrad zu bewegen. Entwicklung ist nur möglich, wenn die inneren blockierenden Beziehungsmuster, seien sie allzu abweisend oder allzu aufregend, bewältigt sind. Am sichersten gelingt dies aus einer Position der Stabilität, wie sie der beobachtende Freundeskreis innehat oder vielleicht auch der Zuschauer im Sessel. Durch die Integration des libidinösen Selbst- und Objektanteils, dargestellt durch Schultzes Reise, Annäherung und Begegnung mit dem erregenden mütterlichen Primärobjekt, ist Lebendigkeit wieder möglich geworden. Der Protagonist Schultze vollzieht im Film diese Bewegung für den Kreis der Freunde, vielleicht auch ein wenig für den Zuschauer. Dann wäre ein wirklicher Neubeginn möglich, in der das Fremde als Fremdes und nicht erneut wie die inneren blockierenden Muster wahrgenommen werden kann.

Literatur

Fairbairn, W. R. D. (2000): Das Selbst und die Inneren Objektbeziehungen. Eine psychoanalytische Objektbeziehungstheorie. Herausgegeben von Hensel, B. F. & Rehberger, R. Gießen (Psychosozial-Verlag).

Autorinnen und Autoren

Thomas Auchter, Jg. 1948, Diplom-Psychologe, Psychologischer Psychotherapeut, Psychoanalytiker (DPV/DGPT), Gruppenanalytiker (AG im DAGG) und Supervisor, niedergelassen in freier Praxis in Aachen, Dozent und Lehrtherapeut am Institut der Psychoanalytischen Arbeitsgemeinschaft Köln-Düsseldorf (DPV). Mitveranstalter und Mitherausgeber der Reihe *Theologie und Psychologie im Dialog*, zahlreiche Veröffentlichungen zur Klinik und Anwendung der Psychoanalyse, zusammen mit Laura Viviana Strauss, Verfasser von *Kleines Wörterbuch der Psychoanalyse* (2003).

Isolde Böhme, Jg. 1956, Dr. med., Fachärztin für Neurologie und Psychiatrie und Fachärztin für Psychotherapeutische Medizin, Psychoanalytikerin (DPV) und Gruppenanalytikerin (DAGG) in eigener Praxis in Köln. Besondere Interessen: Dialoge zwischen Psychoanalyse und Kunst, Film, Literatur, und zwischen unterschiedlichen psychoanalytischen Sprachen und Konzeptualisierungen. Veröffentlichung: *Dogville* in PSYCHE 2007.

Johannes Döser, Jg. 1957, Dr. med., Facharzt für Psychosomatik, Psychotherapie sowie Kinder- und Jugendpsychiatrie, Psychoanalytiker (DPV/IPA) in freier Praxis, Balintgruppenleiter (Deutsche Balint-Gesellschaft), Lehrtherapeut, Supervisor und Dozent in der psychoanalytischen Arbeitsgemeinschaft Köln-Düsseldorf. Forschungsthemen: traumatische Neurosen (Schmerz, Depression und Angst, Entwicklungsstörungen), Untersuchungen zur Ästhetik, Kreativität und Traumpsychologie, verschiedene interdisziplinäre Projekte im Bereich der Kunst, Literatur, Musik, Religion, Geschichte und

Politik. Veröffentlichungen im Psychosozial-Verlag: *Zur Psychogenese der terroristischen Entschlossenheit (2003).* In: *Der 11. September*, Hg. v. Auchter, Büttner, Schultz-Venrath, Wirth. *»Truman war ein anständiger Mann« – Psychoanalytische Reflektion zu einem Verbrechen im Dienste der Menschlichkeit* (2004). In: *Destruktiver Wahn zwischen Psychiatrie und Politik*, Hg. v. Auchter u. Bender.

Rupert Martin, Jg. 1962, Diplom-Psychologe, Psychoanalytiker (DPV/IPA, DGPT) und Gruppenanalytiker (DAGG) in freier Praxis in Köln. Dozent bei der »Psychoanalytischen Arbeitsgemeinschaft Köln-Düsseldorf e. V.«, Veröffentlichungen zur »Psychologie von Beeinflussung« sowie zu »Psychotherapie und Internet«, derzeit laufende Promotion im Rahmen eines internationalen Forschungsprojekts »Entwicklung von Psychotherapie und therapeutischer Praxis«.

Angelika Voigt-Kempe, Diplom-Psychologe, Jg. 1964, Psychoanalytikerin (DPV) in eigener Praxis in Köln. Arbeitsschwerpunkte: Psychoanalyse und Kunst, Film, sowie Behandlungstechnik

Michael Warnach, Facharzt für Psychiatrie, Psychoanalytiker (DGPT), niedergelassen in freier Praxis in Köln. Beschäftigung mit systemischer Psychotherapie und ethnopsychoanalytischen Themen.

Sabine Wollnik, Dr. med., Fachärztin für Psychiatrie und Fachärztin für Psychotherapeutische Medizin, Psychoanalytikerin (DPV) in freier Praxis in Köln, Lehrtherapeutin am Köln-Düsseldorfer Psychoanalytischen Institut. Arbeitsschwerpunkte: die psychoanalytische Objektbeziehungstheorie Fairbairns, Trauma und Dissoziation, Psychoanalyse und Film. Verschiedene Veröffentlichungen zu diesen Themen.

Brigitte Ziob, Diplom-Psychologin, Psychoanalytikerin (DPV/IPV). Arbeitet in eigener Praxis in Düsseldorf und in der psychotherapeutischen Weiterbildung, Veröffentlichungen zu aktuellen kulturellen und gesellschaftlichen Phänomenen und psychoanalytischer Filmbetrachtung.

2006 · 283 Seiten · Broschur
ISBN 978-3-89806-466-8

2006 · 217 Seiten · Broschur
ISBN 978-3-89806-512-2

Die Beiträge dieses Buches zeigen von unterschiedlichen Seiten her, dass es nicht das ›ganz Andere ist, was zur Musik wird‹, sondern dass Musik unsere alltäglichen seelischen Behandlungsmethoden aufgreift, unseren Umgang mit der Welt, unsere Welterfahrung hörbar macht. Die Kunst der Musik ist es, dass sie es hinbekommt, dass wir uns das - und damit uns selbst - dennoch gerne anhören: »Wenn die Musik schlägt, fühlt man keinen Schmerz«.

Das Haus repräsentiert in der Fantasie die Mutter, den Körper, das Selbst. Das Haus bedeutet in unserer Kultur sowohl Autonomie, Individualität, Erwachsen-Sein, gleichzeitig aber Festgelegt-Sein, Erstarrung, Konformität und Unfreiheit. So ist das Haus und jede seiner Formen ein Kristallisationspunkt eines basalen ambivalenten Autonomie-Abhängigkeitskonflikts.

P🕮V
Psychosozial-Verlag

Goethestr. 29 · 35390 Gießen · Tel. 0641/9716903 · Fax 77742
bestellung@psychosozial-verlag.de
www.psychosozial-verlag.de

2005 · 173 Seiten · Broschur
ISBN 978-3-89806-494-1

26 Psychoanalytiker, Sexualforscher und Kulturwissenschaftler aus dem In- und Ausland schreiben 100 Jahre nach dem Erscheinen der »Drei Abhandlungen zur Sexualtheorie« von Sigmund Freud darüber, was ihnen dieses epochale Werk heute noch bedeutet. Ergänzt werden diese Anmerkungen durch einen bislang unveröffentlichten Text von Otto Fenichel mit 175 Fragen zu den »Drei Abhandlungen zur Sexualtheorie«.

2005 · 405 Seiten · Broschur
ISBN 978-3-89806-094-3

Freud war nicht nur Archäologe der menschlichen Seele, sondern auch Interpret literarischer Werke. Michael Rohrwasser stellt Freuds Kommentare zu C.F. Meyer, Wilhelm Jensen, Sophokles, Shakespeare, E.T.A. Hoffmann und Schnitzler vor; am Ende stehen Canettis Kommentare zu Freud.

P🕮V
Psychosozial-Verlag

Goethestr. 29 · 35390 Gießen · Tel. 06 41/ 9716903 · Fax 77742
bestellung@psychosozial-verlag.de
www.psychosozial-verlag.de

2006 · 196 Seiten · Broschur
ISBN 978-3-89806-450-7

2007 · 300 Seiten · Broschur
ISBN 978-3-89806-926-7

In der Berliner Reihe »Film und Psychoanalyse« wurden 20 Filme unterschiedlicher Genres interpretiert. Dramen, Krimis, Komödien, frühe Experimentalfilme, Semidokumentationen, Science-Fiction, Horror und Animation.

Amie Siegel – Empathy, Elisabeth Márton – Ich hieß Sabina Spielrein, Christopher Nolan – Insomnia, Dominik Moll – Harry (meint es gut mit dir), Tom Tykwer – Lola rennt, Étienne Chatiliez – Tanguy, Hayao Miyazaki – Chihiros Reise ins Zauberland, Ridley Scott – Alien, Lars von Trier – Dogville, Thomas Vinterberg – Das Fest, David Lynch – Mulholland Drive und Lost Highway, Roger Michell – Die Mutter, Kenneth Branagh – Mary Shellys Frankenstein, Patrice Leconte – Intime Fremde, Alfred Hitchcock – Bei Anruf Mord.

Kein Medium kann sich bezüglich der Ausdrucksmöglichkeiten menschlichen Eigensinns oder intensiver Leidenschaften der Charaktere mit der Oper vergleichen. Mit einer bemerkenswerten Kombination von Sachkenntnis in Musik, Oper und Psychologie sowie durch die Verknüpfung biografischer, sozialer, psychologischer und historischer Aspekte untersucht Eric Plaut die bedeutendsten Opern und ihre Komponisten zwischen der Französischen Revolution und dem Zweiten Weltkrieg. Dies sind u. a. Mozarts Don Giovanni, Beethovens Fidelio, Rossinis Der Barbier von Sevilla, Donizettis Lucia von Lammermoor, Gounods Faust, Wagners Tristan und Isolde und Der Ring der Nibelungen.

Das entstandene Werk bietet neue Perspektiven zu einigen Opern und vermittelt faszinierende Einblicke in die psychologischen Motivationen ihrer Komponisten.

P🕮V
Psychosozial-Verlag

Goethestr. 29 · 35390 Gießen · Tel. 0641/9716903 · Fax 77742
bestellung@psychosozial-verlag.de
www.psychosozial-verlag.de

2003 · 165 Seiten · Broschur
ISBN 978-3-89806-268-6

Oftmals fühlen wir uns von Musik zutiefst persönlich angesprochen und in einer Weise verstanden, wie wir es sonst nur von geliebten Menschen kennen. Musik kann offenbar zu einem symbolischen Ersatzobjekt, gleichsam zu einer Geliebten werden. Mit Hilfe von Erkenntnissen aus der Narzissmusforschung und der Selbstpsychologie wird in den Aufsätzen dieses Bandes jene Beziehung in den Blick genommen, in der die Musik die Qualität eines menschlichen Selbstobjekts gewinnt. Dabei kommt der Stimme eine besondere Bedeutung zu. Der vorliegende Sammelband enthält sämtliche Beiträge zum »2. Coesfelder Symposium Musik & Psyche« sowie die Ergebnisse einer experimentellen Pilotstudie zum Erleben narzisstischer Qualitäten in der Musik. Somit wird der neueste Kenntnisstand zur Thematik präsentiert.

2005 · 155 Seiten · Broschur
ISBN 978-3-89806-280-5

Das Verlangen nach Musik geht auf Erfahrungen aus der Fötalzeit zurück, in der ein sensorisches Erleben von körperlichen und von stimmlichen Reizen eine grundlegende musikalische Kompetenz ausbildet. Diese erfährt ihre erste Anwendung in der vorsprachlichen Kommunikation des Säuglings mit der Primärperson. Die Beiträger des »4. Coesfelder Symposium Musik & Psyche« – Michael B. Buchholz, Ludwig Janus, Sebastian Leikert und Bernd Oberhoff – untersuchen die Ursprünge unserer musikalischen Fähigkeiten.

P🕮V Goethestr. 29 · 35390 Gießen
Psychosozial-Verlag

Wir haben Ihr Interesse geweckt? Das freut uns!
Sie erhalten unsere Bücher in jeder Buchhandlung oder direkt unter www.psychosozial-verlag.de

www.ingramcontent.com/pod-product-compliance
Lightning Source LLC
Chambersburg PA
CBHW022010300426
44117CB00005B/122